ESSAI
SUR LE
SOCIALISME
A L'ADRESSE DU PEUPLE FRANÇAIS

SUIVI
D'UN AUTRE ESSAI
SUR LE
RADICALISME
A L'ADRESSE DE LA BOURGEOISIE FRANÇAISE

Tout exemplaire non revêtu de notre signature sera réputé contrefait.

ESSAI
SUR LE
SOCIALISME
A L'ADRESSE DU PEUPLE FRANÇAIS

SUIVI

D'UN AUTRE ESSAI

SUR LE

RADICALISME
A L'ADRESSE DE LA BOURGEOISIE FRANÇAISE

PAR

M. L'ABBÉ DELORY

LILLE

IMPRIMERIE VANACKERE, GRAND'PLACE, 7.

1856
1857

PRÉFACE

A voir notre pays jouir, à l'intérieur, dans les temps les plus difficiles, de la tranquillité la plus parfaite, et porter aussi courageusement qu'aucune nation du monde sa part d'épreuve ou d'adversité sociale ; à voir en même temps cet apaisement des esprits qui semble devenir de jour en jour plus général et plus profond, et cette diminution encore, cet affaiblissement non moins profond et non moins général, aussi, des opinions et des partis politiques, qui ne croirait que nous sommes délivrés, pour toujours, des périls nombreux et redoutables qui paraissaient imminents, il y a quelques années à peine ; que la société parmi nous se relève définitivement et reprend possession de tous ses éléments, de tous ses moyens d'existence et de durée; que la France, enfin, va prendre désormais son essor et s'avancer par une voie et dans des conditions de jour en jour plus prospères à l'accomplissement de ses destinées; qui ne croirait en un mot que nous n'avons plus que des jours paisibles, que des jours heureux, à traverser ? Mais ce serait là une erreur profonde, car il s'en faut de beaucoup que la réalité ici réponde aux apparences, et que la paix intérieure dont nous jouissons soit aussi assurée et aussi durable que beaucoup de personnes le croient. Non, il faut le dire, il ne peut être utile à rien de se faire illusion sur un point si considérable et si essentiel, la situation n'est pas si bonne qu'elle nous le paraît de prime-abord, peut-être : nous n'en avons point fini encore, à moins que certaine hypothèse ou éventualité dont il sera parlé bientôt ne se réalise, nous n'en avons point fini avec tous les éléments de ruine et de désorganisation sociales contre lesquels nous avons eu à lutter dans ces dernières années ; nous ne sommes pas encore délivrés, par conséquent, des dangers qui nous menaçaient alors ; nous ne sommes pas, en d'autres termes, et pour tout dire en quelques mots seulement, nous ne sommes pas du tout sauvés [1].

Pour établir sur le fondement de la démonstration la plus rigoureuse l'exactitude et la vérité de la grave assertion que nous venons d'émettre, il nous suffira de rappeler brièvement la marche qu'ont suivie les derniers événements qui se sont accomplis parmi nous dans l'ordre politique.

La France, après trente années d'un régime dont les inconvénients ou les mérites, pour ne le point juger ici, avaient préoccupé, sans cesse, et partagé, quoique fort inégalement, les esprits ; après avoir amélioré, changé ou détruit, dans ses institutions, sous ce régime, considérablement de choses ; après y avoir atteint par le travail et le

---

[1] Ces mots : *Nous ne sommes pas du tout sauvés*, ne doivent pas être pris à la lettre ; ils doivent être entendus dans un certain sens qui sera, tout à l'heure, expliqué.

développement intérieurs de tous les éléments de sa richesse à un degré d'élévation et de prospérité sociales qui paraissait satisfaisant, s'était vue précipitée, à la suite et dès les premiers jours de la révolution de Février, dans la situation la plus déplorable : le calme et la tranquillité publics troublés incessamment et disparus, pour ainsi parler, de la société depuis ce grand événement ; le développement du travail, de l'industrie, des affaires, de tout ce qui ne vit, en un mot, que de sécurité et de confiance, interrompu, par conséquent, et compromis dans sa marche ou dans son accroissement naturel ; les partis politiques, d'un autre côté, affichant des prétentions de jour en jour plus opposées et plus déraisonnables ; un déchaînement d'opinions et de doctrines singulières, inouïes, étranges ; l'antagonisme et la désunion dans tous les esprits ; la société enfin ébranlée jusqu'en ses fondements par la violence des coups qui lui étaient portés de toutes parts, telle était la situation funeste et malheureuse dans laquelle, on se le rappelle, était tombé notre pays dans ces dernières années ; situation dont les difficultés ou les périls présents n'étaient rien en comparaison de ceux que l'esprit de l'homme le moins prévoyant pouvait apercevoir encore dans l'avenir, et dont le retour à l'état régulier et normal paraissait devoir soulever des résistances et une opposition extrêmes, quand tout à coup un remède héroïque ayant été appliqué au mal, ce remède fit cesser complétement et disparaître ce mal avec une rapidité qui semblerait tenir du prodige, car ce serait s'aveugler véritablement soi-même que de ne vouloir point reconnaître que le remède que la France a permis que l'on dirigeât contre le mal dont elle périssait si visiblement a été de la plus merveilleuse et de la plus souveraine efficacité ; que de ne vouloir point reconnaître, en d'autres termes, que le calme et la tranquillité sont rétablis partout, dans notre société ; que le progrès du travail, de l'industrie, des affaires et, par conséquent, de l'aisance et de la prospérité publiques, a repris son essor au milieu de nous ; que la France enfin a retrouvé sa voie et ne tardera pas à rejoindre, pour peu que les circonstances redeviennent bénignes et favorables, et même à dépasser considérablement la limite qu'elle avait précédemment atteinte dans les diverses carrières qui ont été ouvertes à son activité.

Voilà, en peu de mots, la marche qu'ont suivie les événements que nous avons vu se préparer et s'accomplir, au milieu de nous, dans l'ordre politique, il y a quelques années à peine, et dont le souvenir est encore présent à tous les esprits.

Mais ce mal dont notre pays souffrait, et que le remède héroïque qu'il s'est laissé appliquer a fait cesser et disparaître complétement, comme nous ne faisons pas difficulté de le reconnaître, a-t-il cessé et disparu pour toujours, je veux dire pour un laps de temps que l'on pourrait appeler considérable, car c'est là le sens que nous entendons attribuer ici à ce mot toujours, ou reparaîtra-t-il au bout d'un certain temps, à une époque plus ou moins rapprochée de nous ? Le merveilleux effet, en d'autres termes, que ce remède a eu la vertu de produire sera-t-il durable et permanent, ou bien ne doit-il être que momentané et passager ?

C'est là, sans doute, une grande et redoutable question, une question que beaucoup de personnes, peut-être, à l'heure où nous écrivons ces lignes, se sont adressée, déjà, dans le secret de leur intelligence, car elle est de nature à exciter dans l'âme un intérêt vif et profond.

Pour arriver à la solution de ce problème nous commencerons par poser un dilemme de l'exactitude et de la vérité duquel on ne peut raisonnablement douter, et qui servira de point de départ ou, comme l'on dit, de majeure à notre démonstration; des deux choses qui suivent, dirons-nous, évidemment l'une :

Ou bien la France, intimidée et effrayée à la pensée de tant de ruines que les partis, dans leurs divisions et dans leurs luttes, avaient accumulées depuis quelques années, seulement, dans son sein, et se voyant sur le chemin et à deux doigts, pour ainsi parler, de sa perte, a accepté le moyen de salut qui lui était proposé, aveuglément, c'est-à-dire par cela seul qu'il était un moyen de salut, sans réfléchir, sans rechercher si le mal venait ou non de ses institutions, et si le moyen de salut proposé était le seul bon ou le plus convenable et le meilleur que l'on pût adopter, préoccupée tout entière et pour ainsi dire absorbée qu'elle était par le seul sentiment du péril que le grand intérêt de l'existence de la société courait en la demeure, et par le désir ardent qu'elle avait d'échapper à ce péril de quelque manière et à quelque prix que cela pût être.

Ou bien, éclairée et instruite à la grande école de l'expérience, à l'endroit du mérite et de la valeur des institutions politiques dont elle vivait depuis un certain temps, et profondément convaincue que ces institutions n'étaient pas conformes, ne convenaient pas à la nature de ses dispositions intellectuelles et morales, et devaient être considérées comme l'origine et la source de tout le mal, elle a accepté le moyen de salut qui lui était proposé, en connaissance de cause, c'est-à-dire non plus seulement comme étant un moyen suffisant et capable, absolument parlant, de la délivrer du péril dont elle était menacée, comme étant en un mot un bon moyen, mais encore comme étant le seul bon, ou le plus convenable et le meilleur dont on pût se servir, et parce qu'il lui semblait que des institutions nouvelles mieux entendues et plus convenablement appropriées à ses instincts, à ses qualités, à ses goûts, au caractère propre et intime, en un mot, et à la nature de son génie, allaient suivre et seraient substituées, du même coup, aux anciennes.

Voilà les deux suppositions ou hypothèses qu'il est légitime et permis de faire, il n'y a point, il ne peut point y avoir, évidemment, de milieu.

Si c'est la dernière de ces deux hypothèses qui est la plus exacte et la plus vraie, il est bien clair que le mal dont notre pays souffrait, et que le remède héroïque qu'il s'est laissé appliquer a fait cesser et disparaître, a cessé et disparu pour toujours, au sens que nous attribuons, ici, à ce mot, c'est-à-dire pour un laps de temps que l'on peut appeler considérable. Notre pays, en effet, dans cette hypothèse, ayant accepté le moyen de salut qui lui était proposé, en connaissance de cause, c'est-à-dire avec une conviction profonde que les institutions politiques dont il vivait depuis un certain temps ne convenaient point à la nature de ses dispositions intellectuelles et morales, et que tous les dangers auxquels il a eu tant de peine à échapper étaient la conséquence, le résultat, le fruit de ces institutions, adhérera de plus en plus au régime qui y a mis un terme, pour le motif, d'une part, qu'il est en possession de la connaissance du principe sur lequel s'appuie la nécessité, la raison d'existence de ce régime, et, d'une autre part, que la connaissance d'une vérité morale de cette importance, une fois acquise, ne se dissipe point, ne se perd point, mais ne fait que se fortifier et s'affermir, au contraire, en se transmettant de la génération qui la possède aux générations suivantes.

Si c'est la première hypothèse, au contraire, qui est la plus exacte et la plus vraie, il est bien clair encore que le mal de notre pays reparaîtra au bout d'un certain temps, à une époque plus ou moins rapprochée de nous. La France, en effet, dans cette hypothèse, ayant accepté aveuglément le moyen de salut qui lui était proposé, c'est-à-dire ne l'ayant accepté que préoccupée, remplie, dominée par le sentiment du péril dont les plus grands intérêts sociaux étaient menacés, sans réfléchir, sans examiner d'où le mal pouvait être venu, et si les institutions politiques sous lesquelles elle avait jusque-là vécu y avaient contribué pour quelque chose, la France, disons-nous, n'adhérera au régime qui l'a délivré d'un si grand danger que dans la proportion de la vivacité du souvenir qu'elle aura conservé de ce danger, et à mesure que ce souvenir s'affaiblira, quand il se sera évanoui et dissipé surtout, quand il aura disparu complétement, ce qui ne saurait être bien long, nous avons la mémoire si courte! elle reprendra goût, inévitablement, à tous les systèmes politiques dont elle a essayé précédemment, et se replacera elle-même sur le penchant de l'abîme auquel elle a si miraculeusement échappé.

Ainsi, dans la seconde hypothèse que nous avons admise, le salut de la France est assuré, humainement parlant, c'est-à-dire autant que peut être assuré, ici-bas, le salut d'un peuple.

Dans la première, au contraire, non-seulement le salut de la France n'est plus assuré, mais il devient encore on ne peut plus douteux et incertain, il ne tient même, pour ainsi parler, qu'à un fil, puisqu'il est attaché à l'existence de la chose du monde la plus fugitive et la plus périssable de sa nature, je veux dire à la durée des souvenirs que peut conserver un peuple comme le nôtre des dangers qu'il a courus.

La principale affaire, s'il en est de la sorte, le point considérable et essentiel pour arriver à la solution du problème dont il est en ce moment question, consisterait donc à déterminer quelle est de ces deux hypothèses la plus exacte et la plus vraie.

Or, il est, selon nous, de la plus certaine et de la plus incontestable évidence, tout le monde, sans exception, sera de notre avis, que c'est la première des deux hypothèses que nous avons admises qui est la plus exacte ou, pour mieux dire, qui est la seule exacte et vraie; il est évident, voulons-nous dire, que la France a accepté le moyen de salut qui lui était proposé, aveuglément, c'est-à-dire par cela seul qu'il était un moyen de salut, sans réfléchir, sans examiner si le péril dont elle était menacée venait ou non de ses institutions, et n'ayant d'autre souci ou préoccupation que d'échapper à ce péril, de quelque manière, comme nous avons dit, et à quelque prix que cela pût être ; donc le mal de notre pays, si l'on a bien compris et entendu tout ce qui précède, n'a pas cessé et disparu pour toujours, il reparaîtra au bout d'un certain temps, à une époque plus ou moins rapprochée de nous, lorsque le souvenir, par exemple, des dangers que nous avons courus se sera évanoui et dissipé complétement ; d'où il suit que nous avons eu raison de dire en commençant que la situation n'est pas si bonne qu'elle nous le paraît de prime-abord, peut-être ; que nous n'en avons point fini encore avec tous les éléments de ruine et de désorganisation sociales contre lesquels nous avons eu à lutter dans ces dernières années ; que nous ne sommes pas encore délivrés, par conséquent, de tous les dangers qui nous menaçaient alors ; que nous ne sommes pas, en d'autres termes, et pour tout dire en quelques mots seulement, que nous ne sommes pas du tout sauvés.

On voit par tout ce qui précède que ce qu'il faut, que ce qui est de la plus pressante et de la plus indispensable nécessité pour que le salut de notre pays soit assuré, si l'on suppose que son salut soit attaché à la conservation et au maintien des institutions politiques sous lesquelles il vit en ce moment, ce qui ne saurait être pour nous l'objet d'un seul instant de doute, c'est que les vérités morales qui constituent les principes sur lesquels s'appuie la nécessité, la raison d'existence de ces institutions, vérités dont la connaissance ne ferait point partie encore, selon ce que nous venons de dire, du domaine intellectuel de l'homme, c'est que ces vérités, dis-je, soient recherchées et découvertes, et de plus généralement si ce n'est universellement reconnues et admises dans la société.

La connaissance de ces vérités morales permettra de résoudre la plupart et même toutes les grandes questions qui sont encore actuellement pendantes sur le terrain de la politique, car il ne reste à éclaircir en fait de questions considérables et essentielles sur ce terrain, de nos jours, que celles qui se rapportent au point particulier qui nous occupe en ce moment.

On peut ramener toutes ces grandes questions de l'ordre politique dont la non-solution, si on peut parler de la sorte, pèse sur les générations de notre âge, à ces quatre questions principales qui représentent et résument en elles-mêmes, qui embrassent et dominent de leur étendue et de leur importance incontestables toutes les autres.

Première question : Pourquoi la forme monarchique a-t-elle dû être restituée aux institutions politiques dans notre pays ?

Il est certain que la république, et il n'y a pas un seul homme sensé peut-être en ce moment, parmi nous, qui n'ait cette conviction, il est certain, dis-je, que la république est impossible dans notre pays, c'est-à-dire n'y peut subsister d'une manière permanente et durable avec la conservation et le maintien pour la société de toutes ses conditions d'existence. Il y a de ce grand fait apparemment une raison considérable, cette raison peut être assignée aussi, mais quelle est-elle ? Voilà ce qu'il s'agit de déterminer. Ce qu'il y a de certain, selon nous, c'est que cette raison n'est pas du tout celle qu'on pense.

Seconde question : Pourquoi la cause de la monarchie napoléonienne a-t-elle prévalu dans les conseils de Dieu sur celle de la monarchie traditionnelle ou légitimiste ?

Il y a beaucoup de personnes qui s'imaginent qu'un tel fait s'explique naturellement par l'avantage que Napoléon a pu tirer de la position particulière où il se trouvait, car il était non-seulement en France, au milieu de ses amis et partisans, il était encore au pouvoir, c'est-à-dire en possession des moyens les plus puissants d'action et d'influence; mais cette raison nous paraît bien étroite et bien vaine, elle ne nous satisfait nullement. Nous croyons que la providence divine a une toute autre part dans les événements qui se succèdent en ce monde; et voici en attendant que la lumière se fasse complétement sur ce point ce que nous tenons pour assuré : Le principe légitimiste comme le principe bonapartiste, comme aussi le principe orléaniste, sont trois principes, selon nous, essentiellement différents mais également vrais et sains, également nécessaires et indispensables selon la circonstance des temps et des lieux; ils ne possèdent aucune supériorité absolue l'un sur l'autre, ils n'ont qu'une supériorité relative; je veux dire que selon que l'on a en vue tel pays, tel temps, tel peuple, ou tel moment donné de la vie d'un peuple, c'est l'un de ces principes qui devra influer, dominer dans la société parce qu'il est le principe aimé et soutenu de Dieu dans la circonstance, le principe en un mot providentiel. Cela posé le principe légitimiste a bien pu être de notre pays mais il n'est pas pour nous de ce siècle; le principe orléaniste peut bien être de ce siècle pour certains peuples, mais il n'est pas en ce moment, et ne sera jamais de notre pays; le principe bonapartiste serait, tout à la fois, et de notre pays, et de notre siècle; il serait, par conséquent, le principe nécessaire et indispensable maintenant pour nous ; or, comme ce qui est nécessaire finit toujours par obtenir gain de cause et se réaliser dans la pratique, voilà pourquoi la cause de Napoléon a détruit, et aurait toujours détruit et surmonté, en tout état de choses, les obstacles qui auraient pu s'opposer à l'exaltation, à la glorification, à l'intronisation de son principe dans le monde. Mais cette explication n'éclaire pas suffisamment, nous le reconnaissons, cette grande question. Pour la résoudre complétement il faudrait dire en quoi précisément le principe napoléonien est tout à la fois de notre pays et de notre siècle ; c'est là le point qu'il importe le plus au repos et à la tranquillité de la France de déterminer.

Troisième question : Pourquoi notre nation et toutes celles qui ont reçu la même constitution intellectuelle et morale ne peuvent-elles porter le régime parlementaire et ce que l'on appelle la liberté politique? Pourquoi ce régime ne peut-il rien fonder chez ces nations, et n'y dure-t-il qu'autant et qu'aussi longtemps qu'il y a à renverser et à détruire dans le champ, pour ainsi parler, de leur passé, quelque chose qui fait obstacle au régime nouveau, qui tend visiblement à se substituer, dans leur situation politique et sociale, à l'ancien?

A Dieu ne plaise que nous prétendions attaquer, ici, les institutions libérales et le régime parlementaire en eux-mêmes ; il suffit de voir le merveilleux résultat que ces institutions ont eu la vertu de produire chez certains peuples pour se convaincre qu'il n'y a rien là de mauvais absolument parlant. Mais il faut avoir bien du malheur, aussi, par le temps qui court, pour n'être pas persuadé que ces institutions ne valent rien du tout, et n'offrent que des inconvénients ou des dangers pour nous; qu'elles devaient nous mener, et nous ramèneraient encore inévitablement à la situation pleine de périls et intolérable dont nous avons demandé, tous tant que nous sommes, que l'on nous délivrât. Mais d'où vient, s'il en est de la sorte, que notre nation ne peut point porter le régime parlementaire et la liberté politique? Qui pourrait assigner la raison de ce grand et incontestable fait? car ce que l'on a dit jusqu'à ce jour sur ce sujet, selon nous, est encore insignifiant ou à peu près.

Quatrième question : En quoi consiste, quelle est la nature, l'essence, à proprement parler, de la démocratie?

Il y a peu de personnes, maintenant, parmi nous, dont l'esprit soit libre, soit dégagé de toute prévention favorable ou défavorable, et dont l'intelligence aussi ait quelque portée, qui ne reconnaisse que les dispositions intellectuelles et morales de la France, que ses instincts particuliers, que ses goûts, que le caractère propre et intime de son génie l'appellent à vivre, désormais, sous un régime et des institutions démocratiques; il suffit d'avoir observé pour cela un peu attentivement la marche qu'ont suivie les événements qui se sont accomplis depuis soixante années parmi nous. Mais qu'est-ce que la démocratie? en quoi consiste précisément la nature, l'essence de la chose que ce mot représente? Voilà ce qu'il faudrait déterminer, car il règne beaucoup d'inexactitude encore et de confusion, selon nous, sur ce point, dans les esprits.

Nous soupçonnons fort, pour le dire ici en passant, qu'il existe beaucoup de rapport et d'affinité entre la seconde et la quatrième question que nous venons de formuler, et que celui qui posséderait la solution de la dernière, par exemple, aurait, en même temps, la clef de l'autre.

Voilà les quatre grandes questions de l'ordre politique à la solution desquelles selon nous est attaché le repos, la tranquillité, le salut de notre pays.

Après avoir prouvé que nous ne sommes pas du tout sauvés, après avoir dit ce qu'il faut, ce qui est nécessaire et indispensable pour que nous le soyons, on peut se faire encore une grande et redoutable question, on peut se demander si nous le serons.

A cette question nous répondrons que nous serons ou que nous ne serons pas sauvés selon que les livres sérieux qui paraîtront sur la politique, dans les douze, ou quinze, ou vingt années qui vont s'écouler, nous ne pouvons pas attendre plus longtemps, réussiront ou ne réussiront pas à dissiper complétement les ténèbres dont l'intelligence humaine est encore enveloppée sur les points considérables et essentiels que nous venons d'indiquer.

Cela dit nous devons raconter maintenant de quelle manière nous avons été amené à publier ce volume et parler des différents objets dont il traite.

Nous avons composé, il y a quelque temps déjà, un ouvrage fruit de trois années de solitude et de retraite, lequel est une tentative, un essai de généralisation de tous les faits appartenant au monde moral. Cet ouvrage étant trop sérieux, peut-être, dans son ensemble, pour intéresser vivement les hommes à une époque et dans un pays où l'on a si peu l'habitude et le goût de la réflexion, nous remettions toujours à un autre temps pour le publier, ne pouvant parvenir à nous défaire d'un certain sentiment de doute et d'hésitation à l'endroit de son opportunité, quand une idée nous frappa tout à coup et nous fit voir clairement le parti que nous devions prendre.

Dans tout le cours de l'ouvrage dont nous parlons se trouvent répandus, çà et là, de grands passages, des chapitres tout entiers qui n'ont plus rien de philosophique et d'abstrait, qui sont de la plus grande clarté, au contraire, et qui non-seulement ne touchent qu'à des matières purement politiques, mais qui ont tous plus ou moins directement trait à l'une ou l'autre des quatre grandes questions que nous avons formulées plus haut. Ce que nous avions à faire, nous parut-il, était de réunir en un corps d'ouvrage ces différents articles qui se lient assez bien entre eux, qui sont de nature à exciter partout un grand intérêt, et dont les objets n'ont pas encore cessé d'être, pour ainsi parler, à l'ordre du jour. Par là nous nous procurions deux avantages : nous avions premièrement l'honneur qui doit être le plus recherché de l'écrivain et du penseur, dans ce temps-ci, l'honneur de dire notre mot sur le plus grand sujet d'étude et de controverse qui puisse être proposé aux hommes, l'autre avantage que nous nous procurions était de pouvoir sonder le terrain sur lequel nous devions opérer, c'est-à-dire de tâter le goût du public, de consulter son sentiment sur la valeur de nos idées, sur notre manière de raisonner qui est partout la même dans nos écrits, et d'acquérir enfin, s'il y a lieu, le degré de confiance qui nous a manqué jusqu'à ce jour pour publier en entier l'ouvrage que nous avons composé. Voilà de quelle manière nous avons été conduit à faire paraître ce volume que nous présentons au public.

A Dieu ne plaise que nous prétendions résoudre encore complétement, par le moyen des raisonnements qui sont établis dans ce volume, les quatre grandes questions politiques dont nous venons de parler, nous n'élevons pas en ce moment nos prétentions si haut : Mais il faut, avons-nous dit, pour le salut de notre pays, qu'il se forme généralement dans les esprits, sur la convenance et la nécessité du régime qui nous gouverne, une conviction inébranlable et ferme; il faut même, avons-nous fait entendre, encore que l'édifice de cette conviction s'élève le plus tôt possible ; or, nous essayons purement et simplement par la publication de ce livre d'apporter notre pierre à la construction de cet édifice, voilà tout ce que nous prétendons pour le moment.

Le titre que nous faisons porter à ce volume semblerait dire qu'il ne contient que deux chapitres : l'un sur le socialisme et l'autre sur le radicalisme; il en renferme toutefois un plus grand nombre ; nous y avons réuni tous les articles de notre ouvrage qui ont trait à la politique, de sorte que c'est non-seulement des deux grandes questions du socialisme et du radicalisme mais encore des questions non moins considérables et essentielles de la démocratie, de l'aristocratie, des révolutions, de la monarchie libérale ou parlementaire, et enfin de la liberté qu'il est traité dans le livre que nous publions.

Nous avons cru devoir mettre à la suite de ces différents articles et pour terminer ce volume le dernier chapitre de notre ouvrage qui diffère essentiellement des précédents, et ne contient que des considérations sur l'origine ou la cause des changements survenus dans la condition de l'homme sur la terre; nous avons pensé que l'esprit du lecteur, fatigué, peut-être, de tant de politique, se reposerait agréablement sur un sujet exclusivement religieux.

Disons enfin en terminant que si nous adressons plus particulièrement au peuple français nos considérations sur le socialisme, notre intention cependant n'est pas de donner à entendre par là qu'il ne se rencontre point de radicaux ni de conservateurs dans cette catégorie de personnes, ou qu'il n'y a point de socialistes dans les autres classes de la société, nous avons voulu seulement rappeler tout d'abord à l'esprit cette idée qui est exacte et vraie : Que c'est surtout parmi les classes laborieuses que le socialisme se recrute.

Disons encore que si nous adressons plus particulièrement aussi à la bourgeoisie française nos considérations sur le radicalisme, notre intention n'est pas non plus de donner à entendre par là qu'il ne se rencontre point de socialistes ni de conservateurs dans cette classe de la société, ou qu'il n'y a point de radicaux dans le peuple ; nous avons voulu seulement rappeler tout d'abord à l'esprit cette idée qui est exacte et vraie aussi : Que c'est surtout parmi les classes riches, les classes éclairées et instruites que le radicalisme se recrute.

ESSAI
SUR LE
SOCIALISME
A L'ADRESSE DU PEUPLE FRANÇAIS
SUIVI
D'UN AUTRE ESSAI
SUR LE
RADICALISME
A L'ADRESSE DE LA BOURGEOISIE FRANÇAISE

PREMIER FRAGMENT

PREMIER FRAGMENT

Où l'on démontre que les révolutions politiques ne doivent pas avoir pour conséquence prochaine ou éloignée, pour résultat définitif, la propagation et l'établissement par toute la terre ; ne doivent pas amener l'exaltation, la glorification, l'intronisation, dans le monde, de l'idée socialiste.

———•—•———

Quand on examine attentivement, et avec un esprit libre, un esprit dégagé de toute prévention favorable ou défavorable, les opinions, les théories, les doctrines et tout le système d'organisation sociale, en un mot, que prêchent les novateurs politiques de notre temps connus sous le nom de socialistes, on est bientôt amené à reconnaître que le socialisme, et c'est ce qui constitue le caractère propre et intime, le génie particulier, la nature de cette opinion, que le socialisme, dis-je, quoique tant de personnes parmi ses partisans ne le voient point ou n'en veuillent point convenir, va droit, conduit par une pente invincible et fatale, au communisme. Toutes les mesures, en effet, pour peu qu'on les veuille analyser, toutes les innovations, les améliorations, les réformes, tous les projets d'institutions nouvelles, en un mot, dont la pensée est tombée du cerveau et des écrits des socialistes dans le monde, qui leur appartiennent en propre, qui n'ont été proposés et soutenus que par eux, ont cela de remarquable et de particulier que leur application, leur exécution, leur réalisation dans une société, demandent, pour être possibles, que le gouvernement soit tout dans cette société, qu'il y possède, y décide, y dirige, y exerce et y puisse tout; que l'individu, par conséquent, que le citoyen avec toutes ses propriétés, toutes ses libertés, toutes ses facultés, pour ainsi dire intellectuelles et morales, y disparaisse et y soit confondu, anéanti, perdu, absorbé dans l'État. Or, une société où le gouvernement serait tout, posséderait, déciderait, dirigerait, exercerait et pourrait tout; où, par conséquent, l'individu, le particulier, le citoyen serait confondu, anéanti, perdu, absorbé dans l'État, ne serait autre chose évidemment qu'une société communiste, car elle en réunirait toutes les conditions et tous les caractères, dont le principal est cet anéantissement profond, cette absorption complète et entière de l'individu dans l'État; donc le socialisme, si ce que je viens de dire est vrai, va droit, conduit réellement, par une pente invincible et fatale, au communisme.

Je pourrais citer ici, pour établir par le plus impérieux et le plus fort de tous les arguments qui est celui que l'on peut tirer des faits positifs, l'exactitude et la vérité de la proposition que je viens d'émettre et de cette assertion, par conséquent, que le socialisme conduit directement au communisme, je pourrais citer, dis-je, tous les grands principes, les principes supérieurs et fondamentaux que les écoles socialistes ont reconnus et formulés déjà, comme autant de points essentiels, d'articles de foi, de leur religion politique, et qu'elles se proposent d'appliquer, si elles se trouvent jamais, par impossible, dans la situation de le pouvoir faire, à la conduite et au gouvernement des sociétés humaines; mais comme ce travail serait d'une étendue trop considérable pour pouvoir être compris dans les limites ou je veux renfermer ces considérations, je me contenterai d'en appeler à un seul de ces principes, d'invoquer le plus important, le plus clair de tous, celui que les novateurs défendent avec le plus d'unanimité, d'ardeur et de constance, et qui est comme la pierre de touche, en quelque sorte, avec laquelle se reconnaissent, dans le monde, les personnes dont les convictions intimes sont favorables à leur doctrine, les personnes véritablement socialistes, par conséquent, de celles qui ne le sont pas, je veux parler du droit au travail.

Le droit au travail est de tous les principes socialistes, en effet, celui dont on peut dire avec le plus d'exactitude et de raison que son application, sa réalisation dans la société conduit rigoureusement, irrésistiblement, fatalement, au communisme; celui qui résume le mieux, qui représente au plus haut degré toutes les prétentions, toutes les illusions, tous les périls, toutes les vanités, toutes les faussetés, toutes les impossibilités du socialisme; et qui, par conséquent, se proposait le plus naturellement à notre choix, puisque l'espace nous faisant défaut, comme nous venons de le dire, nous ne pouvons invoquer en ce moment, pour en conclure et en arguer en faveur de notre assertion, qu'un seul principe parmi tant de principes que les socialistes ont entrepris de soutenir et de propager dans le monde.

Pour prouver que le droit au travail conduit directement au communisme, il me suffira d'établir le raisonnement suivant qui me paraît fort concluant et fort simple, et qui ne paraîtra pas moins solide au lecteur, sans doute, s'il veut accorder à son examen tout le soin et toute l'attention dont il est capable.

Il faut de toute nécessité, et personne ne sera tenté de contester la vérité de cette proposition, que je commence par poser, tant elle est évidente et palpable par elle-même, il faut de toute nécessité, dis-je, pour que le grand principe du droit au travail soit mis à exécution, pratiqué, réalisé dans une société quelconque, que le gouvernement de cette société auquel incomberait le soin, l'obligation, le devoir d'employer tous les bras inoccupés, soit mis en possession de tous les moyens de remplir ce devoir, cette obligation rigoureuse.

Il faut, par conséquent, *tout au moins*, dans tous les cas analogues au cas particulier suivant : au cas où telle ou telle maison industrielle se trouve obligée de ralentir ou même de suspendre tout à fait ses opérations, comme cela se voit tous les jours, à cause de l'encombrement de ses produits qui n'ont point d'écoulement facile pour le moment dans le commerce, et où, par conséquent, deux ou trois cents ouvriers, plus ou moins, sans travail, viennent se présenter à l'État, c'est-à-dire au gouvernement ou à son représentant, et lui dire : Nous sommes sans occupation et n'avons d'ailleurs point de ressources, voici nos bras; nous venons vous demander de les employer, en application de la loi qui reconnaît à tout homme venant en ce monde le droit d'être occupé, il faut *tout au moins*, dans tous ces cas, dis-je, de ces diverses choses qui suivent, l'une :

Ou bien que l'État ait la faculté de se procurer des fonds, de puiser, de prendre de l'argent là où il y en a, c'est-à-dire dans la bourse des propriétaires, des rentiers, des riches, et fasse exécuter pour son propre compte les opérations industrielles momentanément interrompues, en attendant le jour où les fabricants seront parvenus à se débarrasser des produits dont ils étaient encombrés; et cette faculté de puiser dans la bourse des riches devra être illimitée, indéfinie, absolue; car ce sont des sommes réellement énormes qu'il faudra pour faire face à tout, dans les cas dont il est question, que l'État ait à sa disposition, ces cas pouvant en effet se présenter en mille endroits différents, le même jour, dans toute l'étendue d'un grand territoire. Mais avoir la faculté de puiser ainsi, d'une manière illimitée, indéfinie, absolue, sans responsabilité ni contrôle, dans une bourse, n'est-ce pas être, dans toute la force et toute l'étendue de ce mot, le propriétaire de cette bourse? Il faut donc, pour obvier à tout, dans les cas dont il s'agit toujours, que l'État soit déclaré le propriétaire et dispose à son gré de la totalité des biens, de toute la fortune des particuliers.

Ou bien qu'il ait la faculté de contraindre tous les citoyens indistinctement d'acheter, dans la proportion chacun des moyens et des ressources dont il dispose, les objets manufacturés dont les maisons industrielles qui ont suspendu leurs opérations sont encombrées, afin que l'activité puisse renaître dans leur industrie respective.

Ou bien, enfin, qu'il ait la faculté de forcer toutes les personnes qui sont sans occupation d'abandonner pour un laps de temps plus ou moins considérable, ou même pour toujours, selon les circonstances, le genre de travail auquel elles étaient employées, d'abandonner, en d'autres termes, la profession qu'elles avaient apprise et qu'elles ont exercée jusque-là, de les forcer, en outre, s'il le faut, de quitter le pays qui les a vues naître et de se laisser appliquer à tout autre travail avantageux ou non, où les bras manquent, dont il peut disposer, car au droit pour tout ouvrier sans travail d'être occupé par l'État correspond strictement et logiquement, pour celui-ci, le droit d'occuper tout ouvrier sans travail de la manière et dans le lieu qu'il l'entend.

Voilà donc trois facultés qu'il ne paraît pas possible, quoiqu'elles soient réellement énormes, de refuser à l'État, en vertu de cet axiome incontestable : que qui veut la fin veut les moyens, si l'obligation rigoureuse lui est imposée de procurer du travail dans la société à tous les bras inoccupés.

Il faut, je le répète, ou qu'il puisse demander, d'une manière illimitée, absolue, arbitraire, de l'argent aux propriétaires, aux rentiers, aux riches, à tous ceux, en un mot, qui en ont; ou qu'il puisse forcer le public d'acheter les produits de l'industrie nationale au fur et à mesure de leur introduction dans le commerce; ou, enfin, qu'il puisse retirer d'une industrie particulière et d'une contrée, pour les employer dans les autres, les ouvriers que la stagnation des affaires abandonne à eux-mêmes et qui n'ont d'ailleurs point de ressources.

J'ai dit : *tout au moins*, mais je me hâte d'ajouter que ce ne serait pas assez, je veux dire que, même en usant le plus largement possible de ces facultés excessives, car elles entraîneraient pour l'homme la ruine de ses plus importantes et de ses plus précieuses libertés, l'État ne se trouverait pas encore en mesure de remplir la mission dont il serait chargé.

Toute l'efficacité, en effet, de la première faculté, dont nous venons de parler, qui serait laissée à l'État de puiser à discrétion dans la bourse des riches, repose sur cette hypothèse que le pouvoir trouvera toujours, en exerçant cette faculté, toutes les sommes, quelque considérables qu'elles soient, dont il aura besoin pour remplir la mission dont il est chargé; or, il n'y a rien de moins certain, au contraire, et de moins vrai que cela. Il n'y a même aucune personne d'une intelligence ayant quelque portée qui ne reconnaisse aisément, pour peu qu'elle y veuille réfléchir, que toutes les fortunes particulières, abandonnées entre les mains de son gouvernement, ne suffiraient pas, à la longue, pour entretenir dans un perpétuel mouvement de production, sans égard, sans considération aucune du degré de développement que peut avoir atteint la consommation, toutes les branches de l'industrie et du commerce d'un peuple.

Toute l'efficacité, en outre, de la seconde faculté dont il est question repose sur l'efficacité de la première et disparaît totalement si cette efficacité est illusoire. Qui ne voit, en effet, que si tout l'argent des particuliers remis à la disposition de son gouvernement ne suffit pas pour entretenir dans une perpétuelle activité toutes les branches de l'industrie et du commerce d'un peuple, il ne suffira pas davantage, laissé entre les mains des particuliers, pour acheter tous les produits dont cette même industrie et dont ce commerce regorgent.

Toute l'efficacité, enfin, de la troisième faculté qui serait laissée au gouvernement ou à l'État de retirer pour un temps plus ou moins long ou même pour toujours, de telle ou telle industrie, ou de tel ou tel pays, pour les employer dans tels ou tels autres, les ouvriers sans travail, repose sur cette hypothèse : qu'il y a toujours dans une contrée certaines branches d'industrie où les bras manquent, en même temps qu'il y en a d'autres où ils surabondent; or, il n'y a rien de moins certain encore et de moins vrai que cela, car il peut arriver des temps malheureux et difficiles où l'encombrement des produits industriels soit à peu près général, et où, par conséquent, cette dernière faculté entre les mains du gouvernement devienne tout à fait inutile.

Ainsi les gouvernements des sociétés humaines, une fois mis en demeure par la volonté des peuples d'appliquer dans tout son esprit et toute sa lettre le grand principe du droit au travail, une fois mis en demeure, en d'autres termes, d'arriver à ce résultat : qu'il y ait toujours de l'occupation pour tous les bras valides sans exception, quelque part, dans l'État, après avoir essayé de se servir, s'ils commençaient par croire à leur efficacité, de l'une ou l'autre des trois facultés précédentes ou même de toutes les trois simultanément, seraient donc bientôt amenés à reconnaître l'insuffisance de ces facultés et la nécessité de recourir à des moyens, à des mesures, à des résolutions plus efficaces.

Le vrai, le grand, l'unique moyen, le moyen souverain et tout-puissant auquel ces gouvernements devraient recourir, pour arriver au résultat dont il est question, serait, sans contredit, de ne jamais permettre que les différentes branches d'industrie et de commerce cultivées dans la société, comme aussi que les différentes écoles où les professions libérales s'enseignent (car le droit au travail, s'il est un droit naturel, ne l'est pas seulement, sans doute, pour les ouvriers, les prolétaires, les ignorants, les petits, les pauvres, pour telle ou telle catégorie enfin de personnes dans l'Etat, plutôt que pour telle ou telle autre, mais pour tous les citoyens indistinctement), de ne jamais permettre, dis-je, que ces différentes branches d'industrie et que ces différentes écoles se développassent dans des proportions qui ne fussent pas en rapport, en harmonie parfaite avec les vrais besoins des populations.

J'ai dit : le moyen souverain et tout-puissant ; on ne peut contester, en effet, que ce moyen ne fût de la plus grande efficacité.

Supposez, pour éclaircir ceci par un exemple, une société, une nation, un peuple qui vive répandu sur tel ou tel territoire dont l'étendue est assez considérable, car c'est là une condition nécessaire et indispensable de laquelle il faut que nous partions, pour nourrir tous ses habitants, supposez, ensuite, que l'administration, que le gouvernement qui préside aux destinées sociales de ce peuple soit en possession du droit de ne point permettre et ne permette point, effectivement, aux facultés établies pour conférer les grades scientifiques, de délivrer un nombre de diplômes d'avocats, de pharmaciens, de médecins, pour ne parler que de ces seules professions libérales, plus considérable que celui qu'il sait être nécessaire, après examen et renseignements pris, pour que tous les malades, parmi ce peuple, soient convenablement traités et médicamentés, et pour que toutes les causes portées devant la justice y soient sérieusement plaidées et défendues; ne permette point, en outre, aux négociants d'élever un nombre d'établissements de fabrication pour les draps, les couvertures, les sucres, les soieries, les toiles, ou pour toute autre denrée commerciale, je n'ai pas besoin d'entrer dans un plus grand détail, sur ce point, plus considérable que celui qu'il sait être indispensable, aussi, pour satisfaire à toutes les demandes que le public peut faire : supposez, pour tout dire en quelques mots, qu'il soit en possession du droit d'assigner, et qu'il assigne effectivement pour limite, au développement de la production dans toute espèce d'industrie, celle du développement de la consommation connue ou présumée, n'est-il pas de la plus certaine et de la plus incontestable évidence que jamais une seule personne parmi le peuple que je prends pour exemple ne se trouverait sans travail?

Tous les ouvriers, en effet, c'est-à-dire toutes les personnes employées dans les différentes branches d'industrie cultivées parmi ce peuple, d'un côté, seraient sans cesse occupés, puisque toutes ces industries, ayant à fournir à une consommation prévue, limitée, régulière, et n'étant pas plus développées qu'il ne le faut pour cela, seraient dans une perpétuelle et constante activité. Toutes les personnes ayant embrassé les professions libérales, c'est-à-dire tous les médecins, tous les avocats, les professeurs, les écrivains, les savants, les artistes, etc., d'un autre côté seraient toujours occupés aussi, puisqu'ils auraient à remplir une besogne également prévue, également limitée et régulière, une besogne renaissant toujours, se renouvelant sans cesse et dans les mêmes proportions à peu près, Quant aux autres personnes, enfin, composant le reste de la population valide, ou elles n'auraient point besoin de travailler, ou elles seraient appliquées aux travaux de la campagne et cultiveraient le sol qui serait assez étendu pour les nourrir avec tous les autres habitants, on se le rappelle, c'est notre hypothèse.

Voilà donc une société, et c'est la seule et unique société humaine qui puisse exister, que nous sachions, où le travail ne ferait jamais défaut à personne, où chaque citoyen, par conséquent, pourrait se reposer dans cette perspective que son pain, son sort, son avenir matériel, sont garantis et assurés; une société enfin où le droit d'être occupé pourrait être déclaré et reconnu sans inconvénient et sans danger, comme appartenant à tous les citoyens sans exception, car il serait de la plus grande facilité de satisfaire à toutes les conséquences que l'exercice de ce droit serait de nature à entraîner, ou plutôt ce droit général ne tirerait jamais à conséquence, puisqu'il ne pourrait jamais devenir, si l'on a bien compris et entendu ce que nous venons de dire, le principe d'aucune réclamation particulière.

Mais à quel prix, au prix de quel sacrifice pour les membres de la société dont nous parlons aurait été obtenu ce résultat qui paraît si merveilleux?

Au prix du sacrifice le plus considérable et le plus grand que l'homme puisse faire ici-bas, d'un sacrifice tellement considérable, même qu'on peut bien dire qu'il ne le fera jamais volontairement et ne souffrira jamais non plus qu'on le lui impose, car il ne s'agit pas moins que du sacrifice de toutes les libertés dont il peut jouir sur la terre.

Dans toute société, en effet, dont le gouvernement aurait été mis en possession du droit de prendre et aurait pris toutes les mesures dont il vient d'être question, le particulier, le citoyen se trouverait dépouillé, au profit de l'État, de toute action, de toute initiative propre dans la détermination et la conduite des principales affaires qui seraient à ordonner dans son existence, se trouverait dépouillé, en d'autres termes, du droit de choisir par lui-même, de décider, de vouloir quoi que ce soit, même dans les choses qui le regardent et qui le touchent le plus directement, pour peu que cela eût de conséquence et de portée sociale, il serait guidé enfin, surveillé, contenu sans cesse dans ses entreprises et dans ses actes par la vigilante intervention des pouvoirs publics, lesquels, ayant été chargés de tous les soins, de toutes les obligations, de tous les devoirs, pour ainsi parler, dans l'État, finiraient bientôt par absorber aussi, peu à peu et logiquement, car qui veut la fin veut évidemment les moyens, tous les droits.

Il ne pourrait point abandonner les travaux de la terre, par exemple, s'il y était primitivement attaché, ou sortir de l'existence inoccupée et des loisirs au milieu desquels il aurait jusque là vécu sans en avoir préalablement demandé l'autorisation à l'État, qui serait seul juge compétent de la convenance et de l'opportunité de la demande au point de vue des intérêts publics, qui aurait seul à examiner, en d'autres termes, avant de refuser ou d'accorder l'autorisation, la grande question de savoir s'il faut encore dans la société un charpentier, un maçon, un maréchal, un industriel, un fabricant, un artiste, un médecin, un avocat, un prêtre, selon l'espèce et la nature de la carrière à laquelle aurait manifesté l'intention de s'adonner le postulant.

Il en serait de même, on le conçoit, de tout autre métier ou profession qu'il voudrait quitter, prendre ou reprendre, de sorte que l'État aurait à examiner tous les jours des milliers de demandes, qui lui seraient adressées de tous les points du territoire, à l'effet de savoir quelles sont les différentes positions sociales disponibles et vacantes pour le moment dans la société, de savoir, en d'autres termes, selon la différence des goûts et des inclinations, si on peut encore construire, si on peut encore fabriquer, si on peut encore composer, si on peut encore sculpter ou peindre, si on peut encore étudier, et même, ce qui paraît d'abord singulier et inconcevable, si on peut encore épouser, car ce dernier point, comme il nous va être facile de le démontrer, serait le grand écueil contre lequel irait inévitablement donner l'espèce de société dont il est ici question.

Nous avons assigné pour première condition, pour condition essentielle et indispensable de l'efficacité des dernières mesures dont il vient d'être parlé, des seules mesures, avons-nous dit, que l'on pourrait employer pour arriver à ce résultat : qu'il y ait toujours quelque part de l'occupation pour tous les hommes valides, sans exception, dans une société ; que le territoire sur lequel est répandu le peuple dont cette société se compose soit suffisamment fertile et vaste pour faire subsister, pour nourrir tous ses habitants. La nécessité de cette condition ne sera contestée, sans doute, par qui que ce soit ; car s'il est un principe certain et incontestable au monde, c'est qu'il doit exister toujours entre le nombre des habitants d'un pays, quel que soit le régime politique ou l'organisation sociale en vigueur, pour que la société y soit possible, et la quantité de substance alimentaire que le sol de ce pays peut produire, une proportion exacte et définie, à moins que ce pays ne puisse rejeter sur les contrées voisines l'excédant de sa population, au fur et à mesure que cet excédant se forme, ou ne reçoive de ces mêmes contrées le complément de produits alimentaires dont il a besoin pour nourrir tous ses habitants, ce qui ne saurait avoir lieu, comme il sera facile d'en concevoir la raison plus loin, dans le cas où toutes les sociétés humaines qui sont répandues sur la face de la terre seraient organisées sur le même pied que celle que nous prenons ici pour exemple, lequel cas peut être fort légitimement supposé, et même doit l'être si nous voulons donner à nos raisonnements une rigueur véritablement mathématique.

Or, cette condition essentielle cesserait bientôt d'être remplie si toutes les mesures indiquées plus haut, pour qu'il y ait partout et toujours du travail dans la société, une fois prises, et si, ce résultat une fois obtenu, le mouvement de la population restait libre, était abandonné à lui-même, sans être surveillé, resserré, contenu dans de certaines limites ou proportions déterminées.

Pour prouver la vérité de cette dernière assertion, il faut que nous commencions par constater ici deux choses, par poser deux principes que l'on ne peut se refuser d'admettre.

Le premier principe : c'est que l'homme a reçu de la nature le don, la faculté de multiplier, c'est-à-dire la faculté non-seulement de se reproduire, mais de se reproduire dans une proportion et une mesure plus considérables que celles qui seraient strictement nécessaires pour assurer la simple conservation, le maintien, la perpétuité de son espèce sur la terre.

Il suffit, en effet, pour s'assurer de la vérité de ce premier principe, de se rappeler ce que rapporte l'histoire de ces régions écartées et désertes, de ces continents, de ces îles, jusque-là sauvages et inhabitées, qui ont été peuplés par quelques individus seulement, que le malheur des temps, les révolutions, les naufrages, ou tout autre accident naturel, y avaient jetés par hasard. Mais il n'est même pas besoin de faire appel aux souvenirs de l'histoire et de citer des exemples empruntés à des temps et à des lieux éloignés de nous, car il n'y a peut-être pas un seul État pour le moment, en Europe, dont la population ne s'accroisse tous les jours et n'augmente dans une proportion qui varie pour chacun d'eux, ce qui ne pourrait avoir lieu, évidemment, si l'homme n'avait reçu de la nature le don, la faculté, la puissance dont il est ici question.

Le second principe : c'est que le grand obstacle à ce que cette faculté produise tout son effet dans le monde, c'est ce que l'on appelle la misère, c'est-à-dire cet état, cette condition particulière de la vie humaine qui constitue le dernier degré de l'échelle sociale, et qui a toujours été le partage d'un nombre assez considérable d'individus sur la terre, condition dont le caractère propre, la nature, l'essence, consistent en ce que les personnes qui s'y trouvent réduites sont exposées à manquer et manquent plus ou moins souvent aussi des choses les plus nécessaires et les plus indispensables à la vie.

Il suffit encore, en effet, pour s'assurer de la vérité de ce second principe, de consulter les statistiques, les relevés que les gouvernements font établir de temps en temps pour se tenir au courant du mouvement de la population humaine ; car on constatera qu'à telles ou telles années de stérilité, de disette ou d'adversité sociale, correspondent toujours sur ces statistiques un plus petit nombre de mariages, un plus petit nombre aussi, cela se conçoit, de naissances, une diminution plus ou moins considérable, par conséquent, de la population qu'à telles ou telles années d'abondance et de prospérité ; on constatera, en d'autres termes, que le mouvement de la population suit constamment, chez tous les peuples sans exception, le niveau de l'aisance et de la prospérité publiques ; qu'il s'élève ou s'abaisse selon que ce niveau lui-même s'élève ou s'abaisse, et que le grand obstacle, par conséquent, à ce que le don de multiplier, que l'homme a reçu de la nature, produise tout son effet dans le monde, c'est, comme nous l'avons dit, la misère.

De ces deux principes que nous venons de poser il suit rigoureusement que si, au lieu d'être sujettes à des retours si imprévus et si soudains, au lieu d'être si incertaines, pour parler ici sans figure, et si précaires, l'abondance et la prospérité publiques finissaient par s'établir un jour, dans les différentes contrées de la terre, d'une manière universelle, invariable et constante, ces contrées deviendraient bientôt tellement peuplées qu'elles ne pourraient plus fournir à la subsistance de leurs habitants respectifs, leur étendue, en effet, et leur fécondité, si grandes qu'on les supposât, étant nécessairement finies, bornées, limitées, et l'augmentation de population qui résulterait à la longue avec le temps, les années, les siècles, pour chacune d'elles, de la disparition de la misère, ne l'étant pas.

Or, dans un pays dont le gouvernement aurait pris toutes les mesures nécessaires pour qu'il y eût toujours quelque part du travail pour tous les hommes valides, sans exception, la misère ne serait pas connue; car la misère, évidemment, ne saurait exister là où le travail ne fait jamais défaut à personne et où il est convenablement rétribué : donc la population, dans ce pays, deviendrait bientôt tellement pressée et drue, tellement nombreuse, qu'elle n'y pourrait plus subsister; mais nous avons assigné pour première condition, pour condition essentielle et indispensable de l'efficacité de ces mêmes mesures, dans toute société où elles seraient prises, que le territoire sur lequel est répandu le peuple dont cette société se compose soit toujours assez étendu, assez fertile et vaste pour nourrir tous ses habitants, en vertu de ce principe que nous avons rappelé : qu'il doit toujours exister, entre le nombre des habitants d'un pays, quels que soient le régime politique et l'organisation sociale en vigueur, pour que la société y soit possible et la quantité de substance alimentaire que le sol de ce pays peut produire, une proportion exacte et définie; donc encore, dans tout pays dont le gouvernement aurait pris toutes les mesures nécessaires pour qu'il y eût toujours du travail pour tous les hommes valides sans exception, le mouvement de la population ne pourrait point rester libre, ne pourrait être abandonné à lui-même sans que la condition essentielle de l'efficacité de ces mesures cessât bientôt d'exister; il devrait être surveillé, resserré, contenu, par conséquent, dans de certaines limites ou proportions déterminées, de sorte que nous avons eu raison de mettre au nombre des autorisations dont la demande serait imposée au citoyen, dans toute société où le principe du droit au travail aurait été mis à exécution, pratiqué, réalisé, l'autorisation d'épouser, l'autorisation, autrement dit, de concourir par une union charnelle légitime à la reproduction de l'espèce humaine; cette autorisation, en effet, ne pouvant être accordée, cela est bien facile à entendre maintenant, dans cette société, qu'à un certain nombre, qu'à un nombre plus ou moins limité de personnes seulement.

On voit donc que ce serait véritablement, comme nous le disions tout à l'heure, au prix du sacrifice de leurs plus précieuses et plus chères libertés qu'aurait été obtenu, pour les membres de la société dont nous parlons, ce résultat merveilleux : qu'il y ait toujours quelque part de l'occupation pour tous les hommes valides sans exception. L'homme dans cette société, sans doute, serait à l'abri pour toujours de la nécessité et du besoin proprement dits; il pourrait se reposer, comme je le faisais observer plus haut, dans cette perspective que son pain, son sort, son avenir matériels sont garantis et assurés, mais il serait littéralement couvert de chaînes; il n'y aurait plus pour lui sur la terre, pour tout dire en un seul mot, de misère, il n'y aurait plus que de l'oppression, et une oppression si grande qu'il ne la supporterait pas six semaines consécutives seulement, et qu'il aimerait mieux reprendre sa liberté primitive avec tous les hasards de richesse et de pauvreté, de bonheur et de misère, de bien et de mal, en un mot, qui seront toujours attachés et inhérents à sa possession.

Ainsi, d'après ce que nous avons dit jusqu'à ce moment, si ce que nous avons dit est vrai, pour que le grand principe du droit au travail soit mis à exécution, pratiqué, réalisé, dans une société quelconque, il ne suffit pas que le gouvernement de cette société, auquel incomberait le soin, l'obligation, le devoir d'employer tous les bras inoccupés, soit mis en possession de tous les biens, de toute la fortune des particuliers, mais il faut encore qu'il puisse disposer de toutes leurs libertés, il faut qu'il soit tout, par conséquent, dans cette société, qu'il y possède, y décide, y exerce, y dirige et y puise tout, et que le particulier, le citoyen avec toutes ses libertés, toutes ses propriétés, toutes ses facultés, pour ainsi dire, intellectuelles et morales, y disparaisse et y soit confondu, anéanti, perdu, absorbé dans l'Etat.

Or une société, avons-nous fait observer plus haut, où le gouvernement serait tout, posséderait, déciderait, dirigerait, exercerait et pourrait tout, où le citoyen serait confondu, anéanti, perdu, absorbé dans l'Etat, ne serait autre chose, évidemment, qu'une société communiste, car elle en réunirait toutes les conditions et tous les caractères dont le principal est cet anéantissement profond, cette absorption complète et entière de l'individu dans l'Etat ; donc, pour que le grand principe du droit au travail soit mis à exécution, pratiqué, réalisé dans une société quelconque, il faut que cette société se dénature, se bouleverse de fond en comble et se transforme de l'état où sont aujourd'hui toutes les sociétés humaines et où elles ont toujours été depuis le commencement du monde, et se précipite dans le grand écueil, dans l'abîme du communisme, ce que nous nous étions proposé de démontrer.

Ce que nous disions ici du principe du droit au travail, nous le pourrions dire avec autant d'exactitude et de raison du principe de l'association universelle, du principe de l'extinction absolue de la misère, de tous les principes, enfin, que les socialistes ont entrepris de répandre et de propager dans le monde; de ceux, bien entendu, qui leur appartiennent véritablement, c'est-à-dire qui n'ont été imaginés, qui ne sont proposés et soutenus que par eux; nous pourrions prouver, en d'autres termes, que ces principes vont droit également, conduisent aussi, par une pente invincible et fatale, au communisme; mais ce travail, nous l'avons dit déjà, serait trop étendu, trop long, pour pouvoir être compris dans les limites où nous voulons renfermer ces considérations, et n'est pas indispensable, d'ailleurs, à l'objet que nous nous proposons en ce moment.

On peut placer ici, comme corollaire de cette proposition, qui nous paraît suffisamment démontrée par le raisonnement que nous venons de faire : que le socialisme conduit directement au communisme, les deux propositions suivantes :

La première : c'est que les opinions, les théories, les doctrines que les socialistes proposent sont les plus insensées, les plus ineptes des utopies que le cerveau humain ait enfantées, et tout à la fois les plus simples, les plus réalisables des conceptions intellectuelles ; les plus insensées des utopies si on se propose de les appliquer à des sociétés semblables à celles où nous vivons, sans vouloir entreprendre de les transformer en sociétés communistes, et les plus réalisables des conceptions intellectuelles si on se propose de les appliquer à des sociétés assises, établies, fondées, ou que l'on veut asseoir, établir, fonder sur les principes du communisme.

La seconde : c'est que les vrais, les parfaits socialistes, les socialistes conséquents avec eux-mêmes, ceux qui regardent, qui voient et qui se portent aussi avant que leurs idées, sont les communistes, et que ceux de toutes les autres écoles sont des hommes sans raisonnement, sans pénétration, sans logique, des hommes faibles d'esprit et souverainement absurdes, puisqu'ils le sont jusqu'à ce degré d'être capables de recevoir aveuglément et d'adopter des opinions sans les connaître, des hommes enfin qui en politique ne savent pas, ne comprennent pas, n'entendent pas seulement ce qu'ils disent.

S'il y a une chose inconcevable après cela, une chose dont on ne se lasse point d'être étonné et confondu, c'est qu'il se rencontre tant de socialistes dans le monde, c'est-à-dire tant de personnes admettant des opinions dont la réalisation conduit rigoureusement au communisme, qui aient la prétention de n'être point communistes. Le nombre est considérable, en effet, des personnes par lesquelles nous avons entendu donner sérieusement dans la société les réponses qui suivent à ces quatre demandes qui leur étaient adressées, entre autres : — « Êtes-vous socialiste ? — Oui. — Êtes-vous communiste ? — Non. — Êtes-vous pour le droit au travail ? — Oui. — Êtes-vous communiste? — Non. » — Tant d'inconséquence et d'absurdité de la part de ces partisans du socialisme est une chose inconcevable, je le répète, ou ne peut se concevoir que si l'on admet, ce que je regarde, pour ma part, comme très-assuré et très-certain : que l'homme qui a secoué le joug de tous les préjugés, de tous ces préjugés que l'on tient d'ordinaire de sa naissance, de son éducation, de sa position sociale, de son pays, de son siècle ou de quelqu'autre part que ce soit, lesquels préjugés servent de convictions et de principes à plus des neuf dixièmes du genre humain, est un homme cent fois moins éclairé, moins judicieux, moins habile, s'il n'est doué en même temps d'un esprit profond et d'une raison véritablement supérieure, que s'il les eût gardés tous, parce qu'aux ténèbres spirituelles qui ont leur source dans ces différents préjugés, et dont son âme est délivrée, se substituent bientôt chez lui toutes celles qui ont la leur dans l'inintelligence et l'ineptie naturelles à l'homme, à le considérer en général, qui sont bien plus épaisses et bien plus obscures encore.

Le socialiste, s'il veut échapper au grand défaut, ou pour mieux dire à la grande misère intellectuelle et morale de l'inconséquence et de la contradiction avec soi-même, doit donc se reconnaître, se déclarer hautement communiste, cela est tout à fait incontestable après ce qui vient d'être dit.

Or, maintenant le communisme est une forme de société qui n'a jamais pu être et qui ne sera jamais non plus, on peut l'affirmer sans crainte et sans appréhension aucune de se tromper, établie et réalisée en ce monde, parce que dans une telle société, comme il nous sera facile de le démontrer, l'intention, le plan, le dessein, que la Providence divine s'est proposé dans la création et l'établissement de l'homme sur la terre, deviendrait purement et simplement impossible; et qu'une chose qui serait de nature à contrarier positivement, diamétralement, les intentions, les plans, les desseins de Dieu, ne saurait jamais exister, Dieu ne la pouvant point permettre, cela est incontestable et évident, sans tomber en inconséquence, en contradiction manifeste avec lui-même, autrement dit sans cesser d'être Dieu.

Quel est, en effet, ce plan dont nous parlons, quelle est cette intention, ce dessein que la Providence divine se serait proposé quand elle forma la créature humaine et l'établit sur la terre?

C'est apparemment que l'homme fût un être moral, c'est-à-dire un être capable de vouloir positivement le bien ou le mal, un être intelligent, en outre, d'une intelligence raisonnable, c'est-à-dire capable de se connaître elle-même et de remonter à la première cause dont elle émane, par opposition à l'intelligence de tous les animaux qui sont répandus dans la nature, laquelle ne se connaît pas elle-même et ne peut s'élever non plus à la connaissance de son auteur; un être perfectible, enfin, c'est-à-dire doué d'une intelligence et d'une volonté capable de grandir progressivement et de se manifester par des productions de plus en plus relevées et parfaites, dans toutes les carrières qui ont été ouvertes à son activité; c'est que l'homme possédât, dis-je, ces deux facultés d'un entendement et d'une volonté perfectibles qui le rendent si différent de toutes les autres créatures au milieu desquelles il vit, et si supérieur à elles en même temps, afin que, par un exercice convenable de ces deux facultés, il pût s'élever indéfiniment, devenir de plus en plus digne de la sollicitude et des desseins de son Créateur, et mériter enfin de jouir un jour de la félicité qui l'attend dans une autre vie.

Voilà, autant du moins que nous ne nous faisons pas illusion dans une si difficile et si délicate appréciation, quel est le dessein que la Providence divine s'est proposé quand elle forma la créature humaine et l'établit sur la terre.

Dieu a eu, en d'autres termes, selon nous, cette intention : non pas que l'homme fût grand de la grandeur morale à laquelle il lui est permis d'aspirer et d'atteindre ; s'il l'avait voulu il le serait, partout et toujours, parce que rien ne peut faire obstacle à ce que les déterminations de la volonté divine obtiennent tout leur effet en ce monde ; mais qu'il fût dans la situation de le pouvoir devenir en exerçant convenablement et dignement les deux grandes facultés dont il vient d'être parlé et qu'il a reçues en partage.

Or, dans une société communiste l'homme ne serait pas dans les conditions où il faut nécessairement qu'il se trouve pour que l'intention, le plan, le dessein que Dieu a eu en le formant, et que nous venons de déterminer, puisse être accompli et réalisé complétement ; il ne serait pas dans les conditions, autrement dit, où il faut nécessairement qu'il se trouve pour que son intelligence et sa volonté se développent, grandissent progressivement, et produisent tous les fruits que l'on peut attendre de leur exercice régulier et normal.

Le fait le plus capital et le plus saillant du communisme, en effet, c'est, comme nous l'avons fait observer plus haut, que cette forme de société serait le renversement, la destruction, la ruine, serait le tombeau de la liberté humaine, non-seulement de la liberté civile et de la liberté politique, mais encore de la liberté sociale.

J'appelle liberté sociale cette liberté que l'homme a toujours possédée, même sous les gouvernements les plus absolus, dans les sociétés semblables à celles où nous vivons, de choisir, de fixer sa résidence en tel ou tel lieu, où bon lui semble; de quitter, de prendre ou de reprendre telle ou telle profession dans la vie; de travailler à tel moment, tel jour, telle heure qui lui conviennent le plus, et de se reposer ou distraire à tels ou tels autres; d'être appliqué, laborieux ou lâche; de manger son bien, s'il en a; de se livrer à l'industrie, au commerce, à la navigation, aux voyages; de vivre dans l'état du mariage ou dans le célibat; la liberté, enfin, pour chacun sur la terre, d'arranger, de distribuer son existence et de se gouverner absolument comme il lui plaît.

Or, l'intelligence humaine sans la liberté, je veux parler surtout ici de la liberté sociale, l'intelligence humaine sans la liberté, c'est-à-dire si l'homme se trouvait un jour dépouillé de toute action, de toute initiative propre dans la détermination et la conduite des principales affaires qui sont à ordonner dans son existence; s'il était dépouillé du droit de choisir par lui-même, de décider, de vouloir quoique ce soit, même dans les choses qui le regardent et qui le touchent le plus directement; s'il était guidé, enfin, surveillé, contenu sans cesse, comme nous le disions plus haut, dans ses entreprises et dans ses actes, par l'intervention des pouvoirs publics, l'intelligence humaine, disons-nous, ne se développerait plus au delà du point où elle serait parvenue.

Il suffit, en effet, pour s'assurer de l'exactitude et de la vérité de cette assertion, de se rappeler ce qui s'est passé depuis deux ou trois siècles seulement; car si l'intelligence humaine s'est élevée, si elle a grandi considérablement depuis qu'elle a été délivrée d'une foule d'entraves qui avaient leur source dans l'absence de plusieurs libertés qu'elle a conquises dans le cours de ces siècles, n'est-il pas certain qu'elle ne ferait plus aucun progrès si l'homme perdait tout à coup non-seulement ces libertés mais même la liberté sociale, comme cela aurait lieu évidemment sous le communisme. L'intelligence humaine ne se développerait donc plus, je le répète, au delà du point où elle serait parvenue; de là plus de progrès, plus d'inventions, plus de découvertes dans les diverses voies ou carrières qui ont été ouvertes à son activité; de là, par conséquent, plus de perfectibilité intellectuelle et morale pour l'homme.

Mais non-seulement l'intelligence humaine ne ferait plus aucun progrès, n'inventerait, ne découvrirait plus rien, si l'homme se trouvait dépouillé de toutes ses libertés, on peut avancer encore qu'elle ne conserverait même pas le degré de développement qu'elle aurait acquis jusque là, en vertu de ce principe général, de cette grande loi de l'organisme humain : que toute faculté, toute fonction, que tout organe ou appareil d'organes qui se trouve privé de l'exercice auquel il était destiné par la nature, perd peu à peu et insensiblement sa vigueur, son énergie, son ressort, dépérit, s'éteint et meurt finalement : l'intelligence humaine, dans le cas dont nous parlons, déclinerait donc peu à peu, baisserait insensiblement et finirait avec le temps, les années, les siècles, par se trouver réduite à rien du tout, où à peu près. Avec l'intelligence de l'homme périrait aussi sa moralité, au sens que nous donnons ici à ce mot, c'est-à-dire sa force et sa capacité de vouloir positivement le bien ou le mal, laquelle est toujours dans l'âme humaine en proportion directe de la force et de la capacité de connaître, de sorte que l'homme, privé de ce qui le distingue de toutes les autres créatures au milieu desquelles il vit sur la terre, de ce qui le rend si supérieur à elles, en même temps, tendrait peu à peu à devenir et deviendrait tous les jours d'avantage une pure machine, un instrument physique, un automate, tendrait peu à peu à devenir et deviendrait tous les jours davantage, pour tout dire en un seul mot, une bête, et c'est en ce sens que tous les bons esprits, que tous les hommes sensés et judicieux ont déclaré et reconnu dans tous les temps que le communisme serait l'abrutissement de l'homme, c'est-à-dire aurait pour résultat de rapprocher insensiblement, sous le rapport moral, si ce n'est sous le physique, la créature humaine de la brute.

Ainsi l'intelligence humaine, sans la liberté, non-seulement ne pourrait plus se développer mais ne pourrait même pas conserver le degré de développement auquel elle serait parvenue. Or, c'est l'intention de Dieu, avons-nous dit, que l'homme puisse toujours grandir, toujours s'élever intellectuellement et moralement par l'exercice et le développement des deux grandes facultés qui le distinguent de toutes les autres créatures au milieu desquelles il vit sur la terre; donc sous le communisme, qui serait le renversement, la destruction, la ruine, qui serait le tombeau de la liberté humaine, l'homme ne serait pas dans les conditions où il faut nécessairement qu'il se trouve pour que l'intention, le plan, le dessein que la Providence divine s'est proposé en le créant puissent être accomplis et réalisés complétement; mais une chose qui serait de nature à contrarier diamétralement les intentions, les plans, les desseins de Dieu ne saurait jamais exister, avons-nous dit, Dieu ne la pouvant point permettre sans tomber en inconséquence, en contradiction manifeste avec lui-même, sans cesser, autrement dit, d'être Dieu; donc encore le communisme est une forme de société qui ne sera jamais établie, pratiquée, réalisée en ce monde.

Nous en avons pour solide et sûr garant ce sentiment de répulsion, cette antipathie, cette horreur profonde et invincible que Dieu, voulant assurer l'exécution et l'accomplissement de ses desseins, a déposées au fond du cœur de l'homme à son endroit; car si le socialisme, père du communisme, n'est pas de la part des masses populaires l'objet d'une répulsion plus manifeste et plus déclarée, c'est pour la raison uniquement que les masses ne sont point capables d'apercevoir les conséquences d'un principe pour peu éloignées que soient ces conséquences. Mais que le socialisme arrive et triomphe, pour un instant, par surprise, comme il le fera un jour, peut-être, et qu'il devienne incontestable et évident, pour tout le monde, par un commencement d'application de ses principes qu'il aboutit, logiquement, nécessairement, fatalement, à la destruction des sociétés humaines telles que nous les voyons exister maintenant et qu'elles ont toujours existé depuis le commencement du monde, alors on pourra estimer rigoureusement par la soudaineté et la violence du mouvement d'hostilité que les peuples manifesteront à son égard, ce que le genre humain pense en réalité du communisme et des socialistes, ses propagateurs et ses soutiens sans le savoir.

Il n'y a donc pas à craindre, on peut se rassurer complétement sur ce point, que le communisme prévale jamais, et parvienne à s'établir en quelque contrée que ce soit de la terre. Les sociétés humaines peuvent périr, cela n'est point du tout contraire aux lois morales en vertu desquelles elles subsistent, comme il n'est point du tout contraire aux lois physiques que tel ou tel édifice ou construction s'écroule; c'est même comme un témoignage rendu à la puissance irrésistible et impérissable de ces lois, pour peu qu'on y veuille réfléchir, qu'il faut considérer la ruine dans l'un et l'autre cas, mais elles ne peuvent jamais se transformer dans le sens du communisme.

S'il en est de la sorte; s'il est vrai, d'un côté, que le socialisme conduit par une pente invincible et fatale au communisme, et s'il est vrai, d'un autre côté, que le communisme est une forme de société qui ne sera jamais réalisée, pour le motif que nous venons d'assigner, il est donc prouvé, que les révolutions politiques ne doivent pas avoir pour conséquence prochaine ou éloignée, pour résultat définitif, la propagation et l'établissement par toute la terre, ne doivent pas amener l'exaltation, la glorification, l'intronisation, dans le monde, de l'idée socialiste, ce que nous voulions démontrer.

DEUXIÈME FRAGMENT

DEUXIÈME FRAGMENT

Où l'on démontre que les révolutions politiques qui se sont succédées dans notre âge ne doivent pas avoir pour conséquence prochaine ou éloignée, pour résultat définitif, la propagation et l'établissement parmi nous, ne doivent pas amener l'exaltation, la glorification, l'intronisation dans notre pays de l'idée radicale.

Il ne faut point posséder une grande connaissance de la géographie et des faits historiques pour savoir qu'il a existé autrefois, en différentes contrées de la terre, des peuples célèbres, des nations florissantes et nombreuses, lesquelles, après avoir vécu et subsisté un plus ou moins grand nombre de siècles, dans ces contrées, après y avoir exercé sur les destinées des autres nations une influence plus ou moins salutaire et heureuse, s'y sont éteintes enfin, y ont péri et disparu complétement.

Ce fait, que nul ne sera tenté de contredire, l'histoire

et la géographie étant là, je le répète, pour l'attester, prouve évidemment qu'il y a pour les sociétés humaines comme pour tout ce qui existe d'ailleurs, soit sous le rapport physique, soit sous le rapport moral, ici-bas, des conditions d'existence et de durée en dehors desquelles il faut nécessairement qu'elles tombent en ruine, qu'elles périssent et meurent comme toutes choses.

Mais quelles sont ces conditions d'existence et de durée sans lesquelles il faut, disons-nous, ou plutôt enseigne l'histoire, que toute société humaine périsse et meure? Car s'il est une question importante et considérable au monde, après ce que nous venons de dire, une question qui soit de nature à exciter dans l'âme un intérêt vif et profond, c'est assurément celle-là.

De l'examen, de l'observation attentive et réfléchie de tous les faits qui ont précédé, accompagné ou suivi la décomposition sociale chez tous les peuples où ce grand phénomène moral a eu lieu, il résulte que l'on peut affirmer sans crainte et sans appréhension aucune de se tromper qu'il y a trois grandes conditions, trois conditions essentielles d'existence pour les sociétés humaines, trois conditions sans lesquelles elles n'ont jamais pu et ne pourront jamais non plus se maintenir et subsister sur la terre.

La première de ces conditions : c'est qu'il y ait au sein de ces sociétés une religion positive, même quand ce ne serait pas la vraie, car ce n'est point sous le rapport qui nous occupe en ce moment, comme nous le ferons voir plus loin, c'est-à-dire sous le rapport de la simple existence des sociétés humaines, que la vraie religion diffère de toutes les fausses; et que cette religion, en outre, soit généralement aimée et estimée des peuples dont ces sociétés se composent.

Je me sers ici du mot : *généralement*, avec dessein et par opposition au mot : universellement, parce qu'il n'est pas indispensable et essentiel à l'existence et au maintien des sociétés humaines sur la terre que la religion, que professent les peuples dont ces sociétés se composent, ne reçoive aucune atteinte, aucune diminution absolument. S'il en était ainsi, en effet, il faudrait dire, ce qui ne peut se soutenir : que toute civilisation, de quelque bonne et louable espèce qu'elle soit, est incompatible avec l'existence des sociétés; il faudrait dire que la civilisation et la société, autrement dit, sont deux choses qui se repoussent, qui s'excluent réciproquement, car les religions positives, aux époques civilisées de la vie des peuples, sont toujours plus ou moins attaquées et combattues, parce que la civilisation, supposant un plus grand usage, amène aussi naturellement un plus grand abus des facultés intellectuelles chez l'homme, et que l'un des principaux abus que l'homme a faits de son intelligence dans tous les temps a été de s'efforcer de détruire les fondements sur lesquels repose l'existence des sociétés humaines. Je me sers donc ici du mot *généralement* avec dessein, je le répète, pour indiquer qu'il faut, et en même temps qu'il suffit, pour que les sociétés humaines soient strictement possibles, que la religion que professent les peuples dont ces sociétés se composent ne soit pas attaquée au delà d'une certaine limite, ne le soit pas pour déterminer avec mesure et avec précision cette limite, et pour en revenir aux expressions dont je me suis servi, à un degré qui l'empêche d'être généralement aimée et estimée.

La seconde condition, c'est que ces sociétés ne soient point dépourvues de mœurs. Je me sers avec intention aussi, avec dessein, de cette formule : ne soient point dépourvues de mœurs, pour indiquer que la pureté de mœurs, dont je fais une condition d'existence pour les sociétés, n'est pas une pureté absolue et parfaite. S'il en était ainsi, en effet, il faudrait dire encore que la civilisation et la société sont deux choses qui se repoussent, qui s'excluent réciproquement; car les mœurs d'un peuple, quand ce peuple arrive à la civilisation, se gâtent et s'altèrent toujours plus ou moins, sont toujours plus ou moins inférieures à ce qu'elles étaient précédemment. Ce que je veux donc dire, à proprement parler, par les expressions dont je me suis servi, c'est qu'il faut, et en même temps qu'il suffit, pour que les sociétés humaines soient strictement possibles, que la dissolution de mœurs dans laquelle peuvent tomber les peuples dont ces sociétés se composent ne s'élève pas au delà d'une certaine limite, n'atteigne pas ce funeste et fatal degré, en un mot, dont on voit des exemples dans l'histoire, et où il est si exact et si vrai de dire qu'il n'y en a plus du tout, qu'elles ont péri et disparu complètement de la terre.

La troisième condition, enfin, c'est que la mesure de liberté, en possession de laquelle se trouvent les peuples dont ces sociétés se composent, ne soit pas plus considérable que ne le comporte le degré de développement intellectuel auquel ils ont atteint, et surtout l'espèce de constitution morale qu'ils ont reçue de la nature en partage; car il y a bien de la distance, il ne le faut point méconnaître, selon que leur constitution intellectuelle et morale est de telle ou telle espèce, entre les diverses nations, sous le rapport du degré de liberté qu'elles peuvent porter, puisque tel degré qui fait la grandeur, la prospérité, la force de certains peuples, ferait la faiblesse, la désolation, la ruine, l'expérience l'a démontré, de certains autres; c'est, en d'autres termes, que le principe de l'autorité ne perde point, ne diminue point, ne s'affaiblisse point chez ces peuples au delà d'une certaine limite; car une société qui possède une mesure de liberté plus grande que ne le comporte sa situation intellectuelle et morale perd bientôt toute considération et tout respect pour le principe de l'autorité, et une société qui a perdu tout respect pour le principe de l'autorité est une société que travaille ou travaillera bientôt l'anarchie, l'une des causes les plus actives, les plus puissantes et les plus promptes, sans contredit, de dissolution sociale.

Voilà donc, selon nous, quelles sont les trois grandes conditions, les trois conditions essentielles d'existence pour toutes les sociétés humaines, quelles qu'elles soient.

La première, pour nous résumer en quelques mots, c'est que ces sociétés possèdent une religion positive généralement aimée et estimée; la seconde, c'est qu'elles aient conservé des mœurs; la troisième enfin, c'est que la mesure de liberté en possession de laquelle se trouvent les peuples dont ces sociétés se composent ne dépasse point une certaine limite, laquelle peut varier considérablement pour chacun d'eux.

Que s'il me fallait présenter maintenant sous la forme d'une argumentation logique la vérité dont il est ici question, je croirais pouvoir m'en tenir au seul raisonnement qui suit, dont la simplicité, l'exactitude et la justesse ne me paraissent point susceptibles de contestation ; je dirais :

Il faut considérer comme condition essentielle et indispensable, comme condition *sine quâ non* d'existence pour toute société humaine, ce sans quoi il est d'observation et d'expérience universelle qu'aucune société n'a jamais existé, et ce en possession de quoi aussi il est d'observation et d'expérience universelle qu'aucune société n'a jamais péri.

Or, il est inouï d'un côté, comme il résulte du dépouillement des faits et des documents historiques, et comme la plus légère teinture de science et d'érudition suffit à nous l'apprendre, il est inouï d'un côté, dis-je, qu'aucune société ait jamais pu subsister après avoir perdu sa religion, ses mœurs et la mesure de respect qui est due au principe de l'autorité dans le monde, ait jamais pu subsister, en d'autres termes, dans un état d'irréligion, de libertinage et d'anarchie universels ; et de l'autre, qu'aucune société ait jamais péri, qui avait conservé sa religion, ses mœurs et l'amour de l'ordre que le sentiment du respect pour le principe de l'autorité inspire ; donc les trois conditions d'existence et de durée pour toute société humaine, que nous venons de déterminer, sont bien réellement des conditions essentielles et indispensables.

Cela posé, si on examine attentivement, pour en revenir à l'opinion dont il est question en ce moment, c'est-à-dire à l'opinion radicale ou au radicalisme et à ses partisans, si on examine attentivement, disons-nous, en quoi consiste précisément cette opinion, ce qui constitue son caractère propre et intime, son génie particulier, sa nature, on est bientôt amené à reconnaître que le radicalisme, quelque difficulté peut-être que beaucoup de personnes parmi ses partisans fassent d'en convenir, consiste tout entier dans la négation de la grande vérité que nous venons d'établir ; je veux dire que tous les sentiments, toutes les théories, les doctrines, que toutes les manières de voir et de penser, en un mot, que l'on rencontre sous les trois grands rapports de la politique, de la religion et des mœurs, chez les personnes qui ont adopté les opinions radicales, et dont l'ensemble constitue, à proprement parler, le radicalisme, sont un effet, un résultat, une conséquence de ce fait : que ces personnes ne sont point pénétrées et convaincues qu'il y a trois conditions essentielles et indispensables d'existence pour les sociétés humaines, trois grandes nécessités sociales, comme on pourrait dire, sur la terre, et que ces trois nécessités sociales sont celles que nous venons d'indiquer ; je veux dire encore, pour présenter ma pensée d'une autre manière et la compléter, qu'il suffit, pour que nous appartenions logiquement, irrésistiblement, fatalement, aux idées radicales, que nous ne sachions pas qu'il faut nécessairement que toute société humaine périsse et meure qui ne possède pas une religion positive généralement aimée et estimée, des mœurs relativement bonnes, et une mesure de liberté ne dépassant pas une certaine limite.

Voilà dans quel sens nous disons que le radicalisme consiste tout entier dans la négation de la grande vérité que nous venons d'établir.

Mais comment se fait-il, me dira-t-on peut-être, qu'il y ait, dans la société, des personnes qui n'appartiennent pas réellement au parti radical, à ne considérer leurs opinions que sous l'un des trois grands rapports que vous venez d'indiquer, que sous le politique, et qui lui appartiennent cependant, à les considérer sous les deux autres, puisqu'en effet ces personnes laissent percer visiblement dans tous leurs sentiments, dans leurs discours, leurs conversations, leurs écrits, une antipathie ou une indifférence extrêmes à l'endroit de la religion et des bonnes mœurs, qui prouve bien qu'elles ne croient pas du tout à l'importance et à la nécessité de ces deux choses au point de vue de la conservation et du maintien des sociétés humaines? Ne semblerait-il pas, d'après ce que vous venez de dire, ou que ces personnes devraient, non pas avoir, car ce n'est point de cela qu'il est ici question, mais aimer, mais souhaiter qu'il y ait de la religion et des mœurs dans la société, si elles sont assez bien pénétrées, assez persuadées et convaincues de l'existence des trois grandes nécessités sociales que vous venez d'indiquer, pour se croire obligées de rejeter tous les principes que les radicaux soutiennent en politique, ou qu'elles devraient recevoir et adopter ces mêmes principes si elles sont assez peu persuadées et convaincues de l'existence de ces mêmes nécessités sociales pour éprouver une indifférence ou une antipathie extrêmes à l'endroit de la religion et des bonnes mœurs ?

Voilà une question que l'on sera tenté, peut-être, de nous adresser, car il y a effectivement dans la société des personnes chez lesquelles se rencontre l'espèce de contradiction de sentiments et de conduite que nous signalons ici, mais il me suffira, pour y satisfaire, de répondre que si les personnes dont on veut parler n'appartiennent pas au radicalisme sous le rapport des opinions politiques, bien qu'elles ne paraissent et ne soient réellement point convaincues de l'existence des nécessités sociales, c'est que quelqu'une de ces influences particulières malheureusement souveraines et toutes puissantes chez la plus grande partie des hommes, telles que des préjugés de famille, d'éducation, de naissance, telles qu'un grand intérêt de position, de considération, de fortune, telles que des passions détestables, encore, comme la passion de la haine, de l'envie, de l'orgueil, c'est que quelque mobile enfin, plus ou moins répréhensible et mauvais, les en ont retenues éloignées ; qu'elles devaient lui appartenir et lui auraient appartenu, aussi, logiquement, nécessairement, fatalement, si elles avaient été de ces personnes chez lesquelles la sincérité absolue et parfaite des sentiments fait tout le fond du caractère, qui ne relèvent que de leurs principes, que de leurs convictions intimes et profondes, qui se laissent aller en toute chose, enfin, à la pente, à la libre inclination de leur esprit. Ce ne serait donc pas élever une objection réelle, il est facile de le concevoir maintenant, contre l'exactitude et la vérité de l'opinion que nous soutenons ici, à savoir que le radicalisme consiste tout entier dans la négation et l'ignorance des trois grandes nécessités sociales, que d'apporter purement et simplement quelques exemples, et même, si l'on veut, des milliers d'exemples de personnes qui n'ont ni religion, ni foi, ni mœurs, et qui n'appartiennent pas néanmoins au parti radical sous le rapport des opinions politiques. Ce qui irait seulement contre l'exactitude et la vérité de cette opinion, ce qui tendrait à la renverser, à la ruiner complétement, si on a bien entendu et compris en quoi nous la faisons consister, ce serait que l'on pût citer un seul, un unique exemple d'une personne appartenant à ce parti sous le rapport dont nous parlons et qui serait profondément touchée en même temps, qui serait sérieusement préoccupée et toute remplie de l'importance et de la nécessité de protéger, de défendre, de sauvegarder, à quelque prix que ce puisse être, ces deux grands intérêts sociaux de la religion et des bonnes mœurs ; mais on ne le pourra jamais faire.

Cette assertion que nous venons d'émettre : que les personnes qui ont adopté les opinions radicales sont toutes des personnes qui ne sont point pénétrées et convaincues de l'existence des trois grandes nécessités sociales, est une vérité dont la preuve nous sera bien facile à administrer. Nous n'avons besoin pour cela, en effet, que de faire observer que pour toutes ces personnes, sans exception de quelque caractère, opinion ou sentiment en tout autre matière, de quelque ouverture ou capacité intellectuelle qu'elles soient, et c'est là un fait que chacun peut reconnaître et vérifier sans difficulté s'il veut se donner la peine d'examiner leurs opinions, leurs discours, leurs écrits, leur conversation, leur conduite, c'est que pour toutes ces personnes, sans exception, dis-je, il y a toujours assez de religion, assez de mœurs et jamais trop de liberté dans le monde. Les radicaux, en effet, seraient-ils des hommes pour lesquels il y aurait toujours assez de religion, assez de mœurs et jamais trop de liberté dans le monde, s'ils étaient réellement et profondément persuadés, s'ils étaient pénétrés et convaincus de cette vérité : qu'il faut nécessairement que toute société humaine périsse et meure qui ne possède pas une religion positive, généralement aimée et respectée, des mœurs relativement bonnes, et une mesure de liberté ne dépassant pas une certaine limite? Non, évidemment. Ils seraient, au contraire, des hommes suivant, étudiant, considérant sans cesse avec une attention et une sollicitude inquiètes la situation intellectuelle et morale des peuples, sous le rapport des trois grandes conditions d'existence pour toute société humaine; et toute particularité, toute circonstance, tout événement pour si petit et si insignifiant qu'il parût être, qui leur apporterait une preuve que l'esprit d'irréligion et d'impiété, que l'esprit de révolte et d'insubordination, que la corruption et la dissolution des mœurs ont fait un nouveau progrès dans le monde, au lieu de les trouver distraits, indifférents et insensibles, ou de les réjouir peut-être, leur serait, comme à toutes les personnes sensées, judicieuses et honnêtes, qui sont préoccupées, jalouses et avides, qui ont souci avant et par-dessus tout de la conservation et du salut de la société, un sujet de tristesse et d'affliction réelle.

Nous pourrions aller beaucoup plus loin, sans doute, que nous ne le faisons ici, pour appuyer notre assertion, sans encourir encore, sans mériter le reproche d'inexactitude ou d'exagération ; nous pourrions dire que les radicaux sont des hommes pour lesquels non-seulement il y a toujours assez de religion et assez de mœurs dans la société, mais encore pour lesquels il y a toujours trop de ces deux choses. On ne peut point contester, en effet, quand on remarque, d'un côté, l'ardeur et la persévérance avec lesquelles ils essaient, pour la plupart, de ruiner, dans l'esprit des peuples, d'éteindre tout sentiment de piété, toute religion, toute croyance, et d'un autre côté combien les exemples les plus propres à entraîner dans la dissolution et le débordement des mœurs les personnes qui en sont encore préservées, car c'est par la séduction et l'entraînement de l'exemple que presque tout le mal se fait sous ce rapport, leur paraissent une chose indifférente, et leur coûtent peu à donner ; on ne peut point contester, dis-je, qu'une telle appréciation de leurs sentiments ne fût bien juste et bien légitime ; mais nous ne voulons point pousser, quoique nous le puissions faire, jusque là ; il suffit à l'objet que nous nous proposons en ce moment de constater purement et simplement, de poser en principe absolu, l'indifférence profonde et invétérée que les partisans du radicalisme, que les radicaux ont ressentie et fait paraître chez tous les peuples et dans tous les temps, à l'endroit de ces deux grands intérêts sociaux de la religion et des bonnes mœurs.

Comment serait-il possible, d'ailleurs, que les radicaux reconnussent les trois grandes conditions d'existence pour toute société humaine, les trois grandes nécessités sociales dont nous venons de parler, puisqu'ils ne sont même pas convaincus que les sociétés puissent périr, puisqu'ils ne sont pas convaincus, par conséquent, qu'il y ait pour elles des conditions essentielles et indispensables d'existence?

Combien de fois, en effet, n'avons-nous pas entendu des personnes appartenant à l'opinion radicale, auxquelles nous demandions, à propos de tels ou tels changements politiques, de telles ou telles institutions nouvelles, qu'elles regardaient comme salutaires et avantageuses aux peuples, et dont elles cherchaient, en conséquence, à procurer par tous les moyens à leur disposition la réalisation dans le monde, mais que nous considérions, de notre côté, comme autant d'innovations funestes et dangereuses et que nous combattions en conséquence, aussi, de toute l'énergie de notre âme, si elles ne craignaient pas, en établissant de telles institutions, de toucher aux principes vitaux, de porter atteinte à la base, au fondement éternel sur lequel repose l'existence des sociétés humaines, combien de fois, disons-nous, ne les avons-nous pas entendues répondre : qu'elles ne se préoccupaient point de l'existence des sociétés; qu'elles n'avaient aucune inquiétude, aucun souci à cet égard; que les sociétés ne peuvent point périr; qu'elles sont parce qu'elles sont; qu'elles ne peuvent pas ne pas être; et que cette peur éternelle que l'on veut faire aux hommes de certains principes, de certaines opinions ou doctrines, sous ce vain prétexte que ces principes, ces opinions, ces doctrines sont incompatibles avec la conservation et le maintien de leur existence comme société, est une ruse de guerre à l'usage de tous les partis rétrogrades, à laquelle ils ont su recourir dans tous les temps pour prévenir et ameuter le genre humain contre les propagateurs de ces doctrines; ruse qu'il faut dénoncer hautement, qu'il faut, comme l'on dit, éventer, afin que les peuples plus éclairés, mieux instruits, et complétement édifiés sur les intentions cachées et l'artifice de cette manœuvre, n'en soient plus désormais la dupe.

Quoi! leur disions-nous, les sociétés ne peuvent point périr, selon vous! Est-il possible que l'on exprime une telle opinion sérieusement? Les sociétés ne peuvent point périr! quand il y a encore, aujourd'hui même, répandus çà et là en différentes contrées de la terre, qui sont dépeuplées maintenant, désertes et arides, tant de débris et tant de ruines qui attestent que des peuples puissants, que des nations florissantes et nombreuses y ont vécu et subsisté autrefois! quand les livres, quand les monuments historiques font mention, en outre, de tant de faits remarquables et surprenants qui se rapportent à des peuples dont on n'aperçoit plus aucune trace, aucun vestige reconnaissable dans le monde! Si vous entendez dire, sans doute, si vous voulez exprimer par là cette opinion : que la société en elle-même, que la société en général ne peut point périr, en ce sens qu'une société n'a pas plutôt disparu de la terre qu'une autre société, selon les desseins de Dieu, lui succède, se développe et grandit à son tour sans interruption, vous ne vous trompez point, car de ce que des sociétés nouvelles ont toujours succédé aux anciennes au fur et à mesure que celles-ci disparaissaient, on peut raisonnablement inférer qu'il y en aura toujours sur la terre, aussi longtemps du moins que Dieu n'en décidera pas autrement. Mais il ne s'agit pas ici de la société en général, qui est un être de raison, un objet purement métaphysique, une abstraction, il s'agit, ce qui est bien différent, de telles ou telles sociétés en particulier, de sociétés positives, de sociétés palpables et vivantes dont nous faisons partie tous tant que nous sommes, qu'il faut conserver et au milieu desquelles vous voulez établir vos institutions nouvelles. Que diriez-vous, par exemple, d'une personne à laquelle vous manifesteriez des inquiétudes sur le sort de tel ou tel individu que vous sauriez compromis et engagé dans quelque affaire dangereuse et qui vous répondrait, croyant par là vous tranquilliser beaucoup : que quant à elle, elle est sans inquiétude sur le sort de cet individu, qu'elle ne s'en préoccupe, qu'elle ne s'en émeut point, parce qu'elle sait bien, après tout, que l'homme ne peut point périr, qu'il est parce qu'il est, qu'il ne peut pas ne pas être? Ne trouveriez-vous pas que cette personne a perdu le sens, et seriez-vous bien rassurés sur le sort de cet individu? Non, sans doute; et cependant quelle différence y aurait-il entre sa réponse et la vôtre, la parité entre les deux cas dont nous parlons, en effet, d'une société humaine d'une part, et d'un simple individu de l'autre, étant absolue et parfaite?

Voilà ce que nous nous contentions de dire le plus souvent à ces personnes, estimant que ce peu de paroles devait suffire à redresser l'erreur de leur esprit; et cependant, malgré la force et la clarté du raisonnement que nous faisions, malgré l'exactitude et la justesse de la comparaison dont il était soutenu, nous ne parvenions pas encore à les dissuader de cette fausse idée : qu'il ne se faut point préoccuper de l'existence des sociétés humaines parce qu'elles ne peuvent point périr.

Ainsi donc les radicaux, nous sommes autorisés à le penser, ne croient pas que les sociétés humaines puissent périr, et c'est pour cela qu'ils sont si dangereux, selon nous, car la connaissance, la conviction générale qu'il y a des institutions politiques funestes et désastreuses absolument, ou même relativement parlant, c'est-à-dire tel pays, tel temps, tel peuple, telle ou telle circonstance particulière étant donnés, des institutions, en d'autres termes, qui peuvent porter atteinte à la base, aux fondements sur lesquels repose l'existence des sociétés humaines, cette conviction générale, disons-nous, encore qu'elle ne suffit pas à les éclairer complétement dans beaucoup de rencontres particulières, leur communiquerait, dans tous les cas douteux, néanmoins, une circonspection et une prudence qu'on ne leur voit point et qui leur ferait éviter bien des écueils.

Que si l'on prétendait, ici, que nous n'avons pas le droit de nous autoriser de quelques réponses particulières qui peuvent constituer, après tout, des cas exceptionnels, pour établir le jugement que nous venons de porter, parce qu'il n'est point permis, logiquement, de conclure du particulier au général, nous répondrions que les radicaux agissant, partout et toujours, comme s'ils n'étaient point convaincus que les sociétés peuvent périr, la supposition qu'ils ne le sont pas réellement est la plus avantageuse à leur esprit et la plus honorable, tout à la fois, pour leur caractère, que nous puissions faire; puisqu'en effet cette supposition leur attribue encore implicitement les deux grandes qualités intellectuelles et morales de la conséquence et de la bonne foi.

Faut-il s'étonner, après ce que nous venons de dire, que les radicaux soient les partisans les plus résolus, les plus entreprenants et les plus hardis des améliorations, des changements et des réformes politiques? Cette disposition d'esprit ne prend-elle point sa source, au contraire, tout naturellement, dans celle que nous venons de constater chez eux, et qui consiste à n'être point du tout pénétrés et convaincus que les sociétés humaines peuvent périr? Par quelles considérations, en effet, par quelles raisons solides, toutes les fois qu'il sera proposé d'introduire des modifications plus ou moins essentielles dans les institutions politiques d'un peuple, de les améliorer, de les refondre, ou de leur en substituer de tout à fait contraires; toutes les fois, même, qu'il sera proposé de remuer tout un état social, de fond en comble, de le bouleverser complétement pour le rétablir ensuite sur des principes nouveaux et inconnus, par quelles raisons solides seraient-ils retenus et empêchés de le faire, pour peu que cela parût favoriser en quelque chose leurs opinions, s'ils ont cette conviction intime et profonde que rien de tout ce qu'ils peuvent tenter et entreprendre ne saurait devenir un danger sérieux, un élément, un principe de ruine et de dissolution pour la société? Les radicaux n'ayant pas à se préoccuper, en vertu de leur conviction particulière, de l'existence des sociétés humaines, doivent donc, avant et par-dessus tout, constituer, et constituent, en effet, le parti, à proprement parler, des améliorations et du progrès, du progrès partout, du progrès à tout prix et quand même; doivent constituer, et constituent, en effet, le parti à proprement parler révolutionnaire, je veux dire le parti le moins disposé à reculer devant la nécessité de recourir aux moyens les plus violents et les plus subversifs de l'ordre et de la tranquillité publics, lorsque l'emploi de ces moyens leur semble de nature à amener plus promptement la réalisation des changements qui sont l'objet de tous leurs vœux; tandis que les autres personnes, au contraire, tandis que toutes celles qui sont persuadées et convaincues, d'une part, qu'il y a des conditions essentielles d'existence pour les sociétés humaines, c'est-à-dire des conditions en dehors desquelles il faut nécessairement qu'elles périssent et meurent, et qui savent, d'une autre part, que l'intérêt de son existence est le premier, est le plus grand qu'il y ait pour une société, parce qu'avant d'être éclairée, avant d'être civilisée, polie, avant d'être de telle ou telle manière, enfin, pour une société, il faut être, ne peuvent point s'appeler le parti, à proprement parler, des améliorations et du progrès, pour la raison qu'il y a une chose dont ces personnes sont désireuses, dont elles ont souci, avant et par-dessus tout, avant toute amélioration, par conséquent, et tout progrès, laquelle est de veiller à la conservation et au salut des sociétés, et que la cause des changements, des améliorations, des réformes qu'elles ne dédaignent pas, tant s'en faut, dont elles ne refusent pas de s'occuper en temps et lieu, leur paraît néanmoins d'une importance, relativement parlant, fort secondaire, et ne tient que la seconde place dans les préoccupations et les calculs de leur esprit. Ces personnes constituent donc un grand parti politique de leur côté; elles constituent le parti auquel on a donné, avec juste raison, le nom de parti de l'ordre, parce qu'en effet ce parti assujettit, soumet et subordonne, parce qu'il sacrifie tout à ce grand intérêt, n'y ayant point de société possible au monde, selon lui, sans ce bien suprême; auquel on a donné encore et avec non moins d'exactitude le nom de parti conservateur, parce qu'en effet ce parti, ne croyant pas qu'il y ait deux sociétés possibles, a pour premier objet de maintenir tous les principes conservateurs de celle où nous vivons qui peut périr et qui n'a que trop souvent péri dans le monde, mais auquel je voudrais voir donner un troisième nom qui me paraît encore supérieur aux deux premiers en propriété et en justesse, auquel je voudrais voir donner le nom de parti des nécessités sociales, qui exprime avec une si rare perfection le rôle et les fonctions indispensables que ce parti remplit sur la terre.

On voit par ce que nous venons de dire, pour le constater ici en passant, que par de là toutes les divisions et les subdivisions que l'on peut faire des partis politiques règne une première division, une division antérieure et supérieure devant laquelle devraient s'effacer et disparaître toutes les autres. C'est celle qui consiste à partager tous les hommes, sous le point de vue de leurs opinions politiques, en deux uniques, en deux grandes classes, dont l'une renferme toutes les personnes qui se préoccupent, qui sont désireuses, avant toute autre chose, de modifier, d'améliorer, de réformer ou même de renverser tout à fait les institutions qui ne leur paraissent plus répondre à la disposition et au besoin des temps, chez lesquelles, par conséquent, toute la force et toute l'activité de l'âme est appliquée à ce travail, et dont la réunion forme le parti que l'on appelle avec raison, comme nous venons de le dire, le parti des améliorations et du progrès, le parti révolutionnaire; et dont l'autre contient toutes celles dont la première préoccupation n'est plus de changer, d'améliorer, de réformer ou de supprimer totalement les institutions vieillies et surannées, ce soin étant relégué à la seconde place dans leur esprit, mais bien de veiller à ce que les sociétés ne sortent point de leurs conditions essentielles d'existence, des conditions, autrement dit, en dehors desquelles elles tombent nécessairement en ruine, périssent et meurent comme toutes choses, et dont la réunion constitue, à son tour, le parti que l'on appelle avec raison aussi le parti de l'ordre, le parti conservateur, et pour mieux dire encore, selon nous, le parti des nécessités sociales.

Chacun de ces deux grands partis, révolutionnaire et conservateur, pour le dire encore ici en passant, qui comprennent tout ce qui se hasarde à porter un jugement dans la discussion des matières politiques sans exception, se subdivise à son tour, se décompose en deux autres partis exactement, en deux partis bien définis encore, bien caractérisés et bien tranchés.

Le parti conservateur, en effet, se décompose en parti absolutiste et en parti libéral, selon que les personnes qui appartiennent à ce parti regardent ou ne regardent pas la liberté politique comme absolument incompatible avec la conservation et le maintien de tout ordre social.

Le parti révolutionnaire, à son tour, se décompose en parti radical, dont il est en ce moment question, et en parti socialiste, dont nous nous sommes occupé précédemment, selon que les principes qu'ont entrepris de soutenir et de propager dans le monde les personnes qui appartiennent à ce parti auraient pour conséquence nécessaire et inévitable la destruction, le renversement, la ruine de la société, ce qui est le cas du radicalisme, ou selon qu'ils auraient pour conséquence nécessaire et inévitable la transformation des sociétés telles que nous les voyons exister maintenant, et qu'elles ont toujours existé depuis le commencement du monde, en sociétés communistes, ce qui est celui du socialisme.

Ces quatre subdivisions des partis politiques, subdivisions bien caractérisées, comme on le voit, et bien tranchées, peuvent donner lieu à d'autres subdivisions assez légitimes encore, c'est-à-dire ayant un fondement réel, aussi, dans la nature intime et l'essence des choses. Ainsi, par exemple, il y a en réalité deux partis absolutistes dans le parti absolutiste dont nous venons de constater l'existence; il y a deux absolutismes, par conséquent, ayant chacun et également leur loi, leur nécessité, leur raison d'être, et ne pouvant se suppléer l'un l'autre dans l'occasion. Il y a un absolutisme féodal et aristocratique, c'est-à-dire qui s'appuie sur les classes supérieures de la société. Cet absolutisme est le seul gouvernement possible, le seul gouvernement légitime, par conséquent, chez toutes les nations qui sont dans la première période de leur développement, qui sont dans leur enfance, ou même dans leur jeunesse, qui n'ont pas encore atteint, en un mot, l'époque de la maturité. C'est celui auquel a mis un terme, parmi nous, la révolution de 1792. Il y a un autre absolutisme, un absolutisme populaire et démocratique, c'est-à-dire qui s'appuie sur les classes inférieures de la société. Cet absolutisme est le seul gouvernement possible, le seul gouvernement légitime, aussi, par conséquent, chez toutes les nations qui ont passé l'âge de la maturité, qui sont travaillées et souffrent de ce mal de la vieillesse et de la décrépitude que l'on désigne sous le nom de décadence. C'est celui qui s'établit à Rome, à la fin de la république, au profit des empereurs, et qui doit s'établir nécessairement partout où des institutions libres ont passé, quand ces institutions ne peuvent plus se soutenir elles-mêmes et font pencher l'État vers sa ruine. Ces deux absolutismes, qui sont des principes si différents, comme l'on voit, ne peuvent être soutenus et compter des partisans sous les mêmes circonstances, dans le même temps et dans le même lieu que par une erreur de jugement; car, d'un côté, une société ne peut être jeune et vieille, ne peut se trouver à son point d'origine et à son déclin tout à la fois, et d'un autre côté, un principe est quelque chose de fixe, d'absolu, qui ne transige, qui ne compose point sans se détruire et s'annuler.

Ainsi, il serait possible encore de trouver de nouvelles subdivisions dans les divisions principales que nous venons de faire de tous les partis politiques, c'est-à-dire dans les deux grandes divisions du parti conservateur en parti absolutiste et en parti libéral, et dans les deux grandes divisions aussi du parti révolutionnaire en parti radical et en parti socialiste; mais c'est sur ces quatre divisions principales, surtout, que nous avons cru devoir fixer, avant de passer outre, l'attention du lecteur, tant elles sont exactes, tant elles sont naturelles, et par conséquent légitimes, tant elles sont faites pour jeter une vive lumière sur ce que nous aurons lieu de dire dans la suite.

Quand je dis que ces quatre divisions des partis politiques sont très-exactes et très-naturelles, je ne veux pas exprimer par là qu'elles doivent se rencontrer toujours et nécessairement partout où il y a des partis politiques luttant les uns contre les autres, chez tous les peuples civilisés et mûrs, par conséquent, comme nous le ferons voir plus loin, mais qu'elles doivent se rencontrer toujours et nécessairement partout où il y a des partis politiques en présence, aussitôt que certaines circonstances de temps, de mœurs, de préjugés, de caractère, de génie national, de force ou de faiblesse intellectuelle et morale, car nous ne jugeons pas en ce moment, se trouvent réunies.

Ces circonstances dont nous parlons se trouvent merveilleusement réunies parmi nous dans le siècle présent, car les quatre grands partis politiques y sont en présence avec toute leur physionomie, tous leurs traits particuliers et caractéristiques, et sont en possession de grands moyens, chacun, d'action et d'influence. Nous avons, en effet, notre parti absolutiste qui porte en ce moment le nom de parti impérialiste; nous avons encore notre parti libéral qui porte en ce moment aussi le nom de parti orléaniste; quant aux deux partis, radical et socialiste, ils ne sont pas moins positivement représentés parmi nous, comme on n'en peut douter, pour peu que l'on se soit appliqué, depuis quelques années, à suivre le mouvement de l'opinion publique.

Il y a même en ce moment parmi nous des partisans de l'absolutisme féodal et aristocratique, de cet absolutisme auquel a mis un terme la révolution de 1792, et dont la révolution de 1830 a confirmé la ruine, mais ces personnes reconnaîtront tous les jours davantage que si l'absolutisme est fait pour avoir encore, aujourd'hui même, des partisans dans notre société, car il y aura toujours des esprits qui inclineront vers cette opinion politique, dans le monde, ce ne peut être que l'absolutisme que nous avons appelé populaire et démocratique, et que celui qu'elles représentent n'a plus aucune chance, aucune possibilité d'avenir devant lui, parmi nous, parce qu'il n'a plus, d'un côté, de nécessité, de raison d'être dans sa nature intime, dans son essence propre, et parce qu'un principe, d'un autre côté, ne se transforme pas, ne se plie, ne se rompt pas comme l'on veut aux circonstances; elles reconnaîtront, tous les jours davantage, en un mot, que le système politique, auquel elles ont accordé jusqu'ici leurs sympathies et leur attachement, est une pure illusion, une impossibilité absolue et radicale, un véritable anachronisme enfin dans ce siècle.

Mais s'il y a des nations où se trouvent réunies toutes les circonstances que nous déclarons nécessaires pour que les différentes opinions qui sont dans la nature des choses en matière politique soient soutenues et représentées, il y en a d'autres aussi, où un plus ou moins grand nombre de ces circonstances fait défaut complétement, et chez lesquelles, par conséquent, les quatre divisions principales des partis politiques dont nous avons parlé ne se retrouvent plus : ainsi sont de ce nombre, par exemple, les États-Unis d'Amérique.

Aux États-Unis, en effet, les deux grands partis, conservateur et révolutionnaire, sont bien en présence, mais ils n'y sont point divisés et subdivisés comme ils le sont parmi nous. Tout le parti conservateur y est compris dans le parti libéral, qui y prend le nom de parti Wigh ; et tout le parti révolutionnaire aussi y est compris dans le parti radical, qui y prend le nom de parti démocratique. Aux États-Unis, en d'autres termes, il n'y a que des libéraux et des radicaux en présence ; quant au parti absolutiste, il n'y en a point trace ; quant au parti socialiste, il y est tout à fait inconnu aussi par conséquent.

Nous avons dit, *par conséquent*, c'est qu'en effet nous sommes persuadé que partout chez les nations civilisées et mûres, c'est-à-dire chez les nations où l'esprit humain a pu se donner toute carrière et acquérir ainsi le plus haut degré de développement dont il est susceptible, que partout chez ces nations où il y a des absolutistes il doit y avoir aussi, ou il y aura un jour, ce n'est qu'une affaire de temps, des socialistes; et que partout chez les mêmes nations où il n'y a point d'absolutistes il ne peut pas y avoir non plus de socialistes. La raison sur laquelle nous croyons pouvoir nous appuyer pour soutenir ce sentiment c'est qu'il nous semble avoir observé et reconnu que les personnes qui se portent volontiers, en matière politique, soit au système absolutiste, soit au système socialiste, sont des personnes douées de la même espèce, de la même nature d'esprit absolument, lesquelles ne prendraient dans la pratique, selon nous, des routes si différentes, lesquelles n'adopteraient, autrement dit, des opinions si opposées et si contraires que le sont les deux opinions absolutiste et socialiste que parce que leur éducation, leurs préjugés, leurs habitudes, leurs intérêts, leurs passions, leurs croyances, ne sont pas les mêmes, que parce que les circonstances au milieu desquelles elles se sont trouvées enfin ont été différentes. S'il est vrai, en effet, que les absolutistes et les socialistes soient la même espèce, la même nature d'hommes intellectuellement et moralement parlant, il est certain que dans tout pays où les opinions ont pu se produire librement, et où toutes les influences morales, par conséquent, ont exercé leur action sur les esprits, s'il y a ou s'il n'y a pas des uns, il y aura aussi, ou il n'y aura pas non plus des autres. Or les États-Unis sont un pays où les opinions se produisent librement, où l'esprit, depuis longtemps, peut se donner toute carrière et acquérir le plus haut degré de développement dont il soit susceptible : donc il est légitime et permis de conclure, de ce qu'il n'y a pas d'absolutistes dans ce pays, qu'il ne peut pas y avoir non plus de socialistes. Quant à cette assertion, maintenant, que les absolutistes et les socialistes sont les mêmes hommes, intellectuellement et moralement parlant, comment expliquera-t-on, si on ne la veut pas regarder comme exacte et vraie, que partout chez les peuples où les opinions se produisent librement, s'il y a des socialistes, il y a toujours aussi des absolutistes ; que partout chez ces peuples où il y a des absolutistes, s'il n'y a pas encore immédiatement de socialistes, ce n'est qu'une affaire de temps, comme nous avons dit, qu'il ne s'agit que d'attendre quelque peu pour les voir bientôt paraître ; que partout où il n'y a point d'absolutistes, il n'y a point non plus de socialistes, et que partout enfin, où il ne doit jamais y avoir de socialistes, il n'y a jamais non plus d'absolutistes ? Comment expliquera-t-on, en un mot, que l'absolutisme et le socialisme soient deux éléments, deux objets, deux choses qui se supposent et se suivent éternellement chez les peuples civilisés, chez les peuples, autrement dit, qui ont atteint l'époque de la maturité, comme l'ombre au milieu de la nature suppose et suit toujours le corps ?

Quand nous disons que l'absolutiste est le même homme, intellectuellement et moralement parlant, que le socialiste, ce n'est point de l'absolutiste qui n'est tel que par raison, par nécessité, par force, ce n'est pas de l'homme, autrement dit, qui ne croyant pas qu'il y ait d'autre moyen d'échapper, et voulant échapper à quelque prix que ce puisse être au despotisme de la rue, que de se jeter dans le despotisme d'un seul homme, s'y jette malgré lui, et en désespoir de cause, que nous voulons parler, mais de l'absolutiste qui est tel par choix, par instinct, par goût ; de l'homme, autrement dit, qui ne peut point se figurer (et il y en aura toujours de la sorte), qu'il y ait, en politique, de meilleur système à suivre que celui de la monarchie absolue, qui est absolutiste partout et toujours, qui l'est au milieu d'un peuple, alors même qu'il n'y a pas encore de socialistes parmi ce peuple, et que rien ne peut faire prévoir non plus qu'il y en aura jamais.

Ainsi, le peuple américain, selon ce que nous venons de dire, n'est divisé qu'en deux partis politiques, tandis qu'il y en a et y en aura toujours quatre, tout au moins, parmi nous. Le peuple américain est donc beaucoup plus heureux et mieux partagé que nous. Son existence, en effet, doit être bien moins troublée, bien moins tourmentée que la nôtre, car l'existence d'un peuple est plus ou moins troublée, selon que le champ de l'agitation politique y est plus ou moins étendu. Or, le champ de l'agitation politique est bien moins étendu chez le peuple américain qu'il ne l'est chez nous. Il n'y a pas tant de distance, en effet, entre le parti libéral et le parti radical qu'il n'y a entre les deux partis absolutiste et socialiste, qui sont dans les deux grands partis conservateur et révolutionnaire, quand ces partis sont subdivisés, les deux divisions dominantes entre lesquelles tout se décidera toujours, car le parti libéral est la lumière qui peut éclairer le parti de l'ordre, mais il n'est pas la force de ce parti, laquelle réside principalement dans le parti absolutiste; de même aussi le parti radical est l'influence qui peut modérer le parti révolutionnaire, mais il n'est pas non plus, quoiqu'il ait causé presqu'à lui seul, jusqu'à ce jour, comme nous le dirons tout à l'heure, toutes nos révolutions, il n'est pas non plus, dis-je, la force de ce parti, laquelle réside principalement aussi dans le parti socialiste.

Mais il y a des nations bien plus heureuses et bien mieux partagées encore que ne l'est le peuple des États-Unis d'Amérique. Il y a des nations chez lesquelles non-seulement on ne rencontre plus, comme au milieu de nous en ce moment, quatre sortes de personnes, politiquement parlant, à savoir : des conservateurs de deux espèces, des absolutistes et des libéraux, et des révolutionnaires de deux espèces aussi, des radicaux et des socialistes; chez lesquelles non-seulement on ne rencontre plus, comme aux États-Unis d'Amérique, deux sortes de personnes, politiquement parlant aussi, à savoir : des conservateurs libéraux ou wighs, et des révolutionnaires radicaux ou démocrates, mais chez lesquelles il n'y a plus qu'une seule espèce de personnes, politiquement parlant toujours, il n'y a plus que des conservateurs; et non-seulement chez lesquelles il n'y a plus que des conservateurs, mais chez lesquelles il n'y a plus que des conservateurs d'une seule nuance parmi les deux nuances que nous avons indiquées, que des conservateurs libéraux : ainsi est de ce nombre en ce moment, par exemple, la nation anglaise.

En Angleterre, en effet, il n'y a point de radicaux, il

n'y a point de socialistes, il n'y a point non plus d'absolutistes, il n'y a que des libéraux. Mais comme il faut toujours qu'il y ait chez un peuple civilisé et mûr deux partis contraires se disputant la direction politique de la société en présence, deux partis dont la lutte entretienne parmi ce peuple un certain mouvement d'idées, lequel mouvement constitue la vie politique chez ce peuple; car ce qui caractérise avant tout un peuple mûr d'un peuple qui ne l'est pas, ou qui ne l'est plus, c'est qu'il existe chez le premier un certain travail, un mouvement d'idées, une vie morale qui ne peut se développer chez le second; comme il faut, disons-nous, qu'il y ait toujours chez un peuple civilisé et mûr deux partis contraires en présence, les libéraux sont divisés entre eux en Angleterre, et inclinent dans des sens tout à fait différents. Les uns ont une tendance à l'absolutisme et constituent plus particulièrement le parti conservateur, ce sont les torys; les autres ont une tendance au radicalisme, et constituent plus particulièrement aussi le parti progressiste ou révolutionnaire, ce sont les wighs; mais ces deux tendances à l'absolutisme et au radicalisme n'empêchent point que les torys ne sont pas des absolutistes, mais des libéraux; et que les wighs ne sont pas non plus des radicaux, mais des libéraux; n'empêchent pas, en d'autres termes, que les wighs et les torys sont également des hommes tenant beaucoup, d'un côté, à la liberté politique, et préoccupés avant et par-dessus tout, d'un autre côté, avant toute amélioration et tout progrès, par conséquent, de veiller à la conservation et au salut de la société.

La nation anglaise est donc beaucoup plus heureuse et beaucoup mieux partagée encore, politiquement parlant, comme nous avons dit, que la nation américaine; elle est même, sous ce rapport, la nation heureuse entre toutes, la nation dont l'existence doit être la moins troublée, la moins tourmentée de luttes et d'orages, puisque le champ de l'agitation politique y est très-peu étendu, y est aussi peu étendu que possible; car il y a bien peu de séparation, au fond, entre des hommes qui aiment également la liberté politique et qui s'accordent à regarder l'intérêt de leur conservation comme le premier et le plus grand de tous pour les sociétés humaines; la nation, par conséquent, chez laquelle la transmission temporaire du pouvoir entre les deux partis antagonistes, transmission qui fait toute l'essence de la vie politique, nous ne paraissons pas le savoir à l'effroi que nous manifestons aussitôt que l'idée que nous représentons a perdu momentanément la direction de la société, doit s'opérer avec le moins d'ébranlement et de secousse, la nation, par conséquent enfin, chez laquelle le bien doit se faire et se fait effectivement avec le moins de mal possible, tandis que fractionnés, partagés, divisés au contraire en opinions et en partis extrêmes, nous sommes la nation chez laquelle le bien doit se faire et se fait effectivement aussi avec le plus de mal possible.

On pourrait penser, peut-être, à ne considérer que rapidement et que superficiellement les choses, qu'il existe entre les deux opinions absolutiste et libérale une opposition de nature essentielle et fondamentale, un antagonisme réel, un antagonisme assez considérable pour que le démêlé, le combat, la lutte entre ces deux opinions pût constituer le mouvement, la vie politique chez un peuple ; car ce qui constitue la vie politique, nous en avons touché quelque chose déjà, c'est l'agitation, le combat, la lutte entre deux idées ou deux ordres, deux systèmes d'idées opposées et contraires, mais également vraies et nécessaires ; et qu'il pourrait se faire, par conséquent, qu'il n'y eût jamais, dans tel ou tel pays donné, que des représentants de ces deux opinions, qu'il n'y eût jamais, autrement dit, que des absolutistes et des libéraux se disputant la direction des affaires en présence, de telle sorte que l'existence de la société ne courût jamais le moindre risque dans ce pays, de quelque côté que se tournât la victoire ; les absolutistes et les libéraux, en effet, ayant cela de particulier et de commun, selon ce que nous avons dit, qu'ils mettent au premier rang parmi les préoccupations et les calculs de leur esprit la nécessité de ne laisser passer aucune innovation, aucun changement, de ne laisser établir aucune institution nouvelle dont l'utilité, dont la convenance, dont l'à-propos, dont l'innocuité, en un mot, au point de vue de la conservation et du salut des sociétés, ne leur paraissent pas évidents, mais ce serait là une grande erreur.

Il n'y a d'opposition véritable, d'antagonisme réel et fondamental en politique, en effet, qu'entre les deux grands partis conservateur et révolutionnaire, c'est-à-dire qu'entre le parti, d'une part, qui ne croyant pas que les sociétés humaines puissent périr, ou du moins se comportant toujours comme s'il ne le croyait pas, n'est frappé que de la nécessité, n'est préoccupé que du soin de modifier, d'améliorer, de réformer, ou même de renverser tout à fait les institutions qui ne lui paraissent plus répondre à la disposition et au besoin des temps, et le parti, d'une autre part, qui, persuadé et convaincu qu'il y a des conditions essentielles d'existence pour les sociétés humaines, est préoccupé à son tour, a souci, avant et par-dessus tout, de veiller à ce que les sociétés ne sortent point de ces conditions d'existence, c'est-à-dire encore qu'entre les deux partis qui représentent les deux plus grands intérêts, les deux intérêts les plus supérieurs et les plus permanents qu'il y ait pour l'humanité, sur la terre, qui sont ceux de la civilisation et de la société, car le parti révolutionnaire étant le parti par excellence, comme nous avons dit, des améliorations et du progrès, étant le parti dont tous les succès profitent à ces améliorations et à ce progrès, est le parti qui représente la civilisation, tandis que le parti conservateur étant le parti attaché, par excellence aussi, à tous les principes sociaux, étant le parti dont tous les succès profitent à ces principes, est le parti, à son tour, qui représente la société. Voilà quels sont les deux partis entre lesquels existe une opposition de nature essentielle et fondamentale, un antagonisme réel; les deux partis dont le démêlé, le combat, la lutte, constitue le vrai mouvement, la vraie vie politique, pour un peuple, mouvement précieux, vie salutaire et féconde, car de quelque côté que se tourne la victoire dans cette lutte, il en résulte toujours, aussi longtemps, du moins, que les choses demeurent dans une certaine limite ou proportion que nous assignerons plus loin, une utilité, un bien, un avantage réel, lequel est tantôt pour la société et tantôt pour la civilisation.

Ainsi donc il peut bien s'élever, à tel ou tel moment donné de la vie d'un peuple, une lutte entre les deux partis absolutiste et libéral, dont toute société recèle dans son sein les éléments, laquelle aboutira à une ou deux révolutions qui auront pour résultat de décider la question de savoir si ce peuple doit ou ne doit pas posséder la liberté politique; mais ces révolutions une fois accomplies et ce résultat obtenu, la lutte entre ces deux partis n'a plus de raison d'être, plus de nécessité, plus d'objet, et ne peut point constituer, par conséquent, la vie politique chez ce peuple.

A quoi peuvent profiter, en effet, les succès de l'absolutisme, s'il est bon que le peuple dont il s'agit possède la liberté politique? Et à quoi peuvent profiter aussi les succès du libéralisme, s'il n'est pas encore, ou s'il n'est plus bon que ce peuple soit libre? Car la liberté politique, nous aurons lieu souvent de le rappeler, n'est pas bonne pour tous les peuples indistinctement, ni à tous les moments donnés non plus de la vie d'un peuple. Il faudrait donc que l'un ou l'autre de ces deux partis, selon les circonstances, fût toujours dominant, toujours victorieux et maître dans la lutte; mais une lutte permanente et durable, une lutte éternelle entre deux partis politiques, dont l'un serait toujours victorieux et l'autre toujours vaincu, cela ne se conçoit point, cela n'est point dans la nature; une telle lutte entre deux partis ne se conçoit qu'à la condition de l'alternative de la défaite et du succès entre ces deux partis.

Partout donc, dans toutes les sociétés humaines où il n'y a encore, luttant l'un contre l'autre, que les deux partis, absolutiste et libéral, en présence, on peut affirmer que la situation où se trouvent les peuples dont ces sociétés se composent est une situation toute provisoire, toute accidentelle, une situation qui n'a rien de permanent et de définitif, et prédire, en toute autorité et assurance, qu'il arrivera, dans un avenir plus ou moins éloigné, de ces diverses choses qui suivent, l'une : ou bien qu'il apparaîtra sur la scène politique des radicaux et des socialistes, et alors les deux partis, absolutiste et libéral, reconnaissant que l'intérêt qui les divise est, après tout, un intérêt relativement parlant fort secondaire, croiront devoir se réunir et se réuniront pour défendre la société en péril contre l'ennemi commun, ce qui rendra la situation semblable à celle qui existe en ce moment parmi nous, ou bien qu'il n'apparaîtra que des radicaux, et alors le parti absolutiste, finissant par s'éclairer peu à peu, ira se fondre tout entier dans le parti libéral, de sorte qu'il n'y aura plus que des libéraux et des radicaux en présence, ce qui rendra la situation semblable à celle où se trouvent, avons-nous dit, les États-Unis d'Amérique; ou bien enfin qu'il n'apparaîtra ni socialistes ni radicaux; mais alors les absolutistes, finissant par s'éclairer, comme dans le dernier cas, se transformeront en libéraux, de sorte qu'il n'y aura plus qu'une seule espèce d'hommes, politiquement parlant, lesquels inclineront, seulement, dans des sens contraires et opposés, les uns ayant une tendance à se porter du côté de l'absolutisme et les autres à se porter du côté du radicalisme, ce qui rendra la situation semblable à celle où se trouve en ce moment, avons-nous dit aussi, l'Angleterre.

Voilà quelles sont les situations politiques diverses où aboutiront nécessairement, selon le caractère ou le génie particulier qui les distinguent, toutes les sociétés où les hommes ne sont encore divisés et partagés qu'en absolutistes et en libéraux, si ce que l'observation et l'expérience nous ont permis de constater, jusqu'à ce jour, peut être considéré comme la règle de ce qui aura lieu dans l'avenir.

On cherchera bien longtemps, pour achever ces quelques considérations que nous faisons ici, en passant, on cherchera bien longtemps quelles sont les causes réelles des révolutions politiques, de ces grands événements qui modifient, transforment, ou bouleversent si profondément les institutions, les lois, les mœurs, les intérêts, et toute la situation, toute l'économie politique et sociale des peuples. Il nous paraît assez facile, cependant, au point où nous en sommes parvenu du développement de nos idées, de déterminer avec précision ces causes.

Les révolutions doivent être attribuées, selon nous, à trois causes sans la réunion, sans le concours desquelles elles n'existeraient pas, elles tiennent :

Premièrement : à ce que le parti de l'ordre, quand il est en possession du pouvoir, ne veut jamais admettre aucun changement, aucune modification à ce qui existe, que cette modification ou que ce changement ne lui paraisse évidemment bon et salutaire.

Secondement : à ce que, parmi cette foule de conceptions, de projets, de mesures, toutes plus dangereuses, plus déraisonnables et absurdes les unes que les autres, que propose et soutient, avec tant de persévérance et tant d'ardeur, le parti des améliorations et du progrès quand même, le parti révolutionnaire, il y en a, de temps en temps, quelqu'une qui n'est pas si absurde et si déraisonnable qu'elle le paraît, et qui est de nature à produire les plus salutaires et les plus excellents fruits dans la pratique.

Troisièmement : enfin, à ce que quand une innovation quelconque proposée et soutenue par le parti des améliorations et du progrès est bonne en soi ; qu'elle a de son côté la vérité, la raison, la justice ; qu'elle est un véritable progrès, en un mot, sur les institutions existantes, à ce que, dis-je, cette innovation si absurde et si déraisonnable qu'elle paraisse, et si grands que soient les obstacles qu'on lui oppose, doit toujours finir par l'emporter, par obtenir gain de cause et se réaliser dans la pratique, Dieu ayant incliné, dans ses desseins, ayant tourné toute chose de manière qu'il n'en put être autrement, et rien n'étant capable d'empêcher les déterminations de la volonté de Dieu d'obtenir tout leur effet en ce monde.

Voilà, selon nous, les trois causes auxquelles il faut rapporter toutes les révolutions politiques qui éclatent de temps en temps dans le monde ; d'où il suit incontestablement que les révolutions sont nécessaires et inévitables, sont providentielles, sont éternelles aussi longtemps que l'homme sera soumis à la loi du progrès politique et social.

De ce que nous venons de dire il suit encore qu'aucune révolution n'aurait lieu si les lumières que Dieu a départies à l'homme étaient plus étendues, plus assurées, plus grandes, étaient assez étendues, par exemple, pour qu'il lui fût toujours possible de voir ce que porte de bien ou de mal tout changement, toute innovation quelconque dans les institutions politiques; et qu'à progrès, qu'à civilisation égale, par conséquent, de deux peuples donnés, le peuple, dont la raison générale est la plus supérieure, dont les lumières sont les plus étendues, les plus hautes, est toujours celui qui compte un moins grand nombre de révolutions dans son histoire.

Mais n'y aurait-il pas moyen, nous dira-t-on, d'aller au devant des révolutions, de les prévenir, de les rendre inutiles, et d'épargner ainsi à l'humanité l'épreuve de ces bouleversements périodiques dont le siècle où nous vivons a vu déjà tant d'exemples, et qui ont semé de si tristes jours, de jours si douloureux la carrière qu'il lui a été donné de parcourir jusqu'ici; et ne suffirait-il point pour cela, par exemple, que le parti de l'ordre laissât passer de temps en temps, laissât appliquer comme expérience quelques-uns de ces projets de réformes ou de changements dont le parti des améliorations et du progrès vante à tout propos l'efficacité, alors même qu'il ne lui paraîtrait pas évident que ces réformes seront fécondes, et porteront de salutaires et d'excellents fruits dans la pratique? En effet, parmi les institutions nouvelles, admises ainsi à la grande épreuve de l'expérience, se trouveraient apparemment toutes celles dont vous venez de dire qu'elles ne sont pas si absurdes et si déraisonnables qu'elles le paraissent, qui ont la vérité, la raison, la justice de leur côté, qui sont de véritables progrès sociaux, et ont par conséquent l'avenir, quoique l'on puisse tenter et entreprendre pour l'empêcher, devant elles. L'expérience ferait reconnaître aisément le mérite de ces institutions ; elles seraient adoptées, dès lors, sans retour, et ainsi se trouveraient évitées les révolutions que Dieu eût laissé s'accomplir, sans cela, pour assurer leur établissement ; ces révolutions, en effet, n'ayant plus de nécessité, de raison d'être, n'étant plus possibles, par conséquent, si nous avons bien entendu et compris ce que vous venez de dire.

Voilà l'observation que l'on pourrait être tenté de nous adresser ; mais qui ne voit que le remède, ici, serait cent fois pire que le mal ? Non, il ne serait pas bon, il serait au plus haut degré funeste et désastreux, au contraire, sous le point de vue de la conservation et du salut de la société, que le parti de l'ordre fît l'expérience de toutes ces institutions nouvelles dont l'imagination des hommes du parti des améliorations et du progrès voudrait doter le monde, et dont l'utilité, la convenance, l'à-propos, ne lui paraissent pas suffisamment démontrés, dans l'espérance, par ce moyen, d'aller au-devant des révolutions, de les prévenir, en les rendant superflues et inutiles. Le système qui consiste à rejeter toute innovation, tout changement dont l'utilité ne paraît pas évidente, est le plus sûr, à beaucoup près, est le seul sûr. Il expose à des révolutions, sans doute, nous venons de le reconnaître, mais il ne compromet pas, du moins, l'existence de la société, car le salut des sociétés humaines, on ne le sait pas assez dans le monde, ne tient pas à ce qu'il n'éclate jamais de révolutions politiques, il tient à ce que ces révolutions ne portent pas tous les fruits, toutes les conséquences que ceux qui les ont accomplies en attendent; le salut des sociétés humaines, en d'autres termes, ne tient pas à ce que les radicaux ou les socialistes n'arrivent jamais au pouvoir, il tient à ce qu'ils n'y restent pas, et ils n'y resteront jamais aussi longtemps qu'il y aura dans le monde un parti de l'ordre, un parti des nécessités sociales, dont la grande affaire sera de reprendre contre eux, après chacun de leurs succès, la défense de tous les principes conservateurs de la société, et de se tenir prêt à recevoir de leurs mains l'autorité pour la remettre dans ses vraies voies, aussitôt que, par le jeu naturel et inévitable des événements, cette autorité leur échappe. Or, le parti de l'ordre cesserait d'exister le jour où il serait infidèle à ce grand principe : qu'il faut rejeter hardiment toute innovation, tout changement proposé dans les institutions politiques, dont l'utilité n'est pas évidente, car il se confondrait dès ce jour même avec le parti des améliorations et du progrès, avec le parti révolutionnaire, autrement dit, et c'est alors seulement que tout serait perdu.

De tout ce qui précède il suit, comme l'on voit, que c'est encore plus un devoir que ce n'est un droit strict et rigoureux, pour le parti de l'ordre, de rejeter toute mesure, toute innovation, tout changement qui ne lui paraît pas évidemment bon et salutaire, l'intérêt de son existence étant, en effet, le plus considérable de tous pour une société, et aucun parti politique, sous quelque prétexte ou considération que ce soit, ne pouvant jamais être autorisé à mettre en péril cet intérêt.

Que ce parti ait donc la foi, ait la confiance la plus

absolue et la plus inébranlable dans ses principes, qu'il marche courageusement dans sa voie et ne se laisse point détourner de l'œuvre qu'il accomplit sur la terre ; qu'il ait toujours devant les yeux, enfin, pour prendre une juste idée de la nature et de la nécessité de cette œuvre, et s'affermir aussi de plus en plus dans ses résolutions, que le jour même où il a dédaigné, après avoir tout fait pour en apercevoir le mérite, où il a rejeté une très-salutaire et très-excellente mesure qui lui est proposée à adopter, une mesure qui doit contribuer au plus haut degré à l'avantage et à la prospérité des peuples, et qui est appelée, par conséquent, à triompher de tous les obstacles qui lui seront opposés, que ce jour-là, dis-je, il peut prétendre encore qu'il a sauvé la société, quand même il aurait ouvert la porte à vingt révolutions ; car pour sauver la société il lui suffit toujours, tout simplement, si l'on a bien compris et entendu, quand il n'a rien négligé, quand il a tout entrepris et tout tenté, moralement parlant, pour s'éclairer, car c'est là un devoir sacré, une obligation suprême pour lui, d'agir selon les lumières et les inspirations de sa conscience.

Ainsi donc, pour en revenir à ce que nous avons avancé plus haut, et dont toutes les considérations précédentes ne sont que le développement, les personnes qui ont reçu et adopté, qui partagent les opinions, les théories, les doctrines radicales, ont toutes cela de caractéristique et de particulier qu'elles ne sont point du tout pénétrées, qu'elles ne sont point persuadées et convaincues de cette vérité : qu'il y a trois grandes conditions d'existence pour les sociétés humaines, trois grandes nécessités sociales, autrement dit, sur la terre, qui sont, avons-nous fait observer, une religion positive généralement aimée et estimée ; des mœurs relativement bonnes ; et une mesure de liberté ne dépassant pas une certaine limite ; et la preuve suffisamment concluante que l'on peut apporter de l'exactitude et de la vérité de cette assertion se trouve dans ce fait que chacun peut vérifier, sans peine et sans difficulté : que pour toutes ces personnes, sans exception, il y a toujours assez de religion, assez de mœurs, et jamais trop de liberté dans le monde.

De tous les principes que nous avons établis et posés jusqu'ici, qui nous sont bien et dûment, qui nous sont irrévocablement acquis, nous allons faire découler, maintenant, le plus brièvement et le plus clairement qu'il nous sera possible, une conséquence dont l'établissement logique est le principal point vers lequel tendent toutes nos réflexions ; cette conséquence c'est que le radicalisme ne gouvernera jamais la société d'une manière définitive, d'une manière permanente et durable, et qu'il ne fera jamais, par conséquent, au pouvoir, quand la disposition particulière et le concours des circonstances, quand la nécessité des temps lui permettront d'y atteindre, que des apparitions très-courtes.

Pour démontrer la nouvelle proposition que je viens de mettre en avant, il me suffira de faire le raisonnement qui suit, lequel me paraît fort concluant et fort simple et ne paraîtra pas moins solide au lecteur, sans doute, s'il veut donner à son examen tout le soin et toute l'attention dont il est capable.

Il faut que le radicalisme arrive de temps en temps, ait de temps en temps son quart d'heure, son jour d'autorité et de pouvoir, la civilisation et le progrès sont à ce prix, comme il résulte clairement de ce que nous avons reconnu plus haut que les révolutions sont nécessaires et inévitables, sont providentielles, sont éternelles; car si les révolutions sont nécessaires, c'est pour que les innovations et les réformes proposées, qui sont bonnes en elles-mêmes, qui ont de leur côté la vérité, la raison, la justice, qui sont à introduire, par conséquent, dans la situation politique et sociale des peuples, et qui, sans les succès du radicalisme, ne le seraient jamais, le soient; or, ces innovations, ces réformes sont précisément ce qui constitue la civilisation et le progrès. Mais il faut aussi que le radicalisme n'obtienne jamais le pouvoir que pour un espace de temps très-limité, il faut qu'il soit toujours défait, si l'on veut, le lendemain de sa victoire, qu'il soit toujours enseveli, en quelque sorte, dans son triomphe, il faut que son avènement, enfin, ne soit jamais irrévocable et définitif, la société, à son tour, est à ce prix, comme il résulte clairement encore de cette vérité qui nous est maintenant acquise : que les radicaux ne connaissent point, ignorent complétement quelles sont les vraies conditions d'existence pour les sociétés humaines; car s'il est vrai que les radicaux ne connaissent point quelles sont les vraies conditions d'existence pour les sociétés humaines, il est évident qu'ils ne peuvent gouverner ces sociétés d'une manière permanente et durable que pour leur dissolution et pour leur ruine.

Voilà évidemment ce qui est nécessaire, ce qui doit être,

pour que les deux grands intérêts de la civilisation et du progrès soient saufs, si tout ce que nous avons dit jusqu'à ce moment est vrai. C'est, comme l'on voit, pour employer d'autres termes, qu'il y ait toujours entre les deux partis, révolutionnaire et conservateur, sous le rapport de l'espace de temps pendant lequel il leur est donné de conserver le pouvoir quand ils y sont parvenus, une différence considérable, différence toute à l'avantage de ce dernier parti.

Or, maintenant, ce qui est nécessaire, ce qui doit être pour que les deux grands intérêts de la civilisation et de la société soient saufs, pourrait-il ne pas être? Cette différence considérable, autrement dit, qui doit se trouver toujours entre les deux partis, révolutionnaire et conservateur, sous le rapport de l'espace de temps pendant lequel il leur est donné de conserver le pouvoir quand ils y sont parvenus, peut-elle cesser d'être à l'avantage de ce dernier parti? Non, sans doute, et voici la preuve suffisamment concluante, à nos yeux, que nous croyons pouvoir donner de la vérité de cette assertion.

Dieu a voulu positivement, cela ne peut se contester, la civilisation et la société ; il entre dans les intentions, les plans, les desseins de sa Providence que ces deux grands phénomènes moraux se manifestent et durent partout où il l'a assigné et déterminé dans le monde. Or, de ce que Dieu a voulu positivement la civilisation et la société, il suit rigoureusement qu'il ne peut point permettre que ce qui est nécessaire pour que ces deux choses soient également assurées, ne soit point, qu'il ne peut point permettre, autrement dit, que la différence considérable qui doit toujours se trouver entre les deux partis, révolutionnaire et conservateur, sous le rapport de l'espace de temps pendant lequel il leur est donné de conserver le pouvoir quand ils y sont parvenus, cesse d'être à l'avantage de ce dernier parti. S'il le permettait, en effet, il en résulterait que l'une des deux choses qu'il a voulues également, que la plus importante, la plus considérable des deux, que la société, en un mot, périrait, puisqu'elle se trouverait presque toujours sous la direction des hommes du parti qui ne peut la gouverner d'une manière permanente et durable, comme nous venons de dire, que pour sa dissolution et pour sa ruine. Il en résulterait, par conséquent, que Dieu serait en contradiction manifeste avec lui-même, qu'il voudrait et ne voudrait pas tout à la fois une même chose; qu'il voudrait que la société fût et voudrait en même temps qu'elle ne fût pas; qu'il voudrait la fin sans vouloir les moyens. Or, Dieu ne peut pas vouloir et ne vouloir pas tout à la fois une même chose; il ne peut pas vouloir que la société soit et vouloir en même temps qu'elle ne soit pas; il ne peut pas ne pas vouloir les moyens quand il a voulu la fin; il ne peut pas tomber en inconséquence, enfin, en contradiction manifeste avec lui-même, parce que cela répugne à ses perfections infinies, parce que cela le détruit complétement. Dieu ne peut donc point permettre que ce qui est nécessaire pour que les deux grands intérêts de la civilisation et de la société qu'il a voulus également soient assurés ne soit pas; il ne peut pas permettre, autrement dit, que la différence considérable qui doit toujours exister entre les deux partis, révolutionnaire et conservateur, sous le rapport de l'espace de temps pendant lequel il leur est donné de conserver le pouvoir quand ils y sont parvenus, cesse d'être à l'avantage de ce dernier parti.

Voilà quelle est la preuve suffisamment concluante, selon nous, que l'on peut apporter de la vérité de cette assertion : que ce qui est nécessaire, que ce qui doit être pour que les deux grands intérêts de la civilisation et de la société soient saufs, ne peut pas ne pas être. Cette preuve, comme l'on voit, repose sur la connaissance que la plus simple réflexion nous donne de la nature et des attributs de Dieu. Mais s'il en est de la sorte, s'il est vrai que ce qui doit être pour que les deux grands intérêts dont il s'agit en ce moment soient assurés, c'est-à-dire une différence considérable entre les deux partis, révolutionnnaire et conservateur, sous le rapport de l'espace de temps pendant lequel il leur est donné de conserver le pouvoir quand ils y sont parvenus, différence tout à l'avantage de ce dernier parti, ne peut pas ne pas être, nous avons donc eu raison d'avancer plus haut cette proposition, et il est prouvé : que le radicalisme ne gouvernera jamais la société d'une manière définitive, d'une manière permanente et durable, et qu'il ne fera jamais, par conséquent, au pouvoir, quand la disposition particulière et le concours des circonstances, quand la nécessité des temps lui permettront d'y atteindre, que des apparitions très-courtes ; car ne point gouverner la société d'une manière permanente et durable et se trouver toujours, vis-à-vis des adversaires contre lesquels on lutte en politique, dans un état d'infériorité considérable, sous le rapport de l'espace de temps pendant lequel on conserve le pouvoir quand on y est parvenu, c'est sous des termes différents, tout le monde le saisit sans peine, une seule et même chose.

La preuve de cette proposition : que le radicalisme ne gouvernera jamais la société d'une manière permanente et durable, repose donc sur ces trois grands principes, de l'exactitude et de la vérité desquels on ne peut raisonnablement douter, après ce que nous avons dit : premièrement, que Dieu a voulu positivement la civilisation et la société ; secondement, que l'une de ces deux choses, que la plus précieuse des deux, la plus grande, que la société périrait si le parti de l'ordre ne reprenait toujours le dessus dans la lutte qu'il soutient contre ses adversaires ; et troisièmement, enfin, que Dieu ne peut pas ne pas vouloir les moyens quand une fois il a voulu la fin.

Nous pourrions nous en tenir, sans doute, à la seule et unique preuve de raisonnement que nous venons de présenter, et considérer comme suffisamment et à jamais démontrée la proposition qui nous occupe ; mais comme il n'y a rien qui soit plus propre à confirmer l'exactitude et la justesse d'un raisonnement qui a pour objet d'établir que telle ou telle chose ne pourra jamais exister, que de montrer que cette chose n'a jamais pu exister non plus, quelques moyens que l'on ait employés, quelques tentatives ou efforts que l'on ait faits pour cela ; comme il n'y a rien, en d'autres termes, qui satisfasse et réjouisse autant l'esprit que de lui faire apercevoir, à propos de tel ou tel raisonnement que l'on établit, que l'observation et la recherche des faits particuliers, que la considération des événements dont l'histoire abonde, non-seulement ne contrarie en aucune manière, mais fortifie, au contraire, mais autorise toutes les données de ce raisonnement, je ne puis m'empêcher, pour confirmer la vérité de la proposition que je viens de démontrer, à savoir que les radicaux ne gouverneront jamais les sociétés humaines d'une manière permanente et durable, je ne puis m'empêcher, dis-je, de rappeler ici le peu de succès que tous les efforts qu'ils ont faits pour s'emparer de leur direction politique ont obtenu, jusqu'à ce jour, de rappeler la petitesse et le néant, pour ainsi parler, des résultats auxquels ils sont parvenus après tant de révolutions et tant de luttes soutenues dans la seule fin d'assurer le triomphe et la domination de leurs principes dans le monde ; car il y a quelque chose dans la pauvreté, dans la petitesse et le néant de ces résultats qui incline irrésistiblement l'esprit à croire à l'existence de cette vérité.

Les radicaux, cela ne peut se contester, sont les auteurs véritables, sont la première cause de toutes les révolutions qui ont éclaté au milieu de nous pendant soixante ans. Les autres partis ont été plus ou moins favorables à ces révolutions quand elles se sont effectuées et produites, mais ils n'en sont pas, à proprement parler, la cause, ils n'en sont pas les auteurs véritables. Ainsi pour le parti légitimiste, par exemple, en 1848, ce parti a vu venir sans doute, avec plus ou moins de satisfaction et de plaisir, il a laissé faire et laissé passer la révolution de Février, mais on ne peut point dire qu'il ait fait cette révolution. Ainsi encore pour les libéraux modérés, qui devaient constituer, après 1830, le parti conservateur; ces personnes, sans doute, ont vu venir avec plus ou moins de satisfaction et de plaisir, aussi, elles ont laissé faire et laissé passer la révolution de juillet, mais on ne peut point dire, non plus, qu'elles aient fait cette révolution. Tandis que les radicaux, au contraire, ayant toujours voulu positivement et explicitement les changements politiques auxquels ils se sont intéressés de leurs désirs et de leurs espérances, ayant entrepris dans tous les temps, ayant tenté par tous les moyens de les accomplir, ayant fait conspirer, en un mot, vers cette fin, toutes les pensées et toute l'énergie de leur âme, doivent être considérés comme les auteurs véritables et la première cause, après Dieu, de toutes les révolutions qui se sont produites dans le passé, aussi bien que de toutes celles qui se succéderont dans le futur, si nous en devons voir venir encore.

Les trois grandes victoires politiques que le radicalisme a remportées dans notre âge, les trois révolutions achevées et complètes, autrement dit, qu'il a fait éclater parmi nous, tout le monde l'a deviné et reconnu sans peine, sont les révolutions de 1792, de 1830 et de 1848; ce sont là les trois grands faits, les trois événements supérieurs qui embrassent et dominent de leur importance incontestable tous les faits et tous les événements de notre histoire depuis soixante années.

J'ai dit : révolution de 1792 et non de 1789, parce que ces dernières expressions, bien qu'elles soient échangées tous les jours sans inconvénient dans la société, nous paraissent néanmoins manquer d'exactitude et de logique.

Il n'y eut pas réellement, en effet, de révolution en 89 ; ce qu'il y eut alors, ce fut simplement une réforme, ou plutôt un grand essai, une vaste tentative de réforme dans laquelle on vit toutes les forces vives de la nation dans ce temps-là, c'est-à-dire la bourgeoisie, le peuple, le clergé, la royauté, la noblesse, se réunir dans un but commun et entreprendre avec une certaine mesure de générosité et de bonne foi de supprimer les abus énormes qui existaient partout, et de transformer l'état politique et social de notre pays, pacifiquement, sans agitation, sans secousse, en substituant aux institutions absolues et aristocratiques sous lesquelles il avait jusque-là vécu d'autres institutions plus ou moins libérales et démocratiques ; mais tentative de réforme qui ne put aboutir, qui échoua malheureusement parce que les préjugés, l'aveuglement, les passions et les intérêts des hommes furent plus puissants et plus forts que leurs bonnes volontés.

Il n'y eut donc point de révolution en 1789 ; la révolution ne s'accomplit que plus tard, en 1792, à la prise des Tuileries, le 10 août. Il y eut dans ce jour-là, en effet, tout ce qui constitue et caractérise une révolution achevée et complète ; il y eut du sang répandu, une résidence royale emportée d'assaut, un monarque détrôné, une république proclamée à quelque temps de là, de sorte que la journée du 10 août est la sœur aînée et le modèle des deux grandes journées révolutionnaires du 29 juillet et du 24 février, qui lui succédèrent à distance, et restera célèbre au même titre que celles-ci absolument.

Ainsi les radicaux, pour nous résumer, sont les auteurs

véritables, sont la première cause, après Dieu, de toutes les révolutions qui ont éclaté au milieu de nous depuis soixante ans ; et les trois grands faits révolutionnaires qu'ils ont accomplis pendant cette période sont ceux du 10 août 1792, du 29 juillet 1830 et du 24 février 1848.

Mais ces révolutions, si péniblement et si douloureusement enfantées, ont-elles répondu à l'attente et aux calculs des radicaux ? Ont-elles amené toutes les conséquences, ont-elles porté tous les fruits ou même seulement quelques-uns des principaux fruits qu'ils s'étaient flattés d'en retirer ? Le radicalisme, en un mot, a-t-il sujet de se réjouir, d'être satisfait des résultats qu'il a obtenus après tant d'agitations et tant d'efforts ? Non, évidemment ; car toutes les victoires qu'il a remportées sur ses adversaires ont eu chacune un retour si singulier et si frappant, elles ont été suivies chacune, si l'on veut, d'un désastre si extraordinaire et si complet, que s'il y a une chose dont on ne doive point se lasser d'être étonné et confondu, c'est que le découragement profond que ces défaites, reparaissant toujours, se reproduisant sans cesse avec un caractère si particulier d'opiniâtreté et de constance, après les mêmes succès, ont jeté dans l'âme de quelques-uns de ses partisans les plus éclairés, ne soit pas plus général, ne soit pas même universel.

Pour que ce que nous disons ici du peu de progrès que le radicalisme a fait encore soit accepté de tout le monde sans contestation, il suffira que nous rappellions en quelques mots ce qui s'est passé après chacun des trois grands triomphes que cette opinion politique a obtenus dans notre âge.

Quatre-vingt-douze voit donc éclater, comme nous avons dit, la première de nos révolutions. L'idée radicale jusque-là contenue dans ses hardiesses et entravée dans son développement par la résistance et l'opposition de tous les partisans des institutions anciennes, qui ne pouvaient comprendre qu'un état de choses tout à fait nouveau devait succéder à l'ancien, bien qu'elle fût exagérée d'abord, défigurée, altérée par ce parti d'ultrà-révolutionnaires qui se sont joués, dans tous les temps, sous les beaux prétextes de liberté, de civilisation, de patrie, de salut public, de la vie de leurs semblables, et que l'on voit surgir à toutes les époques de lutte et de rénovation sociale, quand l'ordre, quand la paix, le repos pour un peuple, quand la prospérité, la lumière, ne peuvent plus sortir que d'un trouble profond, l'idée radicale, disons-nous, prend dès ce moment son essor, s'insinue, étend partout son empire et domine sans contradiction et sans obstacle ; mais que voit-on bientôt, qu'arrive-t-il ensuite ?

Il arrive qu'après avoir prévalu et régné pendant quelques années, ce qui est beaucoup déjà, ce qui est un fort grand règne pour elle, et sera le plus long apparemment de l'histoire, mais ce qui s'explique par la multitude extraordinaire de changements, d'améliorations, de réformes qu'il y avait à introduire dans la société, elle est abaissée, humiliée, vaincue, et se voit contrainte de reculer, pour trente années consécutives, devant l'idée contraire ; il arrive, en d'autres termes, que la direction politique de la société retombe entre les mains des hommes du parti des nécessités sociales ; car les trois gouvernements : du

Consulat, de l'Empire et de la Restauration, qui succèdent à ceux de la tourmente révolutionnaire, sont, quoique à différents titres, des gouvernements conservateurs. Que reste-t-il du radicalisme pendant ces trente années dans le monde? Quelle influence et quelle action exerce-t-il dans la détermination et la conduite des événements? Aucune absolument. Le radicalisme n'est plus qu'un souvenir plus ou moins vivant, qu'un principe, qu'une religion plus ou moins aimée et vénérée dans le cœur de ses partisans; il souffre, il combat, il milite, mais il ne règne et ne domine plus nulle part. Nous avons donc eu raison de dire qu'à ce grand triomphe de 1792 avait succédé pour lui une défaite plus extraordinaire encore et plus complète.

Pendant la première moitié de cette longue période, où il a perdu toute influence et toute action dans le monde, pendant toute la durée, par conséquent, des deux gouvernements : du Consulat et de l'Empire, qui lui ont succédé, le parti radical, qui ne meurt point, qui ne peut point mourir, ne donne pas grand signe de vie, néanmoins, et de présence, pour la raison que la liberté politique sous le nouveau régime lui fait défaut; mais plus tard, mais sous la Restauration, la faculté d'écrire et de parler selon leurs convictions ayant été rendue à ses organes, il se remet à l'œuvre, il remue, il agite et travaille de nouveau les esprits, il devient la principale force, le foyer et le centre de toute l'opposition qui se fait contre ce gouvernement; et le succès le plus complet répondant encore une fois à ses efforts, il remporte sa seconde victoire, ce second triomphe dont nous avons parlé, il accomplit, en un mot, la révolution de 1830 ; mais que voit-on aussi, qu'arrive-t-il encore ?

Il arrive qu'après avoir obtenu certaines modifications, peu importantes selon lui, au régime qu'il avait voulu renverser, qu'après avoir essayé vainement de constituer un ministère, le ministère Laffitte, qui aurait marché dans ses voies, puisque ce ministère eût eu pour président un radical, il arrive, disons-nous, que le parti radical est rejeté de nouveau, est dépossédé, vaincu, que le pouvoir lui échappe encore et retombe pour dix-huit années, cette fois, entre les mains des hommes du parti des nécessités sociales.

Que reste-t-il aussi du radicalisme pendant ces dix-huit années dans le monde? Quelle influence et quelle action exerce-t-il dans la détermination et la conduite des événements? Aucune absolument. Il souffre, il combat, il milite, mais il ne règne et ne domine plus nulle part. Nous avons donc eu raison de dire encore, qu'à cette seconde victoire, qu'à ce second triomphe de 1830, avait succédé pour lui une défaite plus extraordinaire encore et plus complète.

Le parti radical, rentré dans l'opposition qui est son principe, son élément vital, et dont il était à peine sorti, se remet avec beaucoup d'ardeur et de persévérance à l'œuvre. Il reprend sa tâche éternelle qui est de travailler à renverser le pouvoir partout où il se trouve entre les mains des hommes du parti de l'ordre. Resté en possession, cette fois, de la liberté d'écrire et de parler, il ne tarde pas à agiter, à remuer de nouveau les esprits; il redevient la principale force, le foyer et le centre de toute l'opposition qui se fait contre le gouvernement sorti de la révolution de Juillet; et après avoir essayé, après avoir tenté vainement, à diverses reprises, dans des attaques à main armée, pendant les dix-huit années que dure ce gouvernement, de le renverser, il réussit enfin à le faire dans la journée du 24 février, accomplissant ainsi une nouvelle révolution, et obtenant une troisième victoire qui ne le cède pas en importance aux deux premières; mais que voit-on toujours? Qu'arrive-t-il encore?

Il arrive que le radicalisme, après avoir prévalu et régné en conséquence de sa nouvelle victoire, pendant quelques mois seulement, du 24 février au 10 décembre, dans la société, après avoir changé, renversé, détruit dans nos institutions, pendant ce court espace de temps, considérablement de choses, après avoir accompli enfin son œuvre, est rejeté de nouveau, est dépossédé, vaincu, que le pouvoir lui échappe encore une fois et retombe comme toujours, pour un laps de temps dont il n'est donné sans doute à personne, en ce moment, d'assigner approximativement la limite, entre les mains des hommes du parti des nécessités sociales.

Que reste-t-il du radicalisme en ce moment dans le monde? Quelle influence et quelle action y conserve-t-il sur la destinée des peuples? Aucune absolument. Il souffre, il combat, il milite, comme il a souffert, comme il a combattu et milité antérieurement, mais il ne règne et ne domine plus nulle part; un grand désastre a donc encore une fois suivi de près, pour lui, une éclatante victoire.

Voilà en peu de mots ce qui s'est passé après chacune

des trois grandes victoires que le radicalisme a remportées depuis soixante ans parmi nous, par où l'on peut juger combien nous avons eu raison de dire que les radicaux n'ont pas lieu d'être bien satisfaits, ni de se réjouir des résultats auxquels ils sont parvenus après tant de révolutions et tant de luttes soutenues dans la seule fin d'assurer le triomphe et la domination de leurs principes dans le monde.

Il ne faudrait donc, s'il est permis de tirer quelque induction générale de ces trois grands exemples particuliers, il ne faudrait aux hommes du parti des nécessités sociales, pour les vaincre et les déposséder du pouvoir quand ils y sont arrivés, que six, douze ou quinze mois, ou quelques années tout au plus, lorsque la multitude de changements, d'améliorations, de réformes, qui sont à introduire dans la situation politique et sociale d'un peuple, est véritablement énorme, tandis qu'il leur faudrait à eux, pour vaincre et déposséder les premiers, quelque chose comme quinze, vingt ou trente années tout au moins.

On voit, parce que nous venons de rappeler, que l'observation et la recherche des faits particuliers, que la considération des événements dont l'histoire abonde, confirment pleinement l'exactitude et la justesse du raisonnement par lequel nous avons établi que le radicalisme ne gouvernera jamais la société d'une manière permanente et durable, et inclinent singulièrement l'esprit à croire à la vérité de cette proposition ; car si les radicaux, peut-il se dire, n'ont pu gouverner jusqu'ici la société d'une manière permanente et durable, c'est apparemment que quelque raison puissante y a fait obstacle, et si quelque raison puissante y a fait obstacle jusqu'à ce jour, pourquoi cette raison cesserait-elle tout à coup d'exister?

Les radicaux, nous le savons bien, ne reconnaîtront point l'arrêt que nous portons ici sur l'avenir de leurs idées, parce qu'ils ont une manière à eux d'expliquer leur impuissance passée, qui diffère complétement de la nôtre.

Quand on les prie de dire, en effet, à quoi tient la différence considérable qui se reproduit sans cesse, qui se reproduit avec un caractère si particulier et si frappant d'opiniâtreté et de constance entre les deux partis, révolutionnaire et conservateur, sous le rapport de l'étendue, de l'espace de temps pendant lequel il leur est donné de conserver le pouvoir toutes les fois qu'ils y parviennent, quand on les prie, en d'autres termes, d'expliquer pourquoi, quand le radicalisme triomphe, ce n'est-il jamais que pour un jour, je veux dire que pour un espace de temps très-limité, tandis que quand il est abattu, c'est tantôt pour le quart et tantôt pour la moitié d'un siècle, ils mettent en avant, ils proposent cette explication qu'ils ont la simplicité de ne pas trouver insuffisante, mais qu'il n'est pas possible en vérité de recevoir, de quelque facile et bonne composition que l'on se fasse.

Ce qui fait, disent-ils, que nous avons toujours été dépouillés jusqu'ici des avantages que nous étions parvenus à remporter dans nos luttes, et que nous comptons encore plus de mauvais succès que de bons, c'est que des circonstances défavorables, imprévues et purement accidentelles, c'est qu'une sorte de fatalité aveugle et contraire, de hasard singulier dont on ne peut se rendre compte, ont retourné toujours les événements, à peine accomplis, contre nous; c'est que peut-être aussi nous avons manqué de prudence, de conduite et d'habilité dans les affaires, ce qui est bien concevable après tout, dans les situations difficiles et extrêmes où nous nous sommes trouvés plusieurs fois; c'est qu'une réaction aveugle et incorrigible, enfin, qui a conservé par ses positions depuis longtemps acquises, par ses nombreuses relations, ses richesses, une influence considérable dans la société, influence qui ne résistera pas heureusement, pour les idées radicales, à l'action du temps, s'est toujours levée le lendemain de nos succès pour nous les disputer avec acharnement, et qu'il lui a été donné jusqu'ici de prévaloir contre nous. Mais y a-t-il rien dans ce qui s'est passé qui soit de nature à nous faire désespérer de l'avenir? Non, sans doute. Ce qui s'est vu peut se revoir absolument si l'on veut, mais ne se reverra plus apparemment, car il n'y a pas de raison pour que ce qui ne tenait, dans les retours malheureux et imprévus que nous avons essuyés, qu'à des circonstances purement accidentelles, qu'à la fatalité, qu'au hasard, qu'à notre propre inexpérience, ou enfin qu'à certaines influences que telle ou telle catégorie de personnes exerce dans la société sur telle ou telle autre, se reproduise encore et éternellement dans la suite. Nous avons donc, et devons avoir, nonobstant le peu de succès que nous paraissons avoir obtenu jusqu'ici, une grande confiance dans l'avenir de nos idées, qui ont de leur côté la justice, le raisonnement, la logique, c'est-à-dire ce qu'il y a de plus irrésistible avec le temps et de plus redoutable au monde, et croyons fermement que si nous souffrons, si nous militons, si notre avènement définitif et irrévocable, en un mot, n'a pas encore eu lieu, la raison en doit être cherchée dans cette vérité aussi ancienne que le monde : que toute idée neuve doit traverser des difficultés extrêmes avant de s'établir définitivement sur la terre; qu'elle est toujours plus ou moins méconnue et calomniée, plus ou moins violemment attaquée, aussi, par conséquent, à sa naissance; et que quand elle finit par triompher des obstacles qu'on lui oppose, ce n'est d'ordinaire qu'après une longue série d'épreuves, une succession de revers et d'infortunes pour les personnes qui ont entrepris généreusement de la défendre et de la soutenir.

Voilà ce que nous avons entendu dire par bien des partisans du radicalisme, qui croyaient expliquer suffisamment par là pourquoi leur opinion n'avait encore pu réussir complétement, mais il n'est pas possible, en vérité, comme nous avons dit, de recevoir une telle explication, elle ne paraît pas satisfaisante. Non, ce n'est pas à tel ou tel événement particulier ou circonstance purement accidentelle; ce n'est pas à la fortune, à la fatalité, au hasard; ce n'est pas non plus à leur propre inexpérience ou à l'influence et à l'habileté de leurs adversaires qu'il faut attribuer, selon nous, les désastres si extraordinaires et si complets que les radicaux ont essuyés jusqu'ici. Ces désastres ont leur origine, leur principe, leur source, dans une certaine disposition générale des choses, toute providentielle; elles sont un effet, si l'on veut, un résultat, une conséquence inévitable de l'action d'une de ces lois immuables et éternelles qui régissent tous les phénomènes du monde moral, et ne sauraient manquer de se reproduire, par conséquent, sous les mêmes circonstances, dans tous les temps et dans tous les lieux, aussi longtemps que les fondements sur lesquels Dieu a voulu que reposât tout l'édifice de ce monde moral ne seront pas renversés.

Vous ne pouvez point parvenir à gouverner la société d'une manière permanente et durable, dirons-nous aux radicaux, en conséquence du sentiment que nous venons d'émettre; la vraie et solide raison n'en peut être cherchée ailleurs, s'il est certain, d'un côté, que Dieu a voulu la société tout autant et encore plus même que la civilisation, et s'il est certain, d'un autre côté, qu'il ne peut pas ne pas vouloir les moyens quand une fois il a voulu la fin, n'en peut être cherchée ailleurs que dans ce triple fait qui découle de ce que, comme nous l'avons établi plus haut, vous ne possédez point l'idée, le sentiment, l'instinct des nécessités sociales : premièrement, que sous votre administration, toutes ces mesures vraiment utiles, vraiment protectrices et salutaires que peuvent prendre dans une certaine limite, dans une limite qui n'opprimerait point, qui ne troublerait, ne violenterait point la conscience humaine, qui ne porterait en aucune manière atteinte, en un mot, à la liberté de croire et de penser, que peuvent prendre, disons-nous, pour concilier le plus de respect et le plus d'autorité possible à la religion, des gouvernements éclairés et honnêtes, qui se fondent sur cette vérité : que le premier besoin des peuples, c'est de vivre, ne seraient point prises, sous ce vain et déraisonnable, sous cet absurde prétexte que l'État n'a point de culte, ne croit rien, n'admet rien, n'est d'aucune religion particulière, comme si l'État, ou autrement dit le gouvernement, le pouvoir, n'existait pas avant et par-dessus tout pour assurer et maintenir tous les principes conservateurs de la société. Secondement, que sous votre administration, cette surveillance continuelle que l'on peut exercer, dans une certaine limite également, dans la même limite, sur les lieux de réunion et de divertissements publics, sur les entreprises des théâtres, sur les gravures, les écrits, les étalages licencieux, sur la conduite aussi et les manœuvres d'une foule de personnes qui exploitent les genres d'industries les plus condamnables dans la société, et sur mille autres points qu'il n'est pas nécessaire ici d'énumérer, que cette surveillance, disons-nous, au moyen de laquelle il est possible, jusqu'à un certain point, dans les cités populeuses, de préserver les mœurs d'un peuple, et dont les gouvernements, qui comprennent pourquoi ils sont institués, feront toujours une de leurs principales et de leurs plus sérieuses occupations, ne serait pas exercée, sous ce prétexte encore plus vain et plus déraisonnable que le premier : que les hommes sont libres, qu'ils sont assez éclairés, Dieu merci, et bien capables de se conduire par eux-mêmes, que c'est à eux seuls de juger s'il leur est bon de lire ou de ne pas lire tel ou tel ouvrage, quelque licencieux et abominable qu'il soit, de fréquenter ou non tel ou tel théâtre, tel ou tel lieu de réunion et de divertissements publics, si tout ne s'y passe point décemment, et autres sophismes ou absurdités de même force, qui prouvent seulement que les personnes capables de les imaginer n'ont pas la moindre connaissance des hommes, et qu'une expérience tant soit peu prolongée, si Dieu la veut permettre un jour, pour la confusion de ces personnes, démentira si vite et si cruellement. Troisièmement : enfin, que la mesure, que le degré de liberté dont vous croiriez pouvoir laisser la jouissance aux peuples que vous gouverneriez serait un degré tout à fait vain et illusoire, c'est-à-dire plus grand en réalité qu'ils ne le pourraient porter, un degré qui ne serait plus de la liberté, par conséquent, mais de la licence, serait ce degré, en un mot, dont tout homme sensé et judicieux a reconnu depuis longtemps qu'un peuple comme le nôtre n'userait point pendant cinquante années consécutives seulement sans tomber en pleine décomposition sociale, n'en peut être cherchée ailleurs, par conséquent, pour nous résumer en quelques mots, que dans ce fait, que sous votre administration, la mesure de religion et de bonnes mœurs qui doit rester toujours dans le monde, pour que la société y soit possible, diminuerait peu à peu et deviendrait bientôt trop peu considérable pour cette fin, tandis que celle de la liberté y aurait des proportions trop grandes, au contraire, ou pour exprimer la même pensée d'une autre manière, n'en peut être cherchée ailleurs que dans ce fait, que sous votre administration les trois conditions essentielles et indispensables d'existence pour les sociétés humaines, les trois conditions en dehors desquelles il faut nécessairement qu'elles périssent et meurent, ne seraient point remplies. Voilà où doit être cherchée la raison du peu de succès que vous avez obtenu jusqu'ici ; s'il est vrai, d'un côté, pour le répéter encore une fois, que Dieu a voulu la société tout autant et encore plus même que la civilisation, et s'il est vrai, d'un autre côté, qu'il ne peut pas ne pas vouloir les moyens quand une fois il a voulu la fin, et où la cherchera toute personne dont l'intelligence a de la solidité, tout à la fois, et de l'élévation, toute personne qui a compris, qui pense, qui estime que la fortune, que le hasard sont de vains mots et n'entrent pour aucune part dans la production et l'enchaînement des faits de toute sorte qui se succèdent sans interruption ici-bas ; qui estime que les intentions, les plans, les desseins que la Providence divine s'est proposés de toute éternité dans sa sagesse, dominent tous les événements de ce monde, et que si l'homme s'agite, c'est, après tout, Dieu qui le mène.

S'il est vrai, maintenant, pour en revenir à la proposition que nous avons établie plus haut, que le radicalisme ne gouvernera jamais la société d'une manière permanente et durable, le premier sentiment que doivent éprouver les hommes du parti de l'ordre ou des nécessités sociales est donc celui de l'indifférence et du dédain le plus profonds pour toutes ces menaces de révolutions nouvelles que la vue de la direction funeste et détestable, selon leurs sentiments et leurs principes, qui a été imprimée depuis quelques années à la marche du gouvernement dans notre pays, inspire quelquefois à ses partisans de leur adresser. C'est ce que nous faisons très-largement et très-décidément pour notre part, et voici même quelle est la réponse que nous croyons toujours devoir opposer aux radicaux, ne trouvant pas qu'il y en ait de plus convenable à faire toutes les fois que nous leur entendons renouveler ces prédictions de catastrophes terribles qui emporteront peut-être, disent-ils, tout ce qui fait l'objet de l'amour et de l'adoration fanatique des hommes du parti de l'ordre. Nous savons fort bien, nous ne savons pas moins bien que vous, leur disons-nous, que si l'on ne parvient pas à découvrir quel est le caractère propre et intime, quelle est la valeur morale ou philosophique, quel est le sens providentiel, en un mot, de la révolution de Février, vous obtiendrez une nouvelle victoire, vous accomplirez, autrement dit, une quatrième révolution qui ne le cédera pas en importance aux trois premières, laquelle aura pour résultat de dégager complétement ce sens, de le mettre en lumière, de le rendre intelligible pour tous. Mais nous ajoutons une chose que vous ne paraissez point comprendre, c'est que si cette révolution sera aussi utile au monde, elle ne sera pas plus profitable au radicalisme que toutes les précédentes, c'est-à-dire que quand une fois toutes ces innovations, ces améliorations, ces réformes, dont la nécessité indispensable constituait la raison d'être de la révolution de Février, auront été accomplies et réalisées, vous disparaîtrez encore comme vous avez disparu trois fois déjà, selon l'histoire, dans des circonstances pareilles; que le gouvernement de la société retombera de nouveau entre les mains des hommes du parti des nécessités sociales, et que vous vous plaindrez, comme vous vous plaignez en ce moment, d'être plus que jamais éloignés du but que vous vous étiez proposé d'atteindre.

Pour prouver que le radicalisme ne gouvernera jamais les sociétés humaines d'une manière permanente et durable, nous nous sommes appuyé, on se le rappelle, sur ce principe : que Dieu, qui veut que ces sociétés vivent et durent, puisqu'il les a créées et instituées sur la terre, ne peut pas permettre, sans tomber en inconséquence, en contradiction manifeste avec lui-même, qu'un système d'idées dont l'application aurait pour résultat nécessaire et inévitable leur destruction, leur renversement, leur ruine, car c'est là ce qui caractérise essentiellement, on ne le peut plus contester maintenant, le radicalisme, qu'un tel système d'idées, disons-nous, parvienne à s'emparer définitivement de leur direction politique. Nous croyons que le principe sur lequel nous nous sommes appuyé est bien évident, bien clair et bien incontestable.

Nous croyons qu'il est évident, en d'autres termes, car nous avons besoin d'insister ici sur ce point particulier : que Dieu doit communiquer à toute société humaine qui sort de ses mains, qu'il institue et qu'il répand sur la terre, tous les moyens, toutes les ressources intellectuelles et morales dont elle a besoin pour pouvoir se délivrer de tous les systèmes politiques dont l'application aurait pour conséquence nécessaire et inévitable, soit sa destruction, soit sa transformation dans le sens du communisme, ce qui est une autre destruction, toutes les fois que ces systèmes ont le dessus, selon ses desseins, dans la lutte qu'ils soutiennent contre les systèmes contraires, et qu'il devient possible d'apprécier par un commencement d'application de leurs principes tout ce qui doit en découler de funeste et de dangereux pour elle, sans quoi il sera permis de dire qu'il est en contradiction manifeste avec lui-même, qu'il veut et ne veut pas tout à la fois une même chose, qu'il veut, en la créant et en l'établissant sur la terre, que cette société subsiste, et qu'il veut, en ne lui communiquant pas tous les moyens, toutes les ressources intellectuelles et morales dont elle a besoin pour se délivrer des opinions, des théories, des systèmes dont l'application aurait pour conséquence nécessaire et inévitable sa destruction, qu'elle ne subsiste pas.

Nous ne dirions pas une chose plus vraie et plus incontestable, selon nous, si nous avancions, par exemple, que Dieu, quand il créa l'homme physique, a dû le mettre en possession de certains moyens de réparer les pertes matérielles que le mouvement, que le mécanisme, que le jeu régulier et normal des diverses fonctions de son organisme entraîne incessamment pour lui, afin qu'il pût ainsi se maintenir, se conserver en vie jusqu'à la fin de la carrière qu'il lui a été donné de parcourir. Or, il n'est personne qui ne tienne pour absolument certain que Dieu, s'il n'avait donné à l'homme les moyens dont nous parlons, se trouverait en contradiction manifeste avec lui-même ; qu'il voudrait et qu'il ne voudrait pas tout à la fois, aussi, une même chose ; qu'il voudrait, en le créant et en l'établissant sur la terre, que l'homme subsistât physiquement ; et qu'il voudrait, en ne lui fournissant pas les moyens dont il a besoin pour réparer les pertes matérielles que le jeu régulier et normal des diverses fonctions de son organisme entraîne à tout instant, pour lui, qu'il ne subsistât point.

Ainsi, nous le répétons, le principe sur lequel nous nous sommes appuyé pour établir que le radicalisme ne gouvernera jamais la société d'une manière permanente et durable est bien évident, bien clair et bien incontestable.

Mais ces sociétés humaines que Dieu ne peut point permettre, disons-nous, sans contradiction, au radicalisme ou au socialisme de gouverner d'une manière permanente et durable, étant en possession de leur libre arbitre, peuvent abuser de toutes les facultés physiques et morales, de tous les dons qu'elles ont reçus de la nature en partage ; elles peuvent se laisser aller à tous les désordres, se mettre en opposition et rompre avec tous les principes ; elles peuvent se gâter, s'avilir, dégénérer ; elles peuvent sortir enfin de toutes leurs conditions d'existence, et se précipiter ainsi de leur propre fait dans leur dissolution et dans leur ruine.

Or, des sociétés qui seraient sorties, de la sorte, de leurs conditions d'existence, qui seraient gâtées, corrompues, dégénérées, qui marcheraient à leur perte, qui seraient même perdues déjà, sans espérance et sans retour, et qui n'auraient plus à vivre, pour ainsi parler, que le temps qu'il leur faut pour mourir, serait-ce encore une inconséquence et une contradiction de la part de Dieu que de permettre au radicalisme ou au socialisme de s'emparer d'une manière irrévocable et définitive de leur direction politique? Non, évidemment. Dieu, en effet, ne pourrait être considéré dans ce cas comme la cause réelle et efficiente de leur perte, puisqu'il serait vrai de dire, c'est notre hypothèse, qu'elles étaient perdues déjà, sans ressource, avant que les radicaux ou les socialistes les gouvernassent; il ne pourrait être considéré comme la cause réelle ou efficiente que de ce que ces sociétés, devant nécessairement périr, périraient par tel ou tel moyen plutôt que par tel autre ; or, à une société qui doit nécessairement périr il n'importe pas évidemment de quel côté ou bien de qui elle recevra le coup mortel.

Quand donc nous disons que le radicalisme ne gouvernera jamais les sociétés humaines d'une manière permanente et durable, parce que Dieu ne le peut point permettre sans tomber en inconséquence, en contradiction manifeste avec lui-même, c'est de sociétés saines et fortes, il ne le faut point perdre de vue, de sociétés en possession de leur plein et entier développement, qui ont atteint, autrement dit, sans la dépasser, l'époque de la maturité, ou qui s'avancent vers ce terme désirable, de sociétés enfin qui ont de l'avenir et que Dieu soutient, que nous voulons parler, et non de sociétés corrompues et gâtées par l'abus de tous les dons, de toutes les facultés qu'elles ont reçues de la nature, de sociétés perdues déjà et abandonnées de Dieu, de sociétés qui sont entrées dans leur déclin, leur décrépitude, leur décadence, qui achèvent leur destinée, enfin, sur la terre, et qui n'ont plus à vivre, pour ainsi parler, comme nous le disions tout à l'heure, que le temps qu'il leur faut pour mourir.

Nous devions faire ici cette distinction afin d'ôter toute la prise qui pourrait se trouver dans nos paroles à la confusion et à l'erreur.

On voit que ce n'est point précisément parce qu'il ne peut pas permettre que les sociétés humaines périssent, que Dieu ne peut pas permettre sans contradiction que le radicalisme s'empare d'une manière irrévocable et définitive de leur direction politique, aussi longtemps qu'elles sont encore saines et fortes, qu'elles n'ont pas abusé de tous les dons, de toutes les facultés physiques et morales qu'elles ont reçues en partage, puisqu'il y a tant de sociétés qui ont péri déjà, selon l'histoire, ce qui n'aurait pas eu lieu, évidemment, s'il ne l'eut point permis, mais parce qu'il ne peut pas permettre que des sociétés qu'il a créées, qu'il a établies et instituées pour qu'elles vivent et non pas pour qu'elles périssent, périssent de son propre fait à lui. Or, des sociétés qui ne sont pas encore gâtées, qui ne sont point corrompues, avilies, dégénérées, périraient de son propre fait s'il permettait que le radicalisme s'emparât de leur direction politique d'une manière permanente et durable, puisqu'elles ne périraient que parce qu'il ne les aurait pas mises en possession de toutes les ressources intellectuelles et morales dont elles avaient besoin pour pouvoir se délivrer de tous les systèmes politiques dont la conséquence nécessaire et inévitable est leur destruction, leur renversement, leur ruine, pour pouvoir les rejeter aussitôt qu'il deviendrait possible de juger par un commencement d'application de ces systèmes tout ce qui doit en découler de funeste et de dangereux pour elles.

Ainsi les sociétés humaines peuvent appartenir, absolument parlant, d'une manière irrévocable et définitive, au socialisme ou au radicalisme, mais ce n'est que quand elles sont corrompues et gâtées déjà, que quand elles sont dégénérées que cet événement peut avoir lieu, et c'est toujours, à leur grand malheur, pour leur dissolution et pour leur ruine. Jusque-là elles peuvent appartenir encore à ces deux systèmes politiques, mais à des intervalles très-éloignés, seulement, et pour des espaces de temps très-limités, comme elles leur ont appartenu plusieurs fois depuis un demi-siècle ; elles peuvent leur appartenir encore, non plus à leur grand malheur, pour leur dissolution et pour leur ruine, mais pour leur épreuve, au contraire, et pour leur gloire, pour mériter et pour grandir.

On peut placer ici, comme incontestable et certaine, comme formant une sorte de corollaire à ce que nous venons de dire, la proposition suivante : c'est que ce ne sera point parce qu'elles appartiendront au radicalisme que nos sociétés seront perdues, si elles sont perdues un jour, mais que c'est, au contraire, parce qu'elles seront perdues qu'elles appartiendront à cette opinion politique.

Ce qu'il faut examiner, maintenant, pour atteindre le but que nous poursuivons, c'est-à-dire pour démontrer que les révolutions qui se sont succédées dans notre âge ne doivent pas amener l'exaltation, la glorification, l'intronisation, dans notre pays, de l'idée radicale, ce qu'il faut examiner, disons-nous, c'est donc la question de savoir si, comme le pensent beaucoup de personnes d'ailleurs très-éclairées et très-habiles, notre époque actuelle est une époque de décadence et de dissolution sociales pour nous, si notre nation est une nation corrompue, avilie, dégénérée, sans avenir, sans ressource, une nation qui se précipite vers sa ruine, et qui n'a plus que de tristes jours, que des jours mauvais à traverser.

Nous ne saurions exprimer dans des termes capables de

donner une juste idée de la force de la conviction qui remplit notre âme, à cet égard, combien nous sommes persuadé que le siècle où nous vivons, malgré toutes les apparences, peut-être, n'est pas un siècle de décadence et de dissolution, pour notre nation, non plus que pour toutes les autres nations européennes; cette vérité se montre à notre esprit si claire et si incontestable, nous sommes tellement rempli et pénétré de sa lumière que loin d'éprouver du doute et de l'hésitation à en manifester la croyance, nous avons, au contraire, une sorte d'impatience de le faire.

Et d'abord, avant toute autre considération ou raisonnement, ne serait-il pas bien étonnant, ne serait-il pas même inconcevable que des nations formées, préparées de si loin à la civilisation par le christianisme, c'est-à-dire par la religion la plus propre à donner aux hommes, quand ils ne les ont pas reçues de la nature, la rectitude, la solidité, la force de l'esprit, la modération, la gravité du caractère, la simplicité, la dignité, la bonne foi, les bonnes mœurs, à leur donner, en un mot, toutes les qualités morales qui préservent l'âme des vices qui mènent à la décadence, ou plutôt qui la constituent, que ces nations, disons-nous, fussent arrêtées déjà dans leur développement, leur progrès intellectuel et moral, déclinassent déjà, fussent déjà, enfin, sur le point d'accomplir leur destinée, alors qu'elles sont à peine sorties des ténèbres de l'ignorance et de la barbarie; car le progrès, parmi nous, ne date, pour ainsi parler, que d'hier, tandis que les nations anciennes, au contraire, tandis que les deux nations, romaine et grecque, par exemple, qui se sont formées et développées cependant sous l'influence des principes et des enseignements du paganisme, c'est-à-dire d'une religion qui portait en germe, au fond de ses doctrines, toutes les erreurs et par conséquent tous les vices ; d'une religion qui n'éclairait point, qui n'élevait point l'âme, qui ne pouvait prêter aucun soutien à ses forces morales, tandis que ces nations, disons-nous, auraient été bien plus heureuses et bien mieux partagées qu'elles, puisqu'il leur aurait été donné, avant d'éprouver les atteintes de la maladie morale dont elles devaient mourir avant de se voir précipitées sans retour dans la décomposition sociale, de vivre et de subsister longtemps éclairées et florissantes, puisqu'il leur aurait été donné, en d'autres termes, de conserver leur civilisation dans sa plénitude et dans sa force pendant plusieurs centaines d'années au moins, ce qu'il ne serait pas vrai de dire des nations modernes s'il était certain qu'elles fussent déjà sur le penchant de leur ruine et qu'elles n'eussent plus que des jours mauvais à traverser, puisqu'en effet ces nations étaient presque toutes encore à demi-barbares il n'y a pas cent ans. Il y aurait dans ce fait-là, je le répète, quelque chose qui ne se concevrait point, qui resterait toujours inexplicable, et que la raison se refuse obstinément d'admettre.

Voilà une première considération, avant toute autre, comme nous avons dit, qui est de nature à disposer singulièrement l'esprit à croire, malgré toutes les apparences peut-être, que l'époque actuelle n'est pas une époque de décadence, une époque de ruine et de dissolution sociale pour notre nation, non plus que pour toutes celles qui nous entourent, dans notre Europe, ou qui vivent en quelque lieu de la terre que ce soit des mêmes principes et de la même vie morale que nous.

Mais nous n'en sommes point réduit à cette seule considération ; nous pouvons apporter de l'exactitude et de la vérité de l'opinion que nous soutenons ici une preuve positive, une preuve directe, une seule et unique preuve, mais une preuve suffisamment concluante à nos yeux, laquelle se tire de la considération des principaux traits, de l'examen des circonstances physiques et morales qui caractérisent, à proprement parler, et accompagnent chez tous les peuples et dans tous les lieux le grand phénomène social dont il est ici question.

Ce qui constitue, en effet, le principal trait, le trait caractéristique et essentiel de la décadence, et ce dernier mot lui-même, d'ailleurs, l'indique d'une manière admirable, c'est que tout, dans une société humaine qui en est parvenue à cette période fatale de son existence, se trouve dans une voie de diminution, de dépérissement, de ruine ; c'est que tout s'y appauvrit, s'y éteint, s'y meurt sensiblement dans les choses physiques pour le moins autant que dans les morales.

Le génie, jusque-là créateur de l'homme, d'abord, n'aperçoit, ne découvre, ne produit plus rien, dans les diverses voies ou carrières qui ont été ouvertes à son activité ; les générations passent, elles se substituent, se succèdent les unes aux autres, et ne font plus en se succédant que se transmettre, quand elles se le transmettent encore, le dépôt sur lequel elles vivront désormais des inventions et des connaissances acquises. Mais non-seulement l'esprit chez l'homme, c'est-à-dire le principe des opérations intellectuelles, semble frappé de stérilité et d'impuissance, l'âme elle-même, c'est-à-dire le principe de la moralité, en lui, a perdu toute sa dignité et sa valeur. Les caractères sont toujours avilis, en effet, sont toujours abaissés dans la décadence des sociétés humaines. On ne voit plus alors chez les particuliers cette obstination, cette ardeur, cette fierté de résolution et de courage que l'on ne peut s'empêcher d'admirer; cette exaltation de vertu et d'héroïsme dont on reconnaît à chaque instant les signes au milieu de nations qui sont encore vaillantes, qui sont encore saines et fortes, et qui rendent les hommes capables, qui les rendent heureux même de supporter l'obscurité, la pauvreté, les privations, les humiliations, la douleur et quelquefois la mort même, et les supplices, plutôt que de consentir à ce qui leur paraît contraire à la justice et à la vérité. Quant aux mœurs enfin, qui ont bien de la peine à se soutenir déjà quand les sociétés sont florissantes et prospères, quand elles marchent dans une voie de développement régulier et de progrès intellectuel et moral, elles sont tout à fait perdues et gâtées, cela se conçoit, dans la décomposition sociale, et atteignent toujours alors, si nous en croyons au témoignage de tous les monuments historiques, le dernier terme de la dégradation et de la honte.

Mais ce n'est pas tout : ce qui est encore un trait particulier et caractéristique de la décadence, c'est que la richesse, la prospérité matérielle des peuples dont se composent les sociétés qui sont travaillées et souffrent de ce mal est toujours essentiellement et irréparablement atteinte. Rien ne paraît plus répondre, en effet, parmi ces peuples, aux travaux et aux espérances des hommes. Toutes les classes de la société y souffrent plus ou moins d'abord, y sont plus ou moins dans la difficulté et dans la gêne. Les ressources dont elles disposent, qui leur avaient suffi jusque-là, ne leur permettent plus de faire face aux éventualités, toujours plus fâcheuses et plus tristes, et aux charges que le malheur des temps leur impose. Un appauvrissement, par conséquent, une ruine, une misère universelle gagne peu à peu, s'étend de proche en proche et finit par affecter toutes les positions et tout le monde. Le sol aussi, dont la vertu, dont la force productrice avait été jusque-là toujours croissant, participe au dépérissement général. La terre paraît frappée du même état de stérilité et d'épuisement que le génie de l'homme, comme si elle ne daignait plus fournir, ne fournissait plus qu'à regret la subsistance à des nations aviles et dégénérées qui ne sont plus dignes de vivre. Les populations, enfin, vont toujours diminuant, sont toujours de plus en plus clairsemées et rares, dans la décadence, au lieu de se succéder toujours de plus en plus serrées et drues, de plus en plus nombreuses, comme elles le font constamment quand les sociétés sont dans leur plénitude et dans leur force.

Ainsi donc, tout s'en va, tout disparaît pour les sociétés humaines : dignité, génie, vertu, bonnes mœurs, fécondité du sol, population, prospérité, richesse, tout est emporté dans ce grand écroulement qui constitue et caractérise, à lui seul, ce dernier terme, cette période suprême et fatale de leur existence que l'on désigne sous le nom de décadence.

Or, maintenant, l'époque où nous vivons offre-t-elle, soit au milieu, soit autour de nous, dans le monde, tous les traits, ou même seulement quelques-uns des traits que nous venons de donner comme caractéristiques de la décadence? Non, évidemment, pour peu qu'on veuille examiner, considérer, peser la chose avec un esprit libre, un esprit dégagé de toute prévention favorable ou défavorable.

La fécondité de l'esprit humain, d'abord, n'est pas épuisée, tant s'en faut, parmi nous, dans ce siècle; il n'est besoin pour s'en assurer de la manière la plus positive, que de se rappeler cette foule véritablement étonnante de procédés nouveaux, d'inventions, de découvertes, qui ont été effectués depuis un petit nombre d'années seulement, dans le domaine des sciences physiques naturelles, et généralement dans toutes les carrières où son activité s'exerce. Il y a je ne sais quoi, même, et je ne puis me dérober à cette croyance qui me porte à penser que le génie de l'homme produira, dans les temps qui vont s'écouler, des merveilles bien autrement considérables que celles dont nous avons été témoins, encore, et que tout le progrès qu'il a fait, jusqu'à ce jour, dans son mouvement, de quelque côté que ce soit, n'est que le premier pas de sa course. Les mœurs, il est vrai, sont dans un grand état de détérioration et de souffrance, mais je les crois susceptibles de beaucoup d'amélioration, maintenant que les gouvernements paraissent avoir compris que gouverner ce n'est pas tant recueillir des impôts, exécuter de grands travaux matériels, préparer des systèmes nouveaux d'attaque et de défense, qu'instruire, qu'éclairer, que soutenir dans le bien, qu'élever et que moraliser les peuples. Quant aux autres points particuliers que nous avons énumérés, est-il nécessaire ici d'y insister? N'est-il pas établi, constaté à chaque instant, par une foule de relevés et de statistiques, que la population augmente incessamment parmi nous; que le sol de notre patrie est de plus en plus fécond et productif; que l'aisance pénètre de plus en plus partout, devient de jour en jour plus générale et plus universelle, que la richesse et la prospérité publiques, enfin, bien qu'elles soient de temps en temps troublées, interrompues, enrayées dans leur développement par des événements que toute la sagesse des hommes ne saurait prévenir, se trouvent toujours en définitive, pour peu que les circonstances redeviennent bénignes et favorables, dans une voie d'amélioration et de progrès. L'époque actuelle n'offre donc pas au milieu de nous les traits que nous avons indiqués comme caractéristiques de la décadence, elle n'est point, par conséquent, pour notre nation, que les bons esprits, que les honnêtes gens se rassurent, une époque de ruine et de dissolution sociale.

Une nation c'est à proprement parler un homme, et on peut comparer les différentes phases, les périodes bien caractérisées et bien tranchées qu'elle doit traverser pendant qu'elle accomplit sa destinée sur la terre aux différents âges entre lesquels on a coutume de partager toute la durée de l'existence humaine. De même que l'on distingue aisément, en effet, dans la vie de l'homme, une période bien définie que l'on appelle enfance, que l'on distingue une autre période bien caractérisée aussi, que l'on appelle jeunesse ; une troisième, que l'on désigne sous le nom d'âge mûr ou de maturité ; une quatrième, que l'on appelle vieillesse, et une cinquième, enfin, qui constitue le dernier terme de la vie et qui porte le nom de décrépitude ; de même aussi il est facile de reconnaître, dans la vie des peuples, cinq âges bien différents, bien caractérisés et bien tranchés, par où ils doivent passer successivement, cinq âges auxquels on peut appliquer aussi, à juste titre, les dénominations d'enfance, de jeunesse, de maturité, de vieillesse et de décrépitude.

Les siècles qui viennent de s'écouler jusqu'au seizième, inclusivement, constitueraient, selon nous, l'enfance de notre nation ; les deux suivants, le dix-septième et le dix-huitième constitueraient sa jeunesse ; le siècle actuel, c'est-à-dire le dix-neuvième et ceux qui lui succéderont immédiatement constitueraient son âge mûr ; la vieillesse et la décrépitude ou la décadence viendront ensuite, si elles doivent, toutefois, venir pour elle, comme elles sont venues pour les nations anciennes ; car je crois presque à l'éternité des sociétés humaines qui vivent sous l'action, sous l'influence et la sauve-garde du christianisme.

Quoique l'époque où nous vivons soit l'époque, selon nous, de la maturité pour notre nation, nous ne ferons point difficulté de reconnaître cependant qu'il existe quelques symptômes réels de dissolution sociale, en ce moment, parmi nous, mais ces symptômes attestent moins l'existence que la possibilité de la décadence, ils ne constituent point la décadence. Il ne leur faut pas attribuer plus d'importance qu'on n'en attribue à certains symptômes analogues qui se produisent dans la maturité de la vie humaine. L'homme n'a pas plutôt mis le pied dans l'âge mûr, en effet, que déjà il se manifeste dans sa constitution quelques signes fugitifs, quelques symptômes légers mais appréciables, néanmoins, pour un œil exercé, de caducité et de vieillesse ; ce qui n'empêche point l'âge mûr, cependant, d'être l'âge mûr, c'est-à-dire le plus précieux et le plus beau de la vie humaine, celui auquel il faudrait souhaiter que l'humanité s'arrêtât si elle devait cesser de se renouveler successivement, si les mêmes hommes, autrement dit, devaient vivre éternellement sur la terre.

Ce qui fait l'illusion de beaucoup de personnes parmi nous, ce qui leur est un sujet profond d'inquiétude et de tristesse, en leur donnant lieu de croire que l'époque actuelle est une époque de ruine et de dissolution sociale pour notre nation, c'est que ces personnes, apercevant du mal dans notre société, et il y en a beaucoup, en effet, on ne le peut point contester, s'imaginent en même temps qu'une société est perdue quand une fois le mal s'y est introduit et y soutient un assaut, un combat, une lutte contre le bien ; mais ce sentiment est une erreur profonde. La plus belle époque de la vie des peuples, en effet, et la plus triste, l'époque de leur maturité, autrement dit, et celle de leur vieillesse ou de leur décrépitude ont cela de caractéristique et de commun que le bien et le mal y sont également en présence et y soutiennent l'un contre l'autre une lutte vive et acharnée. Toute la différence est là, que dans le premier cas le bien est toujours plus profond, plus puissant et plus fort que le mal, tandis que dans le second, au contraire, c'est le mal qui est toujours plus profond, plus puissant et plus fort que le bien, situation qui doit mener irrésistiblement les sociétés à leur perte.

Ainsi donc, l'époque où nous vivons n'est pas une époque de ruine et de dissolution sociale, une époque de décadence pour notre nation; il suffit, pour s'en convaincre, d'examiner quelque peu les données que l'observation et le raisonnement fournissent.

Mais s'il en est de la sorte, s'il est vrai, d'une part, que le radicalisme ne gouvernera jamais les sociétés humaines d'une manière permanente et durable, à moins que ce ne soit dans une époque de décadence et de dissolution sociale; et s'il est vrai, d'une autre part, que l'époque actuelle n'est pas pour notre nation une époque de décadence et de dissolution sociale, il est donc prouvé que les révolutions politiques qui se sont succédées dans notre âge ne doivent pas avoir pour conséquence prochaine ou éloignée, pour résultat définitif, la propagation et l'établissement parmi nous, ne doivent pas amener l'exaltation, la glorification, l'intronisation dans notre société de l'idée radicale, ce que nous voulions démontrer.

TROISIÈME FRAGMENT

TROISIÈME FRAGMENT

Où l'on essaye de déterminer en quoi consiste, à proprement parler, ce qui constitue la nature, l'essence des deux choses que les deux mots : Aristocratie et Démocratie, représentent.

Pour bien expliquer ce que nous entendons par les deux mots : Aristocratie et Démocratie, nous sommes obligé de reproduire, ici, la plus grande partie de l'introduction qui se trouve en tête de notre grand ouvrage, reproduction qui aura, du reste, cet avantage de donner au lecteur une idée générale du plan que nous avons conçu et développé dans cet ouvrage.

A la vue de tant de découvertes qui ont été effectuées depuis un petit nombre d'années seulement dans le domaine des sciences physiques et naturelles, des sciences proprement dites, et qui ont permis ou permettront de porter à un degré de perfection bien supérieur, sans doute, à celui que les peuples anciens avaient pu atteindre, les productions de nos arts, de notre industrie et toute la civilisation, en un mot, de nos temps modernes ; à la pensée, en même temps, de tous les autres secrets dont la multitude et l'importance de ceux qui lui ont été arrachés déjà nous font pressentir encore que la nature se laissera dépouiller, dans un laps de temps qui ne sera pas considérable, et qui feront, du siècle où nous vivons, le plus merveilleux, sans contredit, et le plus grand de l'histoire, quel est l'homme, pour peu qu'il ait accoutumé de réfléchir et de penser, qui ne s'est démandé souvent pourquoi les mêmes progrès n'ont pas été faits dans l'autre moitié de la carrière qu'il a été donné à l'esprit humain de parcourir et d'explorer, c'est-à-dire dans le domaine des sciences philosophiques, des sciences qui ont pour objet, si l'on veut, l'étude et la connaissance de notre nature considérée sous le point de vue intellectuel et moral? Pourquoi, en d'autres termes, tandis que le monde physique a été, tous les jours, depuis plusieurs centaines d'années, mieux étudié, mieux observé dans chacun des divers éléments qui le composent, et par conséquent mieux connu, le monde moral est resté, pour ainsi parler, lettre close, et n'a livré aucun de ses mystères ou à peu près, quelles qu'aient été, d'ailleurs, la pénétration, l'ardeur et la persévérance de ceux qui ont cru devoir faire, dans tous les temps, de son étude, l'objet de leur principale et de leur plus sérieuse occupation? Pourquoi, enfin, tandis que l'âme humaine a su vaincre et surmonter tant d'obstacles, quand il s'est agi d'analyser les instruments dont elle se sert, d'étudier son enveloppe, de parcourir son séjour, sa demeure, de connaître, en un mot, tout ce qui est indifférent dans la nature, et étranger à sa substance, tandis même qu'elle a été capable de s'élever dans les régions célestes, d'y contempler dans leur ensemble et leur infinité les grandes merveilles de la création, et d'y surprendre sous l'œil de Dieu, pour ainsi dire, la loi qui préside à l'harmonie et au mouvement des sphères, pourquoi, dis-je, elle n'a encore pu rentrer en elle-même, se considérer à fond, et remontant à la source des propriétés dont elle jouit, découvrir la raison éternelle sous la loi, sous la nécessité de laquelle se développent et se produisent les phénomènes souvent si opposés et si contraires par où elle manifeste son existence, à tel point qu'il est vrai de dire que la fameuse inscription du temple de Delphes, qui résumait toute la lumière et toute la sagesse de la philosophie ancienne, et qui recommandait par-dessus tout l'étude et la connaissance de soi-même, aurait, de nos jours encore, la même valeur, absolument, si elle était proposée aux hommes, dans le même sens, pour leur instruction, et la même opportunité qu'autrefois.

Cette assertion à laquelle se réduit tout ce que je viens de dire : qu'il n'y a pas encore beaucoup de faits appartenant au monde moral (parmi ceux qui sont très-remarquables et extraordinaires, bien entendu) que l'intelligence humaine soit capable, avec la seule mesure de pénétration et de lumière, avec les seules ressources, les seules données, les seuls principes de solution qu'elle possède encore, d'interpréter et de comprendre; tandis que tous les jours, au contraire, tandis qu'à chaque instant elle remonte à la cause réelle, elle reconnaît, saisit, découvre la raison cachée et inaperçue de phénomènes puissants et considérables appartenant au monde physique, cette assertion, dis-je, ne sera combattue et contredite, ne sera contestée sérieusement par qui que ce soit, car elle est de celles qui sont suffisamment lumineuses et évidentes par elles-mêmes, et qui n'ont besoin que d'être énoncées purement et simplement pour être admises aussitôt et reconnues comme vraies par tout le monde sans exception. Il serait donc inutile absolument parlant, il serait superflu et sans objet de rechercher laborieusement, pour les apporter en témoignage à son appui, les exemples nombreux et remarquables qui s'offrent de tous côtés à l'esprit de faits particuliers dont la raison d'existence ne saurait être assignée et déterminée positivement dans l'état de faiblesse et d'imperfection extrême où sont encore aujourd'hui les sciences morales, aussi ne le ferons-nous pas ici ; nous nous contenterons de poser notre assertion comme une vérité claire qui n'a besoin d'aucun appui pour subsister, comme un principe certain et incontestable qui se soutient suffisamment lui-même par le seul fait de sa propre évidence, et duquel on peut partir sans crainte et sans appréhension aucune, en raisonnant, de se tromper.

. . . .
. . . .
. . . .
. . . .
. . . .

Cette conviction, que la lumière était encore à faire sur une infinité de points considérables, et essentiels, parmi ceux qui se présentent à examiner dans le domaine du monde moral, s'était établie, peu à peu, et depuis de longues années, déjà, dans l'esprit du solitaire; mais c'est dans ces derniers temps surtout, et à la vue de certains faits ou événements singuliers qui s'étaient inopinément produits, parmi nous, dans l'ordre politique, événements dont le caractère visible et la portée incontestable lui avaient permis de prédire, avec tant de précision et de justesse, tout ce que nous avons vu se manifester depuis qu'elle avait pris plus d'empire, et régnait plus particulièrement dans son âme. Aussi les conversations que nous eûmes avec lui, dans le courant du dernier hiver, se ressentirent-elles de cette disposition de son esprit. Il revenait toujours dans ces conversations, de quelque côté que se portât momentanément son attention, sur ce qui faisait le principal objet de ses méditations et de ses recherches; il allait chercher partout, pour les apporter en témoignage à l'appui de ses assertions, les exemples les plus concluants et les plus propres à nous persuader de leur exactitude et de leur vérité; il exprimait sans cesse, enfin, le vœu que quelque système nouveau d'idées apparut dans le monde et répandit assez de lumière pour dissiper tant de ténèbres dont l'esprit de l'homme est enveloppé, et permettre à la triste humanité de sortir de la voie obscure et douloureuse où elle chemine à travers les siècles.

Or, comme nous nous rendions chez lui, un jour, M. le marquis de... et moi, sur une invitation qu'il nous avait fait parvenir le matin même, de le venir trouver à certain moment déterminé, si rien ne nous en empêchait, ce qui lui arrivait de temps en temps, toutes les fois, par exemple, qu'il avait à nous communiquer quelque solution récemment trouvée à telle ou telle difficulté que nous n'avions pu lever encore, ou quelque nouvelle vue de l'esprit sur le mérite et la valeur de laquelle il avait hâte de nous consulter; nous le vîmes venir au devant de nous, contre son habitude, avec une sorte d'empressement et de vivacité heureuse qui contrastait singulièrement avec le caractère tranquille et les dispositions d'esprit que nous lui connaissions.

« — Réjouissez-vous, nous dit-il en nous abordant, je vous apporte la bonne nouvelle, la nouvelle qu'il vous sera le plus agréable d'apprendre; et afin que vous en ayez plutôt connaissance, je suis venu moi-même à votre rencontre : c'est que, désormais, nous aurons raison des difficultés nombreuses à travers lesquelles nous avons marché si péniblement, jusqu'ici, dans nos recherches, car la lumière a lui dans nos ténèbres; il m'a été possible enfin de démêler le vrai, j'ai vu. » C'était là le mot dont il se servait toujours quand il avait découvert, à propos de quelque question difficile, une solution qui le satisfaisait pleinement; et je ne connais pas d'exemple qu'il y ait eu à revenir sur un jugement porté par lui après avoir prononcé cette grande parole :

« Vous savez, continua-t-il, que nous sommes depuis assez longtemps déjà en travail de rechercher quelque principe nouveau et supérieur de raisonnement, quelque voie inconnue et inexplorée de l'esprit, qui nous conduise à expliquer pourquoi il existe un si petit nombre de faits pour peu importants et considérables qu'on les suppose, appartenant au monde moral, dont il soit possible encore d'assigner, de déterminer positivement la raison d'existence. Eh bien! dans un plus puissant, dans un suprême et dernier effort de réflexion et de calcul, je crois avoir, j'ai même la conviction la plus constante et la plus inébranlable d'avoir touché, d'avoir atteint complétement le but.

« Le point de départ, l'origine, la source des difficultés que l'on éprouve encore à expliquer un grand nombre de faits appartenant au monde moral, se trouve, si je ne me trompe, si je ne suis pas ici le jouet d'une incomparable illusion, dans une grande et suprême confusion qui règne universellement dans les esprits sur un point considérable et essentiel; se trouve, si l'on veut, dans l'ignorance profonde où les hommes ont vécu jusqu'à ce jour de la différence qui existe entre deux choses qu'ils ont été nourris dans l'idée de regarder comme absolument semblables et identiques au fond, et qui sont néanmoins essentiellement séparées et distinctes en réalité, aussi essentiellement séparées et distinctes que le peuvent être, dans la nature, deux choses, deux objets quelconques, l'un de l'autre. Je veux dire, en d'autres termes et pour parler plus explicitement, qu'il y a deux catégories, deux espèces, deux sortes d'hommes bien caractérisées et bien tranchées, deux sortes de nations de peuples, par conséquent, sur la terre, deux constitutions morales, par conséquent encore, pour nous, deux capacités, deux activités, deux natures, deux politiques, deux vérités, deux morales; et que c'est parce que la connaissance de cette grande vérité ne fait point partie encore du domaine intellectuel de l'homme qu'il y a tant de faits qui nous paraissent étonnants, incompréhensibles, obscurs, et dont nous sommes obligés, de quelque pénétration et ouverture intellectuelle que nous soyons d'ailleurs doués, de nous reconnaître impuissants à déterminer la raison d'existence. D'où il suit que toute personne à laquelle il sera donné d'atteindre à la hauteur de cette connaissance, qui sera capable, en d'autres termes, de saisir par elle-même, de distinguer en quoi consiste précisément le point de différence essentiel que la nature a mis entre les deux sortes d'hommes dont nous venons de reconnaître l'existence, sera, par cela seul, en mesure de donner la raison de tout, de débrouiller le chaos inextricable des opinions humaines, de concilier ce qui avait paru jusqu'alors inconciliable, et de résoudre, touchant la nature de l'homme, la plupart et même toutes ces questions morales restées jusqu'ici pleines de difficultés et de mystères, qui ont fait dans tous les temps le désespoir et le tourment des philosophes et qui les ont partagés.

« Voilà de quelle manière il me paraît possible maintenant de résoudre la grande question qui nous occupe depuis si longtemps ; cette question a donc fait un grand pas, un pas immense depuis que nous nous sommes quittés. Elle aurait même franchi, si je ne me fais pas, comme je viens de dire, illusion, tout l'espace qui la séparait de sa solution ; et c'est pour vous donner connaissance de cette situation nouvelle et si intéressante pour nous que je vous ai fait prier de me venir voir en ce moment même, ne me sentant pas le courage, il faut l'avouer, d'attendre que le temps que nous avons accoutumé de mettre entre nos réunions fût entièrement écoulé. Ainsi, pour résumer en quelques mots seulement tout ce que je viens de dire, le principe de la difficulté, de l'embarras, de la peine que l'on éprouve encore à expliquer un grand nombre de faits appartenant au monde moral, a sa source dans l'ignorance profonde où les hommes ont vécu jusqu'à ce jour de la vérité suivante : qu'il y a deux catégories, deux espèces, deux sortes d'hommes bien caractérisées et bien tranchées sur la terre, a sa source, par conséquent, dans une grande et suprême confusion qui règne universellement dans les esprits ; et la lumière ne se fera aussi que par l'établissement d'une grande et mémorable distinction.

« — Qu'il y ait des différences considérables entre les hommes, lui répondîmes-nous aussi promptement l'un que l'autre, qu'il y ait différentes catégories, différentes sortes de sujets, d'individus, de personnes, différentes variétés, en un mot, dans l'espèce humaine, et différentes catégories aussi de nations, de peuples, sur la terre, puisqu'à vrai dire un peuple c'est à proprement parler un homme, c'est là une vérité que nul ne sera tenté de contester, car elle est suffisamment lumineuse et évidente par elle-même ; mais aussi c'est là une vérité qui n'est pas nouvelle, et bien loin de les étonner, comme vous vous y attendez peut-être, vous n'apprendrez rien, en la leur annonçant, aux personnes de la capacité même la plus ordinaire. Il vous sera facile, en effet, d'acquérir la preuve de ce que je dis pour peu que vous preniez la peine de considérer ce qui se passe tous les jours au milieu des parlements, des assemblées législatives, chez les peuples où le régime de discussion, en ce qui regarde les choses de la politique, est en vigueur ; car il vous arrivera souvent d'entendre à la tribune de ces parlements des orateurs de toutes les nuances d'opinion, aussi bien que de tous les degrés de force, représenter aux membres de ces assemblées, à propos de telle ou telle institution nouvelle que l'on propose d'établir chez ces peuples, et sur le mérite et la valeur de laquelle on cherche à s'édifier, représenter, dis-je, que cette institution, bien qu'elle ait été réalisée déjà en tel ou tel pays, bien qu'elle y ait même porté d'heureux fruits, ne saurait être établie néanmoins sans de graves inconvénients dans leur patrie, pour la raison qu'il y a des différences considérables de tempérament, de génie, de caractère, entre les peuples, qu'il y en a même, ce qui est encore plus digne de remarque, entre un peuple et ce même peuple, selon qu'il se trouve avoir ou n'avoir pas encore atteint tel ou tel degré de développement intellectuel et moral, et que les mêmes institutions, par conséquent, ne peuvent être appliquées au hasard et indistinctement partout ; ce qui prouve évidemment que ces orateurs connaissent la vérité que vous nous annoncez, et qu'il n'y a rien de nouveau, comme nous avons dit, s'il n'y a rien non plus d'erroné dans l'assertion que vous avez émise.

« — Sans doute, reprit-il, c'est une chose, ou si vous voulez une vérité admise et reconnue de tout le monde, sans exception, qu'il existe entre les hommes, sous le point de vue intellectuel et moral, des différences, et des différences assez bien caractérisées et tranchées, pour constituer différentes catégories, différentes sortes d'individus, de personnes, différentes catégories aussi, par conséquent, de nations, de peuples, pour constituer, en un mot, différentes variétés, comme vous avez dit, dans l'espèce humaine, et ce serait une grande simplicité de ma part si je m'imaginais vous avoir appris quelque chose en vous annonçant cette vérité que personne n'ignore. Mais je vous prierai de remarquer qu'il y a ici erreur et confusion entre nous, soit que je me sois mal expliqué, soit que vous n'ayez pas bien compris le fond de ma pensée, et qu'il n'y a rien de commun entre la vérité dont vous voulez parler en ce moment et celle que j'ai eu l'intention de vous exprimer. Je n'ai pas voulu dire seulement, en effet, qu'il y a différentes catégories, différentes sortes d'individus, de personnes, différentes catégories aussi, par conséquent, de nations, de peuples, différentes variétés, en un mot, dans l'espèce humaine, ce qui eût été dire ce que tout le monde savait fort bien, mais qu'il y a deux espèces humaines, si on peut parler ainsi, bien séparées et bien distinctes, ce qui est toute autre chose, ce qui est bien plus hardi et tout nouveau, deux espèces humaines admettant leurs variétés chacune, leurs catégories particulières, leurs différentes sortes d'individus, de personnes, leur catégorie particulière, aussi, leurs différentes sortes de nations, de peuples; deux espèces humaines, en un mot, remplissant le même rôle, absolument, chacune de son côté, et offrant les mêmes particularités à observer que la seule et unique dont on a généralement reconnu jusqu'ici l'existence. Voilà quelle est la vraie signification, la valeur, la portée que je ne veux pas diminuer de l'assertion que je viens d'émettre ; et si vous n'avez pas bien saisi, tout d'abord, le fond de ma pensée, si vous avez cru devoir me présenter une objection, c'est que je ne me suis pas servi, sans doute, pour m'exprimer, des termes les plus clairs et les plus intelligibles.

« Mais, s'il en est ainsi, s'il est vrai que les deux sortes de personnes dont je viens de reconnaître l'existence constituent, dans la nature humaine, deux espèces, deux genres tout à fait séparés et distincts, et non pas seulement deux variétés d'une même espèce, d'un même genre, vous concevez que les différences qui existent entre elles doivent être considérables et essentielles, doivent être bien plus considérables et essentielles que ne le sont celles que les hommes, dans tous les temps, ont reconnues comme séparant les diverses catégories de personnes dont il a été admis, jusqu'à ce jour, que la société se compose ; puisque, d'une part, ils n'ont point pensé que ces diverses catégories, malgré ces différences bien réelles, constituassent autre chose que des variétés d'une même espèce, d'un même genre de personnes, et que, d'une autre part, les variétés d'une même espèce, d'un même genre, dans la nature morale aussi bien que dans la physique, ne sont jamais séparées que par des différences peu tranchées, des différences de proportion, de degré, de mesure, tandis que les espèces et les genres, au contraire, doivent l'être par des différences de nature, des différences, par conséquent, fondamentales et essentielles. Aussi est-ce là ce que l'observation et l'expérience m'ont permis de reconnaître positivement. J'ai constaté et reconnu, et vous le reconnaîtrez plus tard, sans peine, avec moi, que les diverses qualités intellectuelles et morales qui constituent le domaine particulier, le lot, l'apanage de ces deux sortes de personnes, ont si peu de rapport et d'analogie entre elles, que les différences qu'elles vont à établir entre ces personnes sont des différences profondément caractéristiques et essentielles, des différences non plus seulement de proportion, de degré, de mesure, comme nous venons de le dire, mais bien de nature intime et d'essence, des différences, en un mot, qui se portent jusqu'à ce degré : qu'il n'y a, pour ainsi parler, plus rien de commun entre elles; que les désirs, les inclinations, les goûts, le caractère, les aptitudes, le génie, les sentiments, les croyances, qui leur sont propres, et qui, naturellement, découlent de ces mêmes qualités, non-seulement varient singulièrement, mais sont radicalement contraires même et opposés; qu'il existe enfin, dans les dispositions morales de ces deux sortes de personnes, un état de contradiction, en toute chose, et de divergence profonde, un antagonisme, un combat, une lutte, une opposition, en un mot, de nature éternels; jusqu'à ce degré, encore, que ce ne sont plus seulement de simples changements, des modifications plus ou moins considérables qu'il faut faire subir aux institutions politiques, puisque vous avez prononcé vous-mêmes ce mot, pour les rendre également salutaires et avantageuses, également propres aux deux sortes de nations, de peuples, que ces deux sortes de personnes représentent, mais qu'il faut aller jusqu'au fond même de leur essence, en bouleverser toute l'économie, les altérer, les dénaturer complétement; les plus salutaires, en effet, les plus excellentes et les plus saines, parmi ces institutions, pour les uns d'entre ces peuples, celles qui sont les plus capables de procurer leur grandeur, leur prospérité, leur force, et aussi leur moralité, étant précisément les pires, les plus désastreuses et les plus funestes, étant celles qui peuvent le plus contribuer à leur démoralisation, à leur abaissement et à leur ruine; jusqu'à ce degré, enfin, que j'ai pu avancer tout à l'heure, en toute vérité, sans crainte et sans appréhension aucune de me tromper, que j'ai pu avancer ce qui renferme, en le surpassant, tout ce que je viens de dire : qu'il y a deux espèces, deux sortes d'hommes bien caractérisées et bien tranchées, deux sortes de nations, de peuples, par conséquent, sur la terre, deux constitutions morales, par conséquent encore, pour nous, deux capacités, deux activités, deux natures, deux politiques, deux vérités, deux morales.

« Voilà ce que l'observation, je le répète, et l'expérience m'ont permis de reconnaître positivement, et ce que vous reconnaîtrez sans peine avec moi pour peu que vous y veuilliez donner plus tard de soin et d'attention.

« Ainsi, pour résumer encore une fois, mais d'une autre manière, en quelques mots seulement, ce que nous avons dit jusqu'à ce moment, la source de la difficulté, de l'embarras, de la peine que l'on éprouve encore à expliquer un grand nombre de faits appartenant au monde moral, provient de ce que les différences profondément caractéristiques et essentielles qui existent entre les hommes et qui permettent de les diviser en deux espèces, en deux genres tout à fait séparés et distincts, n'ont pas encore été bien saisies et reconnues des observateurs, les seules différences que l'on ait généralement admises entre eux jusqu'à ce jour étant des différences peu tranchées et superficielles, des différences de proportions seulement, de degré, de mesure, qui ne touchent pas à la nature intime et au fond des choses, des différences, enfin, qui vont tout au plus à permettre de considérer les personnes qui les représentent comme formant autant de variétés dans une seule et même espèce d'hommes.

« Pour prouver que le monde n'ignore pas qu'il existe entre les hommes, sous le point de vue intellectuel et moral, des différences et des différences assez bien caractérisées et tranchées, et que j'aurais tort, par conséquent, de croire que je vous ai appris quelque chose, vous avez apporté l'exemple de ce qui se passe fréquemment, au milieu des parlements des assemblées législatives, chez les peuples où le régime de discussion, en ce qui regarde les choses de la politique, est en vigueur. Vous avez dit que tous les jours on voit des orateurs de toutes les nuances d'opinion, aussi bien que de tous les degrés de force, venir à la tribune de ces parlements faire observer aux membres de ces assemblées, à propos de telle ou telle institution nouvelle que l'on propose d'établir chez ces peuples, que cette institution, bien qu'elle ait été réalisée déjà chez telle ou telle nation, bien qu'elle y ait même porté d'heureux fruits, ne saurait être appliquée, néanmoins, sans inconvénients et sans dangers, si elle n'est modifiée profondément dans leur patrie. Hé bien ! je m'empare de cet exemple que je trouve admirablement choisi et le veux faire servir à la défense de l'opinion que je soutiens ici : à savoir que la vérité contenue dans l'assertion que je viens d'émettre, à supposer pour le moment que cette assertion soit vraie, est une vérité tout à fait nouvelle. Ce qui prouve incontestablement, vous dirai-je, que les différences profondément caractéristiques et tranchées qui existent entre les hommes n'ont pas encore été reconnues des observateurs, et que l'on n'a bien saisi jusqu'à ce jour que celles qui sont peu considérables et essentielles; que l'on ne sait pas encore, en d'autres termes, qu'il existe plusieurs espèces, plusieurs genres d'hommes bien séparés et bien distincts, et non pas seulement plusieurs variétés dans une seule et même espèce, dans un seul et même genre; c'est qu'il est inouï et sans exemple qu'un orateur soit venu à la tribune de ces mêmes parlements, à propos de telle ou telle institution nouvelle, aussi, que l'on fait la proposition d'établir, adresser aux auteurs de cette proposition à peu près ce langage : Hé quoi! est-ce bien sérieusement que vous venez nous proposer d'établir une telle institution parmi nous? Vous ne prenez donc pas garde que cette institution est réalisée déjà, qu'elle existe chez telle ou telle nation dont les qualités intellectuelles et morales n'ont aucun rapport, aucune analogie avec les nôtres, qu'elle y a parfaitement réussi, qu'elle y produit des résultats merveilleux et incomparables, et qu'elle nous serait, par conséquent, funeste et désastreuse, puisque le mal qu'elle nous ferait serait dans la même proportion, absolument, que le bien dont elle a été jusqu'ici et sera probablement encore la source pour cette nation ; vous ne prenez pas garde qu'elle a sauvé même cette nation (en supposant que la chose ait eu lieu réellement, et la supposition, cela se conçoit, n'a rien d'inadmissible, puisqu'il y a telles institutions politiques dont on peut dire en toute vérité qu'elles sont nécessaires et indispensables à la conservation et au salut de tels et tels peuples) et que nous sommes, par conséquent, perdus si nous l'adoptons. Il serait impossible, en effet, que ce discours ne se reproduisît souvent au milieu des assemblées législatives et que les membres de ces assemblées n'y fussent rompus et familiarisés si le monde était réellement en possession de la connaissance de ce grand fait : qu'il existe deux espèces, deux sortes d'hommes sur la terre, deux sortes de nations, de peuples, par conséquent, aussi essentiellement séparés et distincts que nous le prétendons ici ; or, je le répète, ce langage n'a jamais été tenu que je sache par aucun orateur dans aucune assemblée politique ou autre, et ce serait sans succès, je m'assure, que vous vous livreriez dans les livres ou ailleurs, sur ce point, aux recherches les plus minutieuses pour acquérir la preuve du contraire ; nous avons donc eu raison de prétendre de mettre en avant que la grande vérité dont il est ici question ne fait point partie encore du domaine intellectuel de l'homme. Aussi je vous laisse à imaginer de quel vif, de quel impétueux et soudain mouvement d'opposition aurait soulevé de toutes parts contre lui la tempête l'orateur qui se fût hasardé de s'exprimer de la sorte dans le cas que je viens de supposer. Est-ce bien sérieusement aussi, lui auraient dit à leur tour les auteurs de la proposition dont il s'agit, est-ce bien sérieusement et tout de bon que vous venez nous tenir un pareil langage? Qui a jamais parlé de la sorte et qui prétendez-vous persuader ici? Quoi! c'est précisément par l'énumération, par le récit, le tableau des résultats favorables et avantageux que cette institution a produits en tel ou tel lieu, que vous voulez nous effrayer sur les conséquences funestes et désastreuses qu'elle aurait inévitablement parmi nous! Quelle singularité et quelle rêverie! Ne faut-il pas avoir perdu le sens pour imaginer une doctrine si visiblement déraisonnable et absurde? Vous ne prenez donc pas garde vous-même que raisonner de la sorte c'est prendre le contre-pied, absolument, de ce qui est universellement reconnu et admis; que c'est aller contre la pente irrésistible, contre le sentiment profond et les convictions indestructibles du genre humain, qui a toujours tenu pour assuré que les institutions que l'on peut essayer avec le plus de confiance au milieu d'un peuple sont celles que l'observation et l'expérience des autres peuples, bien plus que les vues les plus pénétrantes et les plus sûres de l'entendement, désignent comme les plus salutaires et les plus fécondes. Telle eût été, sans doute, à peu de choses près, en substance, la réponse que l'on eût faite à la première personne qui se serait avisée de tenir le discours que nous venons de supposer dans la circonstance dont il s'agit, avant d'avoir préparé et travaillé convenablement, avant d'avoir amené comme par la main les esprits par une longue suite de raisonnements préalablement et solidement établis, à le goûter.

« —Je ne fais pas difficulté, lui répondis-je, pour ma part, en l'interrompant en cet endroit, de reconnaître si l'assertion que vous avez émise est vraie, c'est-à-dire s'il est certain qu'il existe deux catégories, deux espèces, deux sortes d'hommes ainsi que de nations, sur la terre, aussi essentiellement séparées et distinctes que vous le prétendez; je ne fais pas difficulté, dis-je, de reconnaître que c'est là une vérité nouvelle, une vérité inconnue, ignorée encore des meilleurs esprits; et la preuve que vous avez tirée de l'exemple que nous avions commencé nous-même par citer me paraît tout à fait concluante, mais cette assertion est-elle vraie, est-elle incontestable et certaine? Au moins n'en apportez-vous aucune preuve, ce que vous avez dit se réduisant à une pure et simple affirmation, ou bien prétendez-vous que nous devons être persuadé ici, rien que sur le seul énoncé de votre opinion, et nous contenter pour toute raison de voir combien la conviction qui remplit votre âme, sur ce point, est inébranlable et ferme.

« — Je sais bien, reprit-il, que je n'ai encore appuyé et soutenu d'aucune preuve la vérité contenue dans l'assertion que je viens d'émettre, que je n'ai fait que proposer cette vérité, que la mettre en avant, que l'affirmer comme vous avez dit purement et simplement; aussi, bien loin de souhaiter ou de prétendre que vous la receviez sur l'heure comme incontestable et certaine, je louerai plutôt votre réserve et vous confirmerai dans la disposition où vous paraissez être de n'accorder à ce que je dis ici le concours de votre assentiment que si les raisons que je ferai valoir vous semblent tout à fait concluantes et vous satisfont pleinement, ne vous demandant pour ma part, ne souhaitant de vous qu'une chose, qui est, d'un côté, que vous apportiez à l'examen de ces raisons un esprit dégagé de toute idée ou opinion, préconçue de toute prévention, de tout préjugé favorable ou défavorable, et que vous ne me jugiez, d'un autre côté, qu'après m'avoir laissé le temps d'établir toutes mes preuves, qu'après m'avoir entendu complétement.

« Comme je prévois bien que l'établissement de ces preuves sera une œuvre difficile et laborieuse, je ne le veux pas aborder en ce moment où je ne vous ai fait venir que pour vous donner connaissance de la nouvelle vue qui vient de se déclarer à mon esprit. D'ailleurs, j'éprouve le besoin de me recueillir encore afin de disposer les choses que je dois vous présenter dans le jour le plus favorable. Mais si je ne le veux pas faire en ce moment, je ne tarderai pas néanmoins à l'entreprendre. J'ai déjà même pensé, si rien n'y met obstacle de votre part, à vous proposer de nous réunir tous les trois une fois la semaine, le même jour, pendant la soirée, et de consacrer spécialement cette soirée à examiner avec tout le soin et toute l'attention dont vous êtes capables, et dont la chose aussi, vous le reconnaîtrez, est digne, toutes les raisons que je crois pouvoir invoquer pour établir la démonstration de la vérité contenue dans l'assertion que je viens d'émettre.

« — La proposition que vous voulez bien nous faire, lui répondimes-nous, ne peut que nous être agréable, et c'est avec reconnaissance et empressement que nous y acquiesçons, persuadés que nous sommes de retirer toujours, quoi qu'il arrive, un grand profit de ces entretiens ; car nous savons par expérience que toutes les fois que vous avez entrepris de nous exposer quelque idée nouvelle alors même que nous la repoussions quant au fond général de la pensée, nous n'avons pas laissé de profiter beaucoup à la discussion, parce qu'il vous arrive souvent, dans ces sortes de rencontres, de laisser tomber, chemin faisant, quelques-unes de ces vérités si originales, si hardies et si neuves, qu'on ne regretterait pas de les aller ramasser au bout du monde. Le plus tôt que vous serez libre sera donc le meilleur pour nous, et le jour que vous nous fixerez pour le commencement de nos réunions ne viendra jamais assez tôt au gré de notre impatience ; mais avant de nous séparer, puisque rien ne nous oblige de vous quitter en ce moment, ne pourriez-vous nous donner quelque aperçu, quelque idée générale et sommaire du plan que vous vous proposez de suivre dans l'établissement de vos preuves ?

« — Il est facile en effet, nous dit-il, de vous satisfaire sur ce point, puisque vous ne paraissez pas pressés de me quitter. D'ailleurs ces communications préalables auront pour avantage de détourner déjà le cours de vos pensées sur le fond des idées qui nous occuperont bientôt, et de faire que vous y entriez plus facilement quand je m'efforcerai de vous y introduire. Voici donc un abrégé, un exposé court et rapide, aussi rapide et court que possible, du plan que je me suis tracé dans l'esprit pour arriver à la démonstration de la vérité ou plutôt de toutes les vérités contenues dans l'assertion que je viens d'émettre et que je me propose de développer dans ces entretiens.

« Parmi les plus remarquables facultés de l'entendement humain que le goût de l'observation, qui a toujours prévalu, qui a dominé en moi dans tous les temps, comme vous le savez, tous les autres, m'a porté à examiner avec le plus de soin et d'attention, il en est deux surtout dont la considération, dont l'étude a été depuis longtemps, de ma part, l'objet d'une prédilection et d'un attrait tout particuliers, ayant toujours senti et deviné instinctivement et ayant reconnu aussi, dès les premiers pas que je fis dans cette étude, l'importance, la valeur considérable de ces deux facultés, le grand rôle qu'elles remplissent dans la manifestation, le jeu, l'exercice de toutes les autres et surtout la facilité admirable que leur connaissance approfondie devait, selon moi, communiquer à toute personne qui la posséderait tout entière, d'éclaircir, touchant la nature de l'homme, un grand nombre de points difficiles et obscurs que l'on n'a encore pu expliquer jusqu'ici ni entendre. Ces deux facultés dont je veux parler, qui n'ont rien de commun, rien à démêler quant à la nature entre elles, qui sont absolument indépendantes l'une de l'autre, en ce sens qu'elles peuvent se trouver isolées aussi bien que réunies dans une seule et même personne, qui ne se supposent point, par conséquent, mais qui ne s'excluent pas non plus, quoique leur alliance soit ce qu'il y a de plus rare et de plus difficile au monde à rencontrer; ces deux facultés, dis-je, sont celles que l'on a coutume de désigner, dans le langage ordinaire, sous les deux grands noms d'esprit et de jugement.

« Les considérations et les recherches auxquelles me

conduisait naturellement l'étude des deux grandes facultés dont il est ici question ne devaient avoir trait, selon le dessein que je me proposais, qu'à la nature en elle-même, qu'à l'essence de ces deux qualités, abstraction faite de tout point de contact et de ressemblance, de tout lien d'origine, de tout rapport que l'on pouvait établir entre elles et toutes les autres dont l'entendement humain est susceptible ; mais tout en me livrant à ces considérations et à ces recherches, je remarquai bientôt une chose qui me parut d'abord singulière et inexplicable, et qui contribua pour beaucoup à augmenter l'intérêt que cette étude avait pour moi : c'est que toutes les personnes chez lesquelles je reconnaissais la présence de l'esprit ou du jugement étaient toujours douées, en même temps, sans que jamais un seul exemple du contraire ne me parût faire fléchir cette règle, étaient toujours douées, dis-je, de telles et telles qualités intellectuelles et morales, ou de telles ou telles autres, selon que c'était l'une ou l'autre de ces deux grandes facultés qu'elles avaient reçues de la nature en partage, comme aussi que ces deux sortes de qualités se retrouvaient toujours, sans exception, également chez les personnes qui présentaient le phénomène considérable de la réunion de l'esprit et du jugement ; car nous avons dit que l'alliance de ces deux facultés remarquables dans une seule et même personne n'était pas chose impossible, encore qu'elle fût extrêmement rare et difficile à rencontrer.

« Cette observation, dont je fus frappé, comme je viens de le dire, dès les premiers pas que je fis dans l'étude des deux grandes facultés de notre entendement, fut bientôt suivie d'une seconde et un peu après d'une troisième qui ne me parurent pas moins dignes de considération que la première. Je remarquai encore, en effet, que les qualités intellectuelles et morales, dont j'avais observé que l'existence coïncidait toujours chez l'homme avec la présence de l'esprit et du jugement, étaient toutes des qualités remarquables, c'est-à-dire des qualités qui n'appartiennent pas à la grande généralité des hommes, qui ne sont point de la portée et du domaine universels. Je remarquai enfin que non-seulement les qualités intellectuelles et morales qui accompagnent partout les deux grandes facultés dont il s'agit étaient toutes des qualités remarquables, au sens que nous donnons ici à ce mot, mais étaient les seules qualités remarquables dont la nature humaine soit susceptible, je veux dire qu'il n'y a pas une seule grande qualité intellectuelle et morale dont on ne puisse reconnaître et constater la présence chez une personne douée de jugement ou d'esprit selon son espèce; je veux dire encore, et pour présenter ma pensée d'une autre manière, que l'on peut diviser absolument toutes les qualités intellectuelles et morales qui n'appartiennent pas à la grande généralité des hommes, à la hauteur desquelles, par conséquent, il n'est donné d'atteindre qu'à un certain nombre plus ou moins considérable de personnes, en deux espèces, deux catégories, deux groupes, dont l'un se retrouve chez toutes les personnes ayant reçu le don de l'esprit, et l'autre chez toutes celles ayant reçu celui du jugement de la nature en partage.

« Voilà quels sont les premiers faits d'observation que je ne tardai pas à constater et que je reconnus avec étonnement aussitôt que j'eus commencé de me livrer à l'étude des deux principales facultés de notre entendement, lesquels faits durent éveiller au plus haut point, vous le concevez, mon attention, et augmenter singulièrement, comme je le disais tout à l'heure, l'intérêt que cette étude avait pour moi.

« Mais ce qui mit le comble à mon étonnement et à ma surprise, c'est que je découvris un jour tout à coup, par un trait de lumière qui pénétra jusqu'au plus profond de mon intelligence, ce qu'il ne m'était pas venu encore à la pensée jusque-là de soupçonner, c'est-à-dire que toutes ces grandes qualités intellectuelles et morales dont j'avais observé depuis longtemps que l'existence coïncidait toujours avec la présence ou de l'esprit ou du jugement, chez les personnes qui avaient reçu de la nature en partage l'une ou l'autre de ces deux facultés, dépendaient réellement de cette présence, et qu'il y avait, par conséquent, entre ces deux choses, une communication secrète et intime, un lien étroit d'origine, un rapport nécessaire et obligé de cause à effet ; c'est que je découvris, pour parler avec plus de précision et de netteté, que toutes les qualités intellectuelles et morales remarquables que l'on peut reconnaître et observer chez les hommes découlaient nécessairement de l'esprit ou du jugement, selon leur espèce, comme des conséquences découlent nécessairement de leur principe, et qu'on les pouvait toutes rattacher rigoureusement à ces deux sources par une succession, une suite plus ou moins étendue de raisonnements. Ce nouveau fait, qu'il ne me fut donné de constater que fort longtemps après avoir fait les trois observations précédentes, me parut un fait puissant, considérable et plein de conséquences fécondes ; aussi ne serez-vous pas étonnés si plus rien, dès lors, ne fut capable de me captiver, de me plaire et de m'intéresser vivement dans la nature et dans la vie intellectuelles, si tout m'y parut insignifiant, décoloré et vide, excepté de m'appliquer à tout ce qui avait quelque rapport à la découverte que je venais de faire, et de le suivre ; et si je ne trouvai plus de repos que je n'eusse poussé aussi avant que possible dans les considérations et les recherches auxquelles devait me porter naturellement cette découverte, et retiré toutes les conséquences que l'on en pouvait légitimement déduire.

« Une des premières choses que je reconnus en poursuivant le cours de ces considérations, c'est que ces deux grands phénomènes intellectuels de l'esprit et du jugement, dont je vous entretiens en ce moment, non-seulement sont des phénomènes peu fréquents, exceptionnels, singuliers en ce sens qu'il n'y a jamais qu'un certain nombre assez limité de personnes dans la société chez lesquelles il y ait lieu de les observer, mais encore sont des phénomènes qui ne se rencontrent point dans tous les temps, ni chez tous les peuples, ni dans un même peuple, à tous les moments donnés de son existence, de son développement politique et social ; et ici permettez-moi de vous donner connaissance des résultats positifs que mes réflexions et en même temps la recherche et l'appréciation des événements ou faits historiques, dont je menai toujours de front l'étude avec celle de la philosophie morale, m'ont permis de constater à cette occasion.

« De même qu'il y a, dans la vie de l'homme, différentes phases, différentes périodes bien caractérisées et bien tranchées que l'on désigne sous les noms particuliers d'enfance, de jeunesse, de maturité, de vieillesse et de décrépitude, de même on peut considérer dans le cours de l'existence d'un peuple différents temps bien séparés et bien distincts qui ont le plus parfait rapport, l'analogie la plus remarquable avec les différents âges que nous venons de rappeler, et auxquels on peut appliquer aussi les dénominations d'enfance, de jeunesse, de maturité, de vieillesse et de décrépitude.

« La grande époque de la maturité pour une société, un peuple, n'est autre chose que ce moment donné, que cette phase de l'existence de ce peuple que l'on désigne sous le nom de civilisation; les deux époques de l'enfance et de la jeunesse ne sont autre chose, à leur tour, que ce moment donné, que cette phase de son existence que l'on appelle barbarie; les deux époques de la vieillesse et de la décrépitude, enfin, ne sont autre chose que ce moment donné, que cette phase qui est connue sous le nom de décadence. D'où il suit qu'il y a deux degrés de barbarie : l'un plus absolu, plus universel, plus complet, qui constitue l'enfance des sociétés humaines; l'autre moins prononcé, moins universel et plus rapproché déjà de la civilisation, qui constitue leur jeunesse; et deux degrés aussi de décadence : l'un moins avancé, moins absolu et plus voisin encore de la civilisation, qui représente la vieillesse des sociétés; et l'autre plus universel, plus absolu, plus complet, qui représente leur décrépitude.

« Cela posé, si l'on se demande en quoi consiste, ce qui constitue le caractère propre et intime, le génie particulier, la nature de la grande époque de la maturité ou de la civilisation, dans la vie d'un peuple, ce qui la distingue des deux, ou, si l'on veut, des quatre autres dont nous venons de parler, on reconnaît bientôt que c'est la possession, pour ce peuple, de toutes les grandes qualités intellectuelles et morales dont il est susceptible, lesquelles, délivrées sans retour des obstacles qui, jusque-là, s'opposaient à leur développement régulier et normal, prennent désormais leur essor et s'élèvent par degrés au plus haut point qu'il lui soit donné d'atteindre en ce monde.

« La civilisation, en effet, de l'aveu de tout le monde, sans doute, n'est autre chose que la barbarie plus les découvertes du génie, les calculs certains et approfondis de la science, les productions de l'esprit, les merveilles de l'imagination, de la littérature, de l'industrie et des beaux-arts. Or, toutes ces découvertes, ces calculs, ces productions, ces merveilles, sont l'œuvre, évidemment, sont le résultat, le produit des principales facultés de l'entendement humain en travail ; donc on ne peut point contester que ce qui distingue l'époque de la maturité ou de la civilisation dans la vie d'un peuple ne soit la possession pour ce peuple de toutes les grandes facultés intellectuelles et morales dont il est susceptible.

« Ainsi, pour me résumer en quelques mots, dans la civilisation toutes les grandes facultés qui peuvent se développer chez un peuple prennent leur essor, se déploient et engendrent tous les résultats, tous les fruits qu'il est de leur nature et de leur essence de produire ; dans la barbarie, où il n'y a point trace de ces facultés, où elles commencent à percer seulement, à manifester leur présence, selon que c'est le degré de cet état social qui correspond à son enfance ou celui qui correspond à sa jeunesse, que ce peuple traverse; dans la décadence, enfin, où ces mêmes facultés sont affaiblies et diminuées considérablement, où elles sont complétement disparues et éteintes selon, aussi, que c'est au degré de cet état social qui correspond à sa vieillesse ou à celui qui correspond à sa décrépitude que ce peuple est descendu.

« Or, maintenant, toutes les grandes facultés intellectuelles et morales que l'on observe chez l'homme découlent, sans exception, comme nous l'avons avancé plus haut et comme nous le démontrerons plus tard sans difficulté, car c'est là un des principaux points que nous nous proposons d'établir dans nos entretiens, découlent, sans exception, dis-je, des deux grandes facultés de l'esprit et du jugement, comme des conséquences découlent de leur principe ; donc le jugement et l'esprit sont des phénomènes intellectuels qui appartiennent à la grande époque de la maturité dans la vie des peuples, sont des phénomènes particuliers à la civilisation.

« Je ne prétends pas soutenir, vous le pensez bien, qu'on ne puisse trouver au milieu d'un peuple barbare aucun homme judicieux ou spirituel, surtout si ce peuple a déjà fait quelques progrès et s'avance vers la civilisation ; il peut y en avoir, sans doute, et on en rencontre çà et là des exemples, mais ce que je veux dire, c'est qu'ils y sont encore tellement clair-semés et rares que leur présence ne modifie pas sensiblement l'état général où ce peuple se trouve sous le rapport moral, et qu'elle ne suffit pas à dissiper les ténèbres dont son intelligence est enveloppée, de même que dans la nuit la plus obscure il y a toujours un reste de clarté qui permet d'apercevoir encore tous les objets dont on est proche, mais qui néanmoins, quelque considérable qu'on le suppose, n'empêche pas la nuit d'être la nuit, c'est-à-dire quelque chose de très-différent et d'extrêmement facile à distinguer du jour.

« Je vous ferai observer ici que quand je dis que ce qui constitue l'époque de la maturité ou de la civilisation dans la vie d'un peuple c'est le développement chez ce peuple des grandes facultés intellectuelles et morales dont il est susceptible, je ne veux pas exprimer par là qu'il faille, pour qu'un peuple puisse être considéré comme civilisé et mûr, que tous les individus dont ce peuple se compose soient en possession de ces grandes facultés, mais seulement qu'il y ait parmi ce peuple un certain nombre de personnes qui les aient reçues de la nature en partage; qu'il faut, autrement dit, qu'il y ait parmi ce peuple un certain nombre de personnes douées de jugement ou d'esprit, puisque c'est de ces deux sources, avons-nous dit, que toutes ces facultés découlent.

« J'ai dit : de *jugement* ou d'*esprit ;* c'est qu'il n'est même pas nécessaire, en effet, pour qu'un peuple doive être considéré comme civilisé, que les deux espèces de qualités intellectuelles et morales qui découlent de l'esprit et du jugement se retrouvent parmi ce peuple, et qu'il suffit, pour cela, de la présence des qualités qui ont leur source dans l'une de ces deux grandes facultés seulement, c'est-à-dire qu'il suffit, pour qu'un peuple soit civilisé, qu'il y ait dans son sein un nombre déterminé de personnes judicieuses ou spirituelles, la réunion de ces deux sortes de personnes, en certaine quantité, chez un peuple, en effet, si on ne peut pas dire encore qu'elle soit impossible, absolument parlant, étant extrêmement difficile et rare, n'y ayant même pas d'exemple, dans l'histoire, qu'elle ait jamais existé.

« D'où il suit qu'il y a deux sortes de nations civilisées sur la terre : des nations judicieuses, ou, pour user d'une expression mieux connue et plus généralement employée, des nations sérieuses et des nations spirituelles ; ou encore des nations à génie romain et des nations à génie athénien, selon que les grandes qualités intellectuelles et morales que possèdent les personnes les plus remarquables parmi ces nations découlent du jugement, ou selon qu'elles découlent de l'esprit.

« Ce n'est pas que je veuille dire que l'on ne peut trouver des hommes d'esprit chez les nations sérieuses ou des hommes sérieux chez les nations spirituelles ; on en rencontre çà et là des exemples, mais ces exemples sont tellement peu fréquents qu'ils ne peuvent tirer à conséquence ; ce sont des cas purement exceptionnels qui ne font rien à la chose, et ne sauraient empêcher que ce que je dis ici ne soit rigoureusement exact.

« Ce phénomène singulier et remarquable de l'existence simultanée aux grandes époques de civilisation de deux sortes de nations civilisées, dont les unes sont des nations sérieuses et les autres des nations spirituelles, se reproduit éternellement dans l'histoire. Il se voit manifestement de nos jours, par exemple, au milieu de notre Europe, où toutes les nations qui l'habitent, à l'exception des deux peuples qui la limitent au Nord et à l'Orient, sont en pleine civilisation. Que l'on considère, en effet, la situation intellectuelle et morale de ces nations, et l'on reconnaîtra sans peine qu'elles se partagent en deux espèces, deux catégories, deux groupes de nations tout à fait séparées et distinctes, dont les unes sont des nations sérieuses et les autres des nations spirituelles.

« On voit, par tout ce qui précède, que quand nous disons qu'il y a deux sortes de peuples sur la terre, c'est de peuples civilisés que nous voulons parler ; mais qu'absolument parlant il en faut reconnaître de trois sortes. On peut placer, en effet, dans une troisième catégorie, tous les peuples qui n'ont pas encore atteint l'époque de la maturité ou qui ont dépassé ce terme, car il y a entre tous ces peuples des caractères frappants d'analogie et de ressemblance. De même, en effet, que l'on trouve de grands rapports entre les hommes qui ont dépassé l'âge de la maturité et ceux qui n'y ont pas encore atteint, de telle sorte que l'on a coutume de dire que la vieillesse est une seconde enfance ; de même aussi il y a des traits frappants d'analogie entre les peuples qui ont dépassé l'époque de la civilisation et ceux qui n'y sont point parvenus encore, des traits si singulièrement frappants que l'on a reconnu dans tous les temps que la décadence est une autre espèce de barbarie. Il faut bien, d'ailleurs, qu'il y ait de grands traits de ressemblance entre tous les peuples auxquels on ne peut pas encore, ou auxquels on ne peut plus donner le nom de civilisés puisqu'il n'y a pour tous ces peuples qu'une seule et même forme, ou plutôt qu'une seule et même nature de gouvernement possible, qui est l'autocratie, comme je vous le ferai voir quand l'occasion sera venue d'aborder ce grand sujet dans nos entretiens.

«Voilà donc les premières choses que je reconnus aussitôt que je me livrai aux considérations et aux recherches que devait me porter naturellement à faire la découverte de cette vérité : que toutes les qualités intellectuelles et morales remarquables dont j'avais observé depuis longtemps que l'existence coïncidait toujours avec la présence ou de l'esprit ou du jugement chez les personnes qui avaient reçu l'une ou l'autre de ces deux grandes facultés de la nature en partage, dépendaient réellement de cette présence, en découlaient nécessairement, fatalement, comme des conséquences découlent nécessairement de leurs principes. Je reconnus, pour employer les expressions dont je me suis déjà servi, que les deux grands phénomènes intellectuels de l'esprit et du jugement non-seulement sont des phénomènes peu fréquents, exceptionnels, singuliers, en ce sens qu'il n'y a jamais qu'un certain nombre assez limité de personnes dans la société chez lesquelles il y ait lieu de les observer, mais encore sont des phénomènes qui ne se rencontrent point dans tous les temps, ni chez tous les peuples, ni dans un même peuple, à tous les moments donnés de son existence, de son développement politique et social.

« Après avoir constaté et reconnu ces différents points, si on examine attentivement, pour les comparer entre elles, les grandes qualités intellectuelles et morales qui ont leur source dans le jugement, et les grandes qualités intellectuelles et morales, aussi, qui ont la leur dans l'esprit, on découvre bientôt entre ces deux groupes de qualités des différences considérables et essentielles, des différences tellement considérables que les deux constitutions morales qu'elles vont naturellement à établir chez les deux sortes de personnes qui les ont reçues en partage sont absolument contraires et opposées, jusque-là, qu'il n'y a, pour ainsi parler, plus rien de commun, comme nous l'avons avancé plus haut, entre ces personnes; que les désirs, les inclinations, les goûts, le caractère, les aptitudes, le génie, les sentiments, les croyances qui leur sont particulières et propres, non-seulement varient singulièrement, mais diffèrent du tout au tout; qu'il existe, enfin, sous tous les rapports, dans leurs dispositions morales, un état de contradiction, en toute chose, et de divergence profondes, un antagonisme, un combat, une lutte, une opposition, en un mot, de nature, éternels.

« C'est surtout sous les deux grands rapports de la politique et de la morale dont nous devons nous occuper principalement dans nos entretiens que les différences que nous constatons ici, comme séparant les personnes qui ont reçu le don du jugement de celles qui ont reçu celui de l'esprit, sont le plus caractéristiques et essentielles; car elles le sont jusqu'à ce degré, avons-nous avancé encore, que l'on peut dire en toute exactitude et vérité qu'il y a deux politiques à proprement parler, c'est-à-dire deux systèmes, deux appréciations, deux vues absolument différentes, en ce qui regarde la conduite et le gouvernement des sociétés humaines, mais également vraies et saines, également salutaires et avantageuses, également indispensables, selon la circonstance des temps et des lieux, et deux morales.

« Quand je dis qu'il y a deux morales, ce n'est pas en ce sens, bien entendu, qu'il y en ait une qui condamne le vol, par exemple, et une autre qui le permette, ce qui serait insoutenable, mais en ce sens qu'il y a dans la morale deux points de vue tout à fait séparés et distincts : le point de vue positif et le point de vue chevaleresque, lesquels tendant vers le même but, qui est de porter au bien, d'élever, de moraliser, y atteignent néanmoins par des chemins si différents et si exclusivement apppropriés à la nature des dispositions morales de chacune des deux sortes de nations civilisées dont nous venons de reconnaître l'existence, que si l'on s'appuie dans l'occasion sur l'un de ces deux points de vue quand il le faudrait faire sur l'autre, non-seulement le but que l'on avait en vue se trouve manqué, mais que c'est précisément le but contraire et opposé qui est atteint ; ce qui suffit pour justifier pleinement, selon nous, cette expression de deux morales que nous avons donnée aux deux points de vue positif et chevaleresque que nous reconnaissons dans la morale proprement dite.

« Je veux dire, pour exprimer ma pensée d'une autre manière en la développant quelque peu, qu'étant données, d'une part, toutes les grandes qualités intellectuelles et morales qui découlent du jugement, et, d'une autre part, toutes les grandes qualités intellectuelles et morales aussi qui découlent de l'esprit, qu'étant données par suite les deux constitutions morales si différentes que ces deux sortes de qualités vont à établir chez les personnes qui les ont reçues de la nature en partage ; qu'étant données, enfin, les deux espèces de nations civilisées qui représentent ces constitutions, si l'on essaie de porter au bien, d'élever, de moraliser les unes d'entre ces nations, les nations sérieuses, par exemple, par des considérations tirées du point de vue chevaleresque, dans la morale, ou bien les nations spirituelles par des considérations tirées du point de vue positif, on va précisément contre le but que l'on se proposait d'atteindre, on détourne du bien, par conséquent, on scandalise ces nations, on abaisse et corrompt leur caractère, on les démoralise, en un mot, c'est-à-dire que l'on opère au fond de leur conscience une sorte de dissolution du sens moral ; le point de vue positif dans la morale, en effet, pour des raisons que nous développerons plus tard, ne pouvant jamais être apprécié, entendu, compris des natures spirituelles, et ne leur paraissant représenter que l'intérêt, le calcul, l'égoïsme, et le point de vue chevaleresque, à son tour, n'étant pour les natures sérieuses qu'une puérile et vaine sentimentalité peu digne d'avoir de la prise et d'influer sur la conduite et les déterminations de l'homme dont l'esprit a de la gravité, de la solidité, de la force, est conséquent, raisonnable et bien fait.

« Qu'il me serait facile de donner au plus haut degré déjà, à ce que je viens de dire, l'air de l'exactitude et de la vérité si je voulais m'autoriser de l'exemple de ce qui s'est passé dans ces derniers temps parmi nous. Je vous montrerais dans les hommes d'État, les conseillers, les ministres que la révolution de Juillet avait mis en possession du pouvoir, des personnes tout aussi éclairées et habiles, assurément, et non pas moins honnêtes que toutes celles qui ont gouverné ou gouverneront jamais dans notre pays, et qui cependant, pour n'avoir pas su, pour avoir ignoré complétement la grande vérité dont il s'agit en ce moment, et ne s'être appuyées que sur le point de vue positif, dans la morale, pour élever le sentiment public, quand il l'aurait fallu faire, eu égard au caractère propre et intime, au génie particulier de notre nation, sur le point de vue chevaleresque, nous ont fait un mal immense et n'ont pas exercé sur les destinées de notre patrie une influence moins délétère, moins désastreuse et funeste (les résultats qui n'ont point tardé à se manifester en ont fait foi) que ne le prétendaient leurs adversaires les plus passionnés, les plus malveillants et les plus injustes, car sans qu'il y eût le moins du monde intention, dessein ou connaissance de leur part, sans le savoir et sans le vouloir, ils corrompaient et démoralisaient véritablement la France; mais je ne veux pas insister davantage, en ce moment, sur ce sujet.

« Les deux appréciations, les deux vues, les deux systèmes, en ce qui regarde la conduite et le gouvernement des sociétés humaines, absolument différents, mais également vrais et sains, également salutaires et avantageux, également indispensables, selon la circonstance des temps et des lieux dont nous venons de parler, vous les avez devinés sans doute, vous les avez nommés vous-mêmes, déjà, ce sont les deux systèmes connus sous les deux noms d'aristocratie et de démocratie. »

A ce mot de démocratie, qui nous paraissait si étrange et si nouveau dans la bouche du Solitaire, nous ne pûmes nous retenir, M. le marquis de... et moi, d'éclater et de manifester le sentiment d'une surprise extrême. « —Quoi! lui répondîmes-nous, avez-vous donc changé, depuis peu, d'opinions et de principes? N'êtes-vous plus le grand adversaire des opinions, des idées, des doctrines révolutionnaires que nous avons connu, le conservateur par excellence, le pur des purs, que rien ne pouvait étonner, et dont les convictions politiques paraissaient si solides et si fermes?

« —Rassurez-vous, nous dit-il, je suis ce que j'ai toujours été et ce que je serai jusqu'à mon dernier soupir, c'est-à-dire attaché du plus profond de mon âme aux opinions, aux intérêts, aux principes conservateurs. Ce qui fait votre erreur, sans doute, ajouta-t-il, c'est que vous vous imaginez, peut-être, qu'il y a de l'antagonisme, de l'opposition entre les deux mots démocratie et conservation. Mais il n'y en a pas plus en réalité qu'entre les deux mots aristocratie et conservation. Il n'y a en politique d'opposition véritable qu'entre le mot conservation et les mots radicalisme et socialisme, ou, si l'on veut, qu'entre le mot conservation et le mot révolution, puisque le parti révolutionnaire se compose des deux partis radical et socialiste, comme nous l'avons établi dans notre précédent chapitre et comme nous le ferons voir encore mieux plus loin, quand nous nous occuperons de la classification naturelle des partis politiques; il n'y a pas plus d'affinité, pour exprimer ma pensée d'une autre manière, entre le mot démocratie et les mots radicalisme et socialisme, qu'entre le mot aristocratie et ces dernières expressions, ou, si l'on veut encore, entre les deux mots démocratie et révolution qu'entre les deux mots aristocratie et révolution. Toute la lumière qui se répandra sur ce siècle viendra de la distinction qui dégagera l'idée démocratique des deux idées radicale et socialiste, qui fera voir, en d'autres termes, qu'il n'existe entre ces idées aucun lien d'origine, aucun rapport nécessaire et obligé de cause à effet. La démocratie est un système politique vrai, nécessaire et indispensable à toute nation civilisée et mûre, qui est de nature spirituelle, pour pouvoir s'élever au plus haut degré de développement intellectuel et moral qu'il est dans les desseins de Dieu qu'elle atteigne, comme l'aristocratie est un système politique vrai, nécessaire et indispensable, aussi, à toute nation civilisée et mûre, qui est de nature sérieuse, pour pouvoir également s'élever au plus haut degré de développement intellectuel et moral qu'il est dans les desseins de Dieu qu'elle atteigne; sans le système démocratique, en un mot, selon nous, les nations spirituelles, et sans le système aristocratique les nations sérieuses ne pourraient remplir la fin pour laquelle Dieu les a créées et instituées sur la terre. Je sais bien que je ne prouve pas le moins du monde, ici, ce que j'avance, mais vous aurez lieu d'être satisfaits de la force et de la solidité des raisonnements sur lesquels j'appuierai toutes ces assertions lorsque leur tour sera venu d'être établies dans nos entretiens.

« — Sans doute, lui répondis-je, ce n'est pas ici le lieu d'élever des objections contre les assertions que vous venez d'émettre, puisque vous ne vous proposez pas de développer en ce moment les raisons que vous avez à faire valoir en leur faveur. Toutefois je vous prierai de me permettre, avant de passer outre, une petite observation. Vous avez dit qu'il n'y a pas plus d'affinité entre les mots : démocratie et révolution, qu'entre les mots : aristocratie et révolution; expliquez-nous donc alors ce fait, que nul ne sera tenté de contester sans doute, expliquez-nous pourquoi tous les révolutionnaires, sans exception aucune, parmi nous, sont des démocrates.

« — Cela est bien facile à entendre, me dit-il, en effet, nous avons avancé, d'une part, que les sociétés, que les peuples quand ils parviennent à la grande époque de la maturité, c'est-à-dire à cette période de leur existence, de leur développement politique et social que l'on appelle civilisation, se partagent en deux espèces, deux catégories, deux groupes ; que les uns deviennent des peuples sérieux et les autres des peuples spirituels ; et, d'une autre part, nous venons de dire que l'aristocratie et la démocratie sont deux systèmes politiques également vrais, également nécessaires et indispensables aux nations civilisées, selon qu'elles sont des nations sérieuses ou des nations spirituelles, pour pouvoir s'élever au plus haut degré de développement intellectuel et moral qu'il est dans la volonté de Dieu qu'elles atteignent ; or, d'un côté, nous sommes une nation civilisée et mûre, nous sommes en outre une nation spirituelle, c'est-à-dire une nation qui ne peut remplir la fin pour laquelle Dieu l'a créée et instituée sur la terre sans le système, sans les institutions démocratiques ; chez laquelle, par conséquent, ces institutions doivent être réalisées finalement, puisque rien ne saurait empêcher les déterminations de la volonté de Dieu d'obtenir tout leur effet en ce monde ; et, d'un autre côté, les révolutionnaires sont les instruments dont la Providence divine se sert pour effectuer les changements considérables et essentiels qu'il est devenu nécessaire d'introduire dans la situation politique et sociale des peuples ; donc il ne se faut point étonner, la raison en est trop facile à entendre, si tous les révolutionnaires, sans exception aucune, parmi nous, sont des démocrates.

« Vous auriez été témoins d'un spectacle tout différent si les révolutions qui se sont accomplies parmi nous depuis un demi-siècle, au lieu de se produire au milieu d'un peuple spirituel, s'étaient effectuées dans des circonstances pareilles au milieu d'un peuple sérieux ; car comme le système aristocratique, dans ce cas, eût été celui qu'il eût fallu établir chez ce peuple, pour qu'il pût s'élever au plus haut degré de développement intellectuel et moral possible, vous auriez vu les intruments dont Dieu se fût servi pour effectuer ces révolutions et réaliser ce système, c'est-à-dire les révolutionnaires être tous aussi, sans exception aucune, des aristocrates.

« Voulez-vous encore une preuve, en attendant toutes celles que nous devons vous administrer un jour, de l'exactitude et de la vérité de cette assertion : qu'il n'y a aucune affinité particulière entre les deux mots démocratie et révolution, qu'il n'y en a pas plus, par exemple, qu'entre les deux mots aristocratie et révolution, regardez au delà du détroit qui nous sépare d'une grande nation, et voyez ce qui se passe au sein de cette même nation.

« Nous avons établi dans le précédent chapitre que quand un peuple arrive à l'époque de la maturité ou de la civilisation, il se produit au sein de ce peuple un certain travail, un certain mouvement d'idées, une sorte d'agitation morale que l'on désigne sous le nom de vie politique, laquelle a pour effet d'entretenir une lutte éternelle entre deux grands partis qui représentent deux choses également vraies, également salutaires, également voulues et aimées de Dieu, je veux dire la société et la civilisation. L'un de ces deux partis, celui qui représente la société, porte le nom de parti conservateur; l'autre, celui qui représente la civilisation, porte le nom de parti progressiste ou révolutionnaire. Le parti révolutionnaire représente la civilisation en ce sens que si le parti conservateur était toujours en possession du pouvoir, le progrès se trouverait compromis et enrayé. Le parti conservateur aussi représente la société en ce sens que si le parti révolutionnaire, non-seulement était toujours en possession du pouvoir, mais encore le possédait au delà d'un certain espace de temps toujours très-limité, la société sortirait de ses conditions d'existence que nous avons fait connaître, et, par conséquent, périrait.

Nous avons établi encore que l'Angleterre est une nation civilisée et mûre, et, en outre, une nation sérieuse, une nation, par conséquent, chez laquelle existe la vie politique, chez laquelle, en d'autres termes, le pouvoir se transmet de temps à autre du parti qui représente la société au parti qui représente la civilisation ou le progrès, du parti tory au parti wigh, puisque ce sont-là les deux noms sous lesquels ces deux partis sont désignés chez cette nation. Or, d'un côté, le parti wigh en Angleterre représente l'élément révolutionnaire dans cette lutte, c'est-à-dire est le parti, selon ce que nous venons de dire, entre les mains duquel, s'il était toujours au pouvoir, la société périrait, et, d'un autre côté, ce même parti est tout aussi réellement, tout aussi profondément attaché au système aristocratique, qui est le système politique régnant en Angleterre, puisque la nation anglaise, avons-nous dit, est une nation sérieuse, que le parti tory lui-même, tout aussi pénétré de l'excellence et de la supériorité relative de ce système, tout aussi convaincu que la grandeur, la prospérité, la force de l'Angleterre en dépendent, et disparaîtraient du jour même où il serait supprimé, renversé, détruit; donc chez les wighs les deux idées révolutionnaire et aristocratique ne sont pas exclusives l'une de l'autre, d'où il suit rigoureusement qu'il n'y a pas d'opposition réelle entre le mot aristocratie et le mot révolution, qu'il n'y en a pas plus qu'entre le mot démocratie et le mot révolution; que les deux premiers mots, en d'autres termes, ne se repoussent, ne s'excluent pas plus que les deux seconds. Mais s'il n'y a pas d'opposition réelle entre le mot aristocratie et le mot révolution, il suit rigoureusement encore qu'il n'y a pas d'affinité particulière entre le mot démocratie et le mot révolution; ces choses-là, en effet, étant corrélatives, se tenant étroitement et rigoureusement entre elles, pour peu que l'on y veuille réfléchir.

« Ainsi il n'y a pas réellement d'affinité entre les deux choses que représentent les deux mots démocratie et révolution, et si les révolutionnaires, parmi nous, sont tous des démocrates sans exception, comme on ne le peut point contester, vous en reconnaissez maintenant la raison bien facile à entendre après ce que je viens de dire.

« Mais en quoi faites-vous consister, lui demandai-je alors, l'essence de l'aristocratie et de la démocratie? Que faut-il entendre par ces deux mots? Car quoique ces expressions soient si fréquemment employées dans le langage ordinaire, quoique leur étymologie même fournisse quelques données qui semblent mettre sur la voie, je ne suis pas complétement édifié, cependant, sur le vrai sens qu'il faut leur attribuer, et l'accord ne me paraît pas non plus régner à ce propos dans la conversation des personnes du monde.

« — Je suis fort aise, répondit-il, que la pensée vous soit venue de m'adresser en ce moment cette question, car il est nécessaire, à l'intelligence de ce que j'aurai lieu de dire dans la suite, que vous possédiez sur ce point les idées les plus précises et les plus nettes.

« L'aristocratie, selon moi, est un système politique dont le caractère propre et intime, dont la nature, l'essence, consistent en ce que les classes les plus élevées chez les peuples où ce système est établi dans toute sa réalité sont en possession et jouissent, à l'exclusion de toutes les autres, de droits considérables et essentiels que l'on appelle immunités, prérogatives, priviléges, de droits même tellement considérables et essentiels, que l'on peut dire avec juste raison que tous les avantages de la société chez ces peuples appartiennent à ces mêmes classes.

« La démocratie, au contraire, est un système politique dont le caractère propre et intime, dont la nature, l'essence, consistent en ce que les classes les moins élevées, chez les peuples où ce système est établi dans toute sa réalité, sont en possession aussi et jouissent, à l'exclusion de toutes les autres, de droits ou priviléges considérables et essentiels tellement considérables aussi et essentiels, que l'on peut dire également avec juste raison que tous les avantages de la société chez ces peuples appartiennent à ces mêmes classes.

« Telle est la signification, la valeur, la portée que l'on doit attribuer, selon nous, à ces deux grands mots d'aristocratie et de démocratie, qui sont d'un si fréquent et si universel usage dans le monde.

« L'aristocratie et la démocratie sont donc deux systèmes politiques essentiellement contraires et opposés : l'un étant, en effet, le contre-pied, la négation, la ruine et le renversement de l'autre.

« — Ce que vous venez de dire me paraît excessif, interrompit en cet endroit le marquis de ***. Quoi ! la démocratie serait un système politique, selon vous, dont le caractère propre et intime, dont la nature, l'essence, consistent en ce que les classes les plus inférieures de la société, chez les peuples où ce système est en vigueur, sont en possession, à l'exclusion de toutes les autres, de droits particuliers, de prérogatives, de priviléges considérables! ce système serait excellent, dites-vous, serait relativement le meilleur, serait nécessaire même et indispensable à certaines sortes de nations, de sociétés, de peuples, tels ou tels moments de l'existence, du développement politique et social de ces peuples étant donnés, pour accomplir, pour atteindre la fin pour laquelle Dieu les a créés et institués sur la terre, c'est-à-dire pour s'élever au plus haut degré de développement intellectuel et moral dont ils sont susceptibles! Vous ne prenez donc pas garde que proposer une pareille doctrine c'est abonder purement et simplement dans le sens des idées révolutionnaires ; que les radicaux et les socialistes ne refuseraient pas de souscrire à ce que vous venez de dire, et seraient en droit de vous ranger au nombre des plus déterminés, des plus résolus et des plus hardis de leurs partisans.

«—Je sais bien, reprit le Solitaire, que les révolutionnaires ne rejetteront pas la définition que je donne ici du mot démocratie, et qu'en ce point je me trouverai en pleine et entière conformité de sentiments avec eux ; mais je n'en serai pas plus révolutionnaire pour cela, comme il me va être aisé de vous le faire entendre en quelques mots seulement.

« Ce n'est pas, en effet, en ce qu'ils sont partisans de la démocratie, même au sens très-large et très-étendu, je le reconnais, que je donne ici à ce mot, que les révolutionnaires sont révolutionnaires, si vous avez pu donner jusqu'à ce jour dans ce sentiment, comme tant d'autres personnes, on pourrait même dire, comme tout le monde l'a fait sans exception, c'est là une erreur profonde et essentielle dont il faut que votre esprit se délivre.

« Il y a trois grandes conditions, trois conditions nécessaires et indispensables d'existence pour les sociétés humaines, comme nous l'avons établi, on se le rappelle, dans le précédent chapitre ; trois conditions sans lesquelles il faut nécessairement qu'elles tombent en ruine, qu'elles périssent et meurent comme toutes choses.

« Ces trois conditions, avons-nous dit, sont une religion positive généralement aimée et estimée des peuples dont ces sociétés se composent, des mœurs relativement bonnes et une mesure de liberté ne dépassant pas une certaine limite.

« Or, maintenant, c'est en cela seul, c'est en ce sens uniquement qu'ils n'ont pas la moindre idée, qu'ils ne sont nullement persuadés et convaincus de l'importance et de la nécessité de ces conditions, qu'ils n'en imaginent même, qu'ils n'en soupçonnent pas seulement l'existence, et qu'ils ne pourraient s'emparer, par conséquent, de la direction politique des sociétés humaines et la conserver d'une manière permanente et durable que pour la dissolution et pour la ruine de ces sociétés, que les révolutionnaires sont révolutionnaires.

« Mais les deux idées aristocratique et démocratique n'excluent pas le moins du monde, chez les personnes qui ont mis leur foi politique en elles, le sentiment profond de l'importance et de la nécessité, pour les sociétés humaines, des trois conditions d'existence que nous venons d'énumérer, comme elles ne le supposent pas non plus, témoin l'exemple que nous venons de vous citer du parti wigh en Angleterre. Ces deux idées n'ont donc rien à démêler, au fond, avec l'idée révolutionnaire, et nous avons eu raison d'avancer plus haut que pour abonder dans le sens des idées démocratiques nous n'en étions pas plus révolutionnaires pour cela. L'aristocratie et la démocratie sont tout simplement, nous l'avons dit et nous le répétons encore une fois, des systèmes politiques appropriés à la situation morale, au caractère, au génie des sociétés parvenues à l'époque de la maturité ou de la civilisation, selon que ces sociétés sont de nature sérieuse ou de nature spirituelle, systèmes absolument différents, avons-nous dit encore, mais également vrais et sains, également salutaires, également indispensables aux peuples dont ces sociétés se composent, c'est-à-dire sans lesquelles ces peuples ne pourraient remplir la fin pour laquelle Dieu les a créés et institués sur la terre.

« Voulez-vous savoir d'où vient l'étonnement que vous avez éprouvé tout à l'heure en entendant la définition que j'ai cru devoir adopter du mot démocratie? Il vient de ce que le système politique dont nous devons vivre, qui nous satisfait, qui s'adapte le mieux, si on peut parler de la sorte, à notre situation intellectuelle et morale, ne nous est pas encore acquis complétement, ne se meut, ne se déroule pas encore au milieu de nous, conformément aux principes certains et aux règles que je vous développe ici.

« Chez les nations sérieuses et dans le système aristocratique il y a nécessairement, selon les idées que je vous expose, deux espèces, deux sortes de personnes se disputant la direction politique de la société, en présence, et pour lesquelles le système aristocratique ne fait pas une question ; il y a des personnes qui entendent les choses de la politique de manière que sous leur conduite et leur administration les trois grandes conditions d'existence pour les sociétés humaines sont garanties et assurées, et d'autres personnes qui entendent les mêmes choses de manière que sous leur administration et leur conduite ces mêmes conditions seraient compromises ; les premières personnes sont des aristocrates conservateurs et les secondes des aristocrates révolutionnaires. De même, chez les nations spirituelles et dans le système démocratique, il doit se trouver aussi deux espèces, deux sortes de personnes se disputant la direction politique de la société, en présence, et pour lesquelles le système démocratique ne soit pas non plus une question, des personnes dont les idées politiques soient de nature à ne point compromettre, à garantir même et à sauvegarder complétement les trois grandes conditions d'existence pour les sociétés humaines, et d'autres personnes sous le gouvernement desquelles ces mêmes conditions ne seraient pas assurées ; les premières personnes sont des démocrates conservateurs et les secondes des démocrates révolutionnaires.

« Or les nations spirituelles n'en sont pas arrivées encore à cet heureux point qu'il n'y ait plus personne au milieu d'elles qui fasse obstacle au système démocratique et qui conserve quelque arrière-pensée d'aristocratie, les seuls démocrates que l'on rencontre encore parmi ces nations sont des démocrates révolutionnaires, situation regrettable, malheureuse et incompatible avec le repos et la tranquillité dont peut jouir toute société, même en possession de la vie politique, lorsque les institutions dont elle a besoin lui sont définitivement acquises et se développent régulièrement, et qui cessera parmi nous le jour même où toutes les personnes qui sont encore entichées, encore imbues d'opinions, de préjugés, de sentiments aristocratiques, reconnaîtront leur illusion et leur erreur, et s'empresseront de mettre au service de l'idée démocratique dans ce qu'elle a de modéré, de sage et de conservateur, toute l'autorité morale, toute la force et l'influence qu'elles exercent dans la société, mais situation qui explique suffisamment la surprise et l'étonnement que vous avez fait paraître tout à l'heure, car vous avez dû inférer assez naturellement de ce que je ne rejetais pas, de ce que je proposais même pour tel pays, tel temps, tel peuple, le système et les institutions démocratiques, vous avez dû, dis-je, inférer assez naturellement que j'abondais dans le sens des idées révolutionnaires.

« — Vous avouerez au moins, reprit le marquis de ***, qu'il est souverainement injuste qu'il y ait au milieu d'un peuple une classe d'individus qui jouisse, à l'exclusion de toutes les autres, de droits particuliers, de prérogatives, de privilèges considérables, aussi considérables que vous venez de le déterminer, et que l'esprit ne peut point se faire à l'idée de la convenance et de la nécessité politique d'un pareil état de choses.

« — Je conviens avec vous, répondit le Solitaire, que s'il est quelque chose au monde qui ne paraisse point satisfaire à la notion que l'on se fait d'ordinaire de ce qui est raisonnable, de ce qui est juste et légitime en politique, ce sont les idées que je vous propose, en vous faisant observer, toutefois, que votre remarque peut s'appliquer tout aussi bien à l'aristocratie qu'à la démocratie ; le caractère de l'injustice paraissant même avoir des proportions plus énormes dans le premier régime, puisque ce sont les classes les plus élevées de la société déjà, c'est-à-dire celles qui seraient encore les mieux partagées et les plus favorisées, en dehors de tout système particulier, qui y sont en possession de ces grands priviléges ; mais l'injustice est-elle aussi réelle et incontestable dans les deux systèmes aristocratique et démocratique qu'elle vous le paraît en ce moment ?

« Quand nous aurons examiné, dans nos réunions, toutes les grandes qualités intellectuelles et morales qui découlent soit de l'esprit, soit du jugement ; quand nous aurons reconnu que toutes ces qualités ont pour résultat, pour effet, d'établir chez les particuliers et les peuples que la Providence divine en a gratifiés deux constitutions morales bien séparées et distinctes, la constitution sérieuse et la constitution spirituelle, constitutions tellement séparées et distinctes que l'on peut dire que l'une est précisément le contre-pied, la négation, le renversement de l'autre ; quand nous aurons prouvé, enfin, par des démonstrations suivies que ces deux constitutions morales étant données, les peuples qui les ont reçues de la nature en partage ne peuvent s'élever, absolument parlant, à tout le degré de développement intellectuel et moral qu'il est dans les desseins de Dieu qu'ils atteignent, sans l'un ou l'autre de ces deux systèmes, alors vous reconnaîtrez que ce qui vous paraît injuste ne l'est pas plus que beaucoup d'autres choses dans la vie, qui ne vous portent pas à employer cette épithète : que ce qui est nécessaire et indispensable est toujours légitime, et que si l'on peut regretter, ce que je fais pour ma part du plus profond de mon âme, que Dieu ait établi et institué les choses de manière que le système aristocratique soit nécessaire en tel ou tel lieu, et le système démocratique en tel ou tel autre, telles et telles circonstances ou conditions particulières étant données, on n'en peut pas conclure, cependant, que l'un ou l'autre de ces deux systèmes soit injuste, sans quoi il faudrait dire également, car la chose est infiniment regrettable, aussi, qu'il est injuste qu'il y ait des pauvres et des riches, des petits et des grands, des sains et des malades, sur la terre; des hommes, en un mot, jouissant de tous les dons, de toutes les qualités physiques et morales, et des personnes privées, déshéritées de tous les biens, de tous les avantages que l'on peut souhaiter en cette vie, et complétement disgraciées de la nature.

« — Après avoir entendu, lui dis-je en l'interrompant en cet endroit, les définitions par lesquelles vous nous avez fait connaître en quoi consistent, selon vous, les deux systèmes aristocratique et démocratique, nous devons éprouver naturellement, du moins j'éprouve pour ma part la plus vive impatience de savoir quel est celui de ces deux systèmes qui a vos sympathies, qui vous paraît le meilleur et que vous voudriez voir se répandre en tous lieux et pénétrer de son esprit les institutions politiques des différents peuples de la terre. Faites-nous donc connaître encore, avant que nous ne nous séparions, quel est le fond de votre pensée sur ce point, dites-nous si vous êtes un aristocrate ou un démocrate.

« — S'il est une question, me répondit-il, qui a lieu de m'étonner singulièrement dans votre bouche, et, en ce moment, une question que j'avais le droit d'espérer et que je me tenais pour assuré que l'on ne me ferait pas, après tout ce que je viens de dire, c'est celle que vous venez de m'adresser.

« Quoi! vous me demandez quel est le meilleur des deux systèmes politiques, de l'aristocratie ou de la démocratie, quel est celui que je voudrais voir se répandre en tous lieux; ne vous ai-je donc pas déclaré tout à l'heure, en propres termes, qu'ils sont tour à tour et également bons, tour à tour et également salutaires et avantageux, tour à tour et également indispensables, enfin, selon la circonstance des temps et des lieux; et que la supériorité qu'ils peuvent revendiquer l'un sur l'autre, en tel ou tel cas particulier donné, est une supériorité toute relative, toute dépendante ou conditionnelle. Vous me demandez si je suis un aristocrate ou un démocrate, mais je vous répondrai que je suis tout à la fois l'un et l'autre, ou si vous aimez mieux, que je ne suis ni l'un ni l'autre, comme il ressort, on ne peut plus manifestement, de toutes mes déclarations précédentes; que vous me verriez en tel pays, tel temps, telles circonstances, porter sur le système aristocratique, par exemple, pour ne citer que celui-là, l'opinion la plus favorable et la plus avantageuse, ne tarir pas en considérations morales sur la grandeur, la supériorité, la force de ce système, sur les résultats merveilleux et inappréciables qu'il produit, sur le bon esprit et l'heureux sort des peuples qui ont su permettre qu'on l'établît parmi eux, et dont il est devenu la religion, la foi politique; mais que vous entendriez aussi tomber de ma bouche, à propos de ce même système, si vous me supposiez par la pensée sorti de ce pays, de ce temps, de ces circonstances, et transporté dans tels ou tels autres, le jugement le plus contraire et le plus opposé au précédent, tant il est indubitable et certain, selon moi, que c'est sur le terrain particulier de la politique surtout que l'on peut dire avec le plus de légitimité, d'exactitude et de raison, que l'on peut dire avec l'un de nos meilleurs et de nos plus remarquables esprits : vérité au delà du détroit, du fleuve, de la montagne qui nous sépare de telle ou telle nation, erreur en deçà.

« — Il faut absolument, repris-je, que je me sois mal exprimé, que mes paroles n'aient pas exactement rendu le fond de ma pensée ; car ce que vous avez dit, quelque fondé que vous paraissiez être à le dire, ne répond pas à la demande que j'ai eu l'intention de vous adresser.

« Sans doute vous avez affirmé de la manière la plus catégorique et la plus claire que les deux systèmes aristocratique et démocratique sont aussi vrais, aussi nécessaires et indispensables l'un que l'autre ; et venir sérieusement, après des déclarations si nettes, vous demander quel est celui de ces deux systèmes qui a vos sympathies, qui vous paraît le meilleur, c'est là, je le reconnais, une chose assez peu raisonnable et logique, car c'est vous demander ce que je devrais savoir tout aussi bien que vous ; aussi n'est-ce pas au sens que vous lui donnez ici, et que vous paraissez en droit de lui donner, je l'avoue, qu'il faut entendre la question que je viens de vous adresser; voici, pour m'exprimer d'une autre manière et en peu de mots, ce que j'ai voulu dire :

« De tout ce que vous avez avancé jusqu'à ce moment il ressort visiblement, selon moi, que ce n'est point parce qu'il a telles ou telles institutions politiques, que tel peuple a nécessairement telles ou telles qualités intellectuelles et morales, mais que c'est au contraire parce qu'il a telles ou telles qualités intellectuelles et morales qu'il a nécessairement telles ou telles institutions politiques; que l'on ne peut pas dire, par conséquent : telles institutions, tel peuple; mais au contraire : tel peuple, telles institutions; il ressort, en d'autres termes, que l'aristocratie et la démocratie ne sont pas des principes, si on peut parler de la sorte, mais des résultats; voilà, je le répète, ce que l'on peut conclure, ce qui ressort le plus manifestement de toutes vos affirmations précédentes.

« Or, la question que j'ai eu l'intention de vous adresser est celle-ci : Quel est des deux systèmes, aristocratique et démocratique, celui qui correspond à l'état social le meilleur, le plus satisfaisant selon vous, à l'état social qui a particulièrement vos sympathies? Quel est celui qui suppose chez le peuple dont il est devenu, comme vous venez de dire, la religion, la foi politique, le plus bel ensemble de qualités intellectuelles et morales, les qualités qui vous paraissent préférables? Admettez, pour exprimer ma pensée d'une autre manière et éclaircir tout ceci par une hypothèse, admettez, pour le moment, que vous soyez un être collectif, que vous représentiez à vous seul toute une nation, et que vous ayez encore à venir au monde, aimeriez-vous mieux naître un peuple qui aura besoin, quand il sera parvenu à la grande époque de son existence, de son développement politique et social, que nous avons désigné sous le nom de maturité ou de civilisation, qui aura besoin, dis-je, pour s'élever au plus haut degré de développement intellectuel et moral dont il est susceptible, du système et des institutions aristocratiques, ou bien un peuple qui aura besoin, pour atteindre au même but, les mêmes circonstances étant données, du système et des institutions démocratiques? Telle est, ramenée, réduite à sa plus simple expression et rendue dans les termes les plus précis, les plus clairs et les plus intelligibles qu'il me serait possible de trouver, la demande que j'ai eu l'intention de vous adresser.

« — Je comprends parfaitement, répondit-il, votre demande après l'explication dont vous venez de l'accompagner ; elle est très-convenable, assurément, très-naturelle de votre part, et j'y satisferai d'autant plus volontiers que je me trouve heureux que vous me l'ayez faite, ayant toujours eu le désir de m'expliquer avec vous sur ce point, quand l'occasion s'en présenterait, de la manière la plus catégorique et la plus nette.

« Mais le moment n'est pas venu, selon moi, d'examiner encore cette grande question ; il vaut bien mieux remettre cet examen à l'époque où nous aurons déterminé quelles sont les différentes qualités intellectuelles et morales qui découlent soit de l'esprit, soit du jugement, c'est-à-dire à l'époque où il vous sera possible de juger par vous-mêmes de la valeur de l'opinion que je me suis faite sur ce sujet; jusque-là je ne pourrai que vous exprimer mon sentiment sans le soutenir d'aucune preuve et vous ne seriez probablement point convaincus de son exactitude et de sa vérité.

« — Permettez, lui dis-je alors, qu'aux différentes questions que je viens de vous adresser, et qu'il était au plus haut degré curieux pour nous de vous faire, permettez que j'en ajoute, avant de nous séparer, une autre qui me paraît bien plus intéressante et plus essentielle encore, et qui sera le dernier éclaircissement préliminaire que je vous demanderai.

« Vous nous avez fait connaître en quoi consistent, selon vous, les deux systèmes aristocratique et démocratique, ce qui constitue leur caractère propre et intime, leur génie particulier, leur essence; donnez-nous quelques explications encore à ce sujet, dites-nous sur quoi repose la loi, la nécessité d'existence de ces deux systèmes, quel est le genre de bien qu'ils produisent, quel est leur effet propre et direct, et ce qui arriverait, par exemple, au milieu de deux nations civilisées depuis longtemps déjà et mûres, dont l'une serait de nature sérieuse et l'autre de nature spirituelle, de deux nations, par conséquent, en possession des deux systèmes aristocratique et démocratique, si on supprimait tout à coup ces deux systèmes chez ces nations et qu'on les laissât, politiquement parlant, suivre leur pente, leur inclination naturelle en dehors de tout système particulier.

« — Il est encore bien aisé, me répondit-il, de vous satisfaire en quelques mots sur ces différents points.

« Vous devez savoir déjà, par le peu que je vous ai dit encore, et j'aurai lieu de vous rappeler bientôt, d'ailleurs, dans nos entretiens, que les nations spirituelles manquent généralement d'un certain nombre de qualités intellectuelles et morales remarquables, de toutes celles qui ont leur origine, leur source, ferons-nous voir, dans la grande faculté du jugement, comme les nations sérieuses manquent à leur tour, généralement aussi, d'un certain nombre de qualités intellectuelles et morales également remarquables, de toutes celles qui ont leur principe et leur source, ferons-nous voir encore, dans la grande faculté de l'esprit. J'ai dit : généralement, parce que les cas de personnes véritablement judicieuses que l'on peut rencontrer et que l'on rencontre effectivement chez les nations spirituelles, et de personnes véritablement spirituelles que l'on peut rencontrer et que l'on rencontre effectivement aussi chez les nations sérieuses, comme nous n'avons pas fait difficulté de le reconnaître plus haut, sont des cas purement exceptionnels. Hé bien ! c'est sur ce défaut, ce manque, cette absence de telles ou telles grandes qualités intellectuelles et morales que l'on remarque chez les nations soit spirituelles, soit sérieuses, qu'est fondée la nécessité, indispensable pour ces mêmes nations, des deux systèmes aristocratique et démocratique, de sorte que si vous supposiez, par impossible, que les nations sérieuses fussent douées tout à coup des qualités particulières et propres aux nations spirituelles, et les nations spirituelles, de leur côté, douées aussi des qualités particulières et propres aux nations sérieuses, de ce moment même la loi, la raison d'existence pour ces deux systèmes aurait complétement disparu.

« Ce manque absolu, ce défaut, cette absence d'un certain nombre de grandes qualités intellectuelles et morales, de toutes celles qui découlent, à proprement parler, du jugement, que vous reconnaîtrez bientôt chez les nations spirituelles, produit ce résultat, cet effet, comme je vous le ferai voir clairement en vous en faisant toucher plus tard du doigt la raison, produit ce résultat, dis-je, cet effet que le particulier, que l'homme chez ces nations a une inclination, une tendance, une disposition singulière à déchoir, à diminuer de valeur intellectuellement et moralement parlant, de génération en génération; à s'abâtardir, à dégénérer, enfin, pour me servir des termes les plus capables de rendre ma pensée, et les plus généralement employés; je veux exprimer par là qu'étant donnés, chez les nations spirituelles, deux individus, deux personnes de sexe différent et unies par le lien du mariage, deux personnes que je supposerai douées de qualités morales estimables, de qualités révélant une nature encore saine et forte, si vous considérez les conséquences, les suites matrimoniales de cette union pendant un laps de temps suffisamment considérable, c'est-à-dire si vous vous attachez à examiner les qualités, le mérite, la valeur morale des descendants de ces deux personnes, à supposer que vous viviez assez longtemps pour voir passer sous vos yeux plusieurs générations de ces descendants, vous serez étonné de la facilité avec laquelle ces générations vont déchoir, vont diminuer de valeur, vont s'abâtardir et dégénérer, comme nous avons dit, à tel point qu'au bout d'un petit nombre de générations, quelquefois même à la seconde ou à la troisième après le point de départ, les descendants de ces deux personnes dont nous parlons seront des individus dépourvus réellement de toute bonne qualité, des individus sans génie, sans raisonnement, sans principes et aussi sans dignité, sans moralité, sans caractère; des individus, en un mot, remplis de tous les défauts et de tous les vices dont la créature humaine puisse être affectée. Voilà ce que vous observerez avec étonnement, je le répète, chez les nations spirituelles, pour peu que vous veuillez considérer attentivement les choses, et ce qui tient au manque absolu, au défaut, à l'absence, comme j'ai dit et comme je le prouverai plus tard sans difficulté, chez ces nations, des grandes qualités intellectuelles et morales qui découlent du jugement.

« Je vous laisse à imaginer de quel rapide et prompt mouvement vers la dissolution sociale ou la décadence devront être saisis et emportés fatalement les peuples dont il est en ce moment question, si ce que je dis ici est vrai, c'est-à-dire s'il est certain que le particulier, que l'homme chez ces peuples a une inclination, une tendance, une disposition singulière à diminuer de valeur, intellectuellement et moralement parlant, de génération en génération, à s'abâtardir, à dégénérer, à moins que quelque grand et souverain remède, quelque remède efficace et tout-puissant ne soit apporté au mal.

« Quel sera ce remède? Par quels moyens sera-t-il possible de parer aux graves difficultés, aux inconvénients essentiels que nous signalons ici?

« Supposez une combinaison, un ensemble, un système d'institutions politiques tel qu'à mesure et qu'à proportion qu'il apparaîtra dans certaines régions, certaines catégories ou classes de la société, chez les nations spirituelles, dans les classes où les principes nombreux, les éléments, les causes d'affaiblissement, de diminution morale ou d'abâtardissement pour l'homme que toute civilisation renferme dans son sein, agissent avec le plus d'intensité et d'efficace, qu'il apparaîtra, dis-je, des personnes vicieuses, corrompues et dénuées de toute valeur, de tout mérite intellectuel et moral au degré dont nous voulons parler ici, des personnes dégénérées, en un mot, ces personnes, par l'effet de l'action, de l'influence plus ou moins rapide ou lente de ce système, seront rejetées de ces catégories ou classes dans certaines autres, où elles pourront, à l'abri des principes, des raisons, des causes qui ont amené leur ruine intellectuelle et morale, se retremper, se renouveler, se régénérer dans leurs descendants, tandis que par un autre effet de la même action, de la même influence, d'autres personnes, douées d'estimables, douées de solides et fortes qualités morales, de qualités révélant une nature encore primitive, encore vigoureuse et saine, sortiront de ces dernières classes dont nous parlons, et iront à leur tour dans les régions de la société d'où elles auront été rejetées de la manière que je viens de dire, remplacer ces premières personnes corrompues, avilies, dégénérées. Il est certain que, grâce à cet ensemble, à ce système d'institutions, la tendance, dont je veux parler ici, des sociétés spirituelles à se précipiter vers la dissolution sociale, ou la décadence, sera victorieusement combattue et réprimée; ces sociétés, en effet, retrouvant toujours dans le mouvement que je viens de décrire l'équivalent de ce qu'elles perdent, pourront se maintenir suffisamment éclairées et dignes, suffisamment morales et honnêtes, se maintenir, par conséquent, florissantes et prospères, pourront se conserver, se perpétuer, durer et accomplir, en s'élevant au plus haut degré de développement intellectuel et moral qu'il est dans les desseins de Dieu qu'elles atteignent, la fin pour laquelle elles ont été créées et instituées sur la terre.

« Or, c'est là précisément le résultat que produit le système démocratique. Ce système, en effet, favorisant exclusivement, c'est notre hypothèse, les classes les plus inférieures de la société, c'est-à-dire celles où l'âme humaine, à l'abri de beaucoup de tentations et d'influences pernicieuses, a d'ordinaire le privilége de conserver toute son énergie, tout son ressort, et abandonnant à elles-mêmes, à leurs propres ressources, les classes les plus élevées, c'est-à-dire aussi celles où les principes nombreux, les éléments, les causes d'affaiblissement, de diminution morale, d'abâtardissement pour l'homme, comme nous avons dit plus haut, que toute civilisation renferme dans son sein, agissent avec le plus d'intensité et d'efficace, il en résulte d'une part, qu'à mesure que des individus se corrompent, s'abâtardissent, dégénèrent dans les régions supérieures de la société, ces individus n'étant point aidés, appuyés, soutenus dans ces hauteurs par la nature et la forme des institutions politiques, retombent nécessairement peu à peu vers les régions inférieures, n'y ayant, en effet, que des natures très-saines, que des esprits et des cœurs bien faits et solides, que des personnes, en un mot, douées de qualités morales plus ou moins remarquables qui soient, généralement parlant, capables de se maintenir dans les régions supérieures de la société sous l'empire de l'égalité des partages dans les successions, de la divisibilité indéfinie de la propriété, et de beaucoup d'autres mesures que le génie, que le sentiment, que l'instinct démocratique doit amener inévitablement les gouvernements conservateurs, qui ont de l'avenir chez les nations spirituelles, à prendre, et qu'il n'est pas nécessaire ici d'énumérer, lesquelles tendent sans cesse à abaisser, à diminuer, à réduire les fortunes particulières ; et, d'une autre part, que des personnes douées de qualités estimables sortent, sans cesse, aidées, appuyées, soutenues par la forme et la nature des institutions politiques, des régions inférieures de la société, grandissent peu à peu, et élevant sur le principe de la patience et de l'assiduité au travail, de la modération des désirs, du bon sens, des bonnes mœurs, l'édifice de leur fortune, vont à leur tour, dans la condition, dans le rang social qu'elles n'ont été ni capables ni dignes de conserver, occuper la place de ces premières personnes corrompues, abâtardies, dégénérées, ce qui a pour conséquence, vous le pensez bien, de faire que les classes les plus élevées qui sont toute la substance, qui sont la valeur, la dignité, la force des sociétés spirituelles comme de toutes les autres sociétés humaines, étant restaurées sans cesse, étant renouvelées, rajeunies, pour ainsi parler, à toute heure, par cette descente et cette ascension continuelle, que ces sociétés, dis-je, pourront se maintenir florissantes et prospères, pour me servir des mêmes termes que je viens d'employer, pourront se conserver, se perpétuer, durer, et accomplir, en s'élevant au plus haut degré de développement intellectuel et moral qu'il est dans les desseins de Dieu qu'elles atteignent, la fin pour laquelle elles ont été créées et instituées sur la terre.

« Ainsi le système démocratique, vous le voyez, a pour conséquence, pour résultat, de préserver les sociétés spirituelles, de les garantir de tomber dans le grand écueil, dans l'abîme de la dissolution sociale ou de la décadence. Voilà, pour répondre à l'une des deux moitiés de la question que vous venez de m'adresser, quel est le genre de bien qu'il produit, quel est son effet propre et direct, en quoi, par conséquent, il est indispensable ; et ce serait me répéter inutilement, car vous devez le savoir tout aussi pertinemment que moi, maintenant, si vous avez bien entendu et compris tout ce qui précède, que de vous dire ce qui arriverait au milieu d'un peuple civilisé depuis longtemps déjà et mûr, mais de nature spirituelle, d'un peuple en possession, par conséquent, du système et des institutions démocratiques, si ce système et ces institutions étaient supprimées tout à coup chez ce peuple, et qu'on y laissât les choses, politiquement parlant, suivre leur pente, leur inclination naturelle, en dehors de tout système particulier.

« Ce manque absolu, ce défaut, cette absence d'un certain nombre de grandes qualités intellectuelles et morales, de toutes celles qui découlent, à proprement parler, de l'esprit, que vous reconnaîtrez bientôt chez les nations sérieuses, produit ce résultat, cet effet, comme je vous le ferai voir clairement en vous en faisant toucher plus tard aussi du doigt la raison, produit ce résultat, dis-je, cet effet, que le particulier, que l'individu, que l'homme chez ces nations a je ne sais quoi de lourd et d'immobile dans l'esprit, malgré la présence des grandes qualités intellectuelles et morales qui ont leur source dans le jugement, que l'on pourra constater en lui; je ne sais quoi d'inanimé, d'endormi, de lent, qui témoigne de l'embarras, de la difficulté, de la gêne avec laquelle s'effectuent les opérations de son entendement, et qui a pour résultat de faire que la perfection, le fini, la délicatesse dans les travaux de l'intelligence, que la vivacité, la fécondité, la grâce, lui font complétement défaut ; qu'il éprouve autant de répulsion que d'inaptitude pour tout ce qui a trait aux œuvres d'imagination, de sentiment, de goût, pour les productions de l'esprit, pour la littérature, la poésie, l'éloquence et les beaux-arts ; qu'il vit complétement indifférent, enfin, et étranger au côté gracieux, agréable, élégant, poli et raffiné des choses, à toutes les qualités accessoires, en un mot, mais brillantes, que l'on ne rencontre que chez les peuples policés, et qui sont, à un si haut degré, la part, le lot, l'apanage des sociétés spirituelles. Voilà ce que vous observerez chez les nations sérieuses, pour peu que vous veuilliez considérer attentivement les choses, et ce qui tient au manque absolu, au défaut, à l'absence, comme j'ai dit et comme je le prouverai plus tard sans difficulté, chez ces nations, des grandes qualités intellectuelles et morales qui découlent de l'esprit.

« Je vous laisse à imaginer de quel singulier, de quel grand et insurmontable obstacle se trouvera traversé le développement du progrès et de la civilisation chez les peuples dont il est en ce moment question, combien ils devront être logiquement, nécessairement, fatalement condamnés à demeurer ignorants, pleins de rusticité, grossiers, en un mot à demeurer barbares, si ce que je dis ici est vrai, c'est-à-dire s'il est certain que le particulier, que l'individu, que l'homme, chez ces peuples, a quelque chose de lourd et d'immobile, quelque chose d'inanimé, d'endormi, de lent dans l'esprit, éprouve autant de répulsion que d'inaptitude pour tout ce qui a trait aux œuvres d'imagination, de sentiment, de goût, pour les productions de l'esprit, pour la littérature, la poésie, l'éloquence et les beaux-arts ; vit complètement indifférent et étranger enfin au côté gracieux, agréable, élégant, poli et raffiné des choses, à moins que quelque grand et souverain remède encore, quelque remède efficace et tout-puissant ne soit apporté au mal.

« Quel sera ce remède? Par quel moyen sera-t-il possible de parer aux graves difficultés, aux inconvénients essentiels que nous signalons ici?

« Supposez une combinaison, un ensemble, un système d'institutions politiques tel, que par un effet de l'action, de l'influence de ce système, les qualités intellectuelles et morales remarquables qui ont leur source dans la grande faculté de l'esprit, et qu'ils ne peuvent point tenir du fond même de leur nature, de leur constitution morale, les particuliers, les individus, ou du moins un certain nombre plus ou moins considérable d'individus chez les nations sérieuses, les tiendront de leur position sociale, de leurs traditions de famille, de leur éducation, de leur entourage, d'un certain arrangement ou disposition, enfin, d'une distribution toute particulière des choses, au milieu de laquelle ils se trouveront placés par le seul fait de leur naissance. Il est certain que, grâce à cet ensemble, à ce système d'institutions politiques, le grand et insurmontable obstacle au développement de la civilisation et du progrès, que nous signalons ici comme devant exister nécessairement chez les nations sérieuses, aurait complétement disparu ; ces nations, en effet, n'ayant plus ce quelque chose de lourd et d'immobile, ce quelque chose d'inanimé, d'endormi, de lent, dans l'esprit, dont nous venons de parler, ou du moins ne l'ayant plus dans la même proportion, n'éprouvant plus la même répulsion, par conséquent, ni la même inaptitude pour tout ce qui a trait aux œuvres d'imagination, de sentiment, de goût, pour les productions de l'esprit, pour la littérature, la poésie, l'éloquence et les beaux-arts, ne vivant plus complétement indifférentes et étrangères, enfin, au côté gracieux, agréable, élégant, poli et raffiné des choses ; ces nations, dis-je, pourront acquérir, non pas au même degré, sans doute, que les nations spirituelles, dont elles constituent, à proprement parler, la part, le lot, l'apanage, mais à un degré suffisant, toutefois, au degré nécessaire et indispensable, ces qualités accessoires et brillantes que l'on ne rencontre, avons-nous dit, que chez les peuples policés, pourront se raffiner par conséquent, se polir, se civiliser et accomplir, en s'élevant au plus haut degré de développement intellectuel et moral, qu'il est dans les desseins de Dieu qu'elles atteignent, la fin pour laquelle elles ont été créées et instituées sur la terre.

« Or, c'est là précisément le résultat que produit le système aristocratique. Ce système, en effet, favorisant exclusivement, c'est notre hypothèse, les classes les plus élevées de la société, il en résulte que les individus, que les particuliers dont se composent ces classes, étant aidés, appuyés, soutenus par la nature et par la forme des institutions politiques, dans le haut rang qu'ils occupent, au lieu de suivre le mouvement en vertu duquel ils doivent, non-seulement dans le système de la démocratie, mais encore dans l'état ordinaire et commun, dans l'état naturel des choses en dehors de tout système particulier, se précipiter après un certain nombre de générations de ce haut rang vers les régions inférieures de la société, au lieu de suivre ce mouvement, dis-je, lui résistent victorieusement, au contraire, le détruisent, l'annihilent, et parviennent à se maintenir, à se fixer, à se constituer d'une manière permanente et durable, à s'éterniser, en un mot, dans leur position. Or, ce résultat, le plus clair et le plus inévitable de tous ceux que doit produire le système aristocratique chez les nations sérieuses, une fois obtenu, on peut prévoir sans peine ce qui arrivera; il arrivera que les personnes dont se composent les classes les plus élevées de la société chez ces nations, recevant toujours le bienfait non-seulement de l'instruction la plus libérale, mais encore et principalement de l'éducation la plus accomplie, se voyant dès leur plus tendre enfance, comme leurs ancêtres s'étaient vus depuis une longue suite de générations, entourées des productions les plus rares et les plus merveilleuses de l'esprit humain, que l'opulence et la richesse, quand elles ne lui peuvent plus faire défaut, répandent autour de l'homme chez les peuples policés, et vivant continuellement sous le coup de leur action, de leur influence, finiront par s'en laisser pénétrer peu à peu et par acquérir jusqu'à un certain degré, jusqu'au degré nécessaire et indispensable, du moins ces qualités accessoires et brillantes qui sont, à proprement parler, le lot, l'apanage des sociétés spirituelles, et dont la nature sérieuse a, pour ainsi parler, horreur, et non-seulement finiront par les acquérir, mais encore en communiqueront insensiblement quelque chose autour d'elles aux autres classes de la société; ce qui aura pour conséquence, vous le pensez bien, de faire que les nations sérieuses, ayant suffisamment d'attrait et d'aptitude pour tout ce qui regarde les œuvres d'imagination, de sentiment, de goût, pour les productions de l'esprit, pour la littérature, la poésie, l'éloquence et les beaux-arts, ne vivant point indifférentes et étrangères au côté gracieux, poli, léger, agréable et élégant des choses, pourront se raffiner, pour me servir des termes que je viens d'employer, pourront se polir, se civiliser et accomplir, en s'élevant au plus haut degré de développement intellectuel et moral qu'il est dans les desseins de Dieu qu'elles atteignent, la fin pour laquelle elles ont été créées et instituées sur la terre.

« Ainsi le système aristocratique a pour conséquence, pour résultat, pour effet, de permettre aux peuples sérieux de se dégager des obstacles qui les maintiendraient éternellement grossiers, pleins de rusticité, barbares, qui les empêcheraient, par conséquent et en un mot, de se civiliser. Voilà, pour répondre à l'autre moitié de la question que vous venez de m'adresser, quel est le genre de bien qu'il produit, quel est son effet propre et direct, en quoi, par conséquent, il est indispensable, et ce serait me répéter encore inutilement, car vous devez le savoir tout aussi pertinemment que moi, maintenant, si vous avez bien entendu et compris tout ce qui précède, que de vous dire ce qui arriverait au milieu d'un peuple civilisé depuis long temps déjà et mûr, mais de nature sérieuse, d'un peuple en possession, par conséquent, du système et des institutions aristocratiques, si ce système et ces institutions étaient supprimées tout à coup chez ce peuple et qu'on y laissât les choses, politiquement parlant, suivre leur pente, leur inclination naturelle, en dehors de tout système particulier.

« Les deux systèmes aristocratique et démocratique, vous le voyez donc, sont deux systèmes politiques purement artificiels, je veux dire deux systèmes d'industrie, de combinaison, d'invention humaine, quoique aucun aristocrate ou démocrate révolutionnaire ou conservateur ne se soit encore avisé, peut-être, de les considérer de la sorte ; ces deux systèmes sont absolument contraires et opposés, comme nous avons dit, mais également vrais, également féconds, également nécessaires et indispensables aux peuples qui ont atteint la grande époque de la maturité ou de la civilisation, selon que la constitution morale que ces peuples ont reçue de la Providence divine en partage est de nature sérieuse ou de nature spirituelle. Sans l'un de ces deux systèmes, enfin, sans le premier, l'aristocratique, pour le répéter encore une fois et résumer en quelques mots seulement ce que nous venons de dire, les nations sérieuses ne pourraient se civiliser, et sans l'autre, le second, le démocratique, les nations spirituelles, à leur tour, se précipiteraient bientôt dans le grand écueil, dans l'abîme de la dissolution sociale ou dans la décadence. »

. . . .
. . . .
. . . .
. . . .

# QUATRIÈME FRAGMENT

QUATRIÈME FRAGMENT

EXTRAIT DU

TROISIÈME ENTRETIEN

Où l'on examine en quoi consiste précisément ce qui constitue la nature, l'essence des deux choses que les deux mots : *esprit* et *jugement*, représentent* :

LE SOLITAIRE, LE MARQUIS DE ***, LE DOCTEUR.

LE SOLITAIRE.

J'ai dit et répété, dans les deux entretiens que nous avons déjà eus ensemble, qu'il y a dans l'entendement humain deux principes fondamentaux, deux facultés-mères, deux forces, si je puis m'exprimer ainsi, lesquelles, agissant l'une sur l'autre et se modifiant de différentes manières, produisent les principaux phénomènes, tous les

---

* Nous avons cru devoir placer à la suite du précédent fragment cet extrait du troisième entretien de notre grand ouvrage, afin que le lecteur soit encore plus à même de se faire une juste idée du genre et de la nature de cet ouvrage.

phénomènes vraiment considérables et essentiels du monde intellectuel. J'ai donné le nom d'esprit à l'une de ces deux forces et réservé celui de jugement pour l'autre. Il faut donc maintenant, pour justifier mon assertion, que je commence par expliquer, le plus clairement qu'il me sera possible, ce que j'entends par ces deux mots : esprit et jugement, qui vont tenir un si haut rang et occuper même presque tout l'espace dans nos entretiens ; et pour cela vous me permettrez de remonter assez avant et d'entrer dans quelques détails qui me paraissent nécessaires.

On peut, sous le rapport de leur origine et du fondement sur lequel elles s'appuient dans notre intelligence, ramener à deux espèces bien différentes toutes les vérités qu'il a été donné à l'homme de connaître sur la terre. Les unes sont des vérités premières, des vérités de sentiment, de principe ; les autres sont des vérités de conséquence ou de démonstration.

J'appelle vérités de principe, vérités premières, premiers principes, tous ces termes sont synonymes, un petit nombre de croyances claires et simples qui sont l'origine et le fondement de toutes les autres ; auxquelles nous adhérons fermement avant même d'avoir fait aucun usage de notre faculté de raisonner, qui se retrouvent dans tous les hommes, sans exception, qu'ils aient l'esprit borné ou étendu, et qui sont trop évidentes par elles-mêmes pour avoir besoin de démonstration. Qui est-ce qui demande, en effet, qu'on lui démontre que le tout est plus grand que sa partie ; que tout ce qui a commencé a une cause ; que deux choses égales à une troisième sont égales entre elles; que le plus court chemin entre deux points est la ligne droite? et dans l'ordre moral : que la justice est une vertu; que l'ingratitude est un vice; et que nous ne devons pas faire à autrui ce que nous ne voulons pas qui nous soit fait à nous-mêmes? Non-seulement ces vérités n'ont pas besoin de démonstration, comme je viens de le dire, mais elles n'en sont même pas susceptibles; et il suffira, pour vous en convaincre, de vous rappeler ce que c'est que raisonnement et démonstration. On appelle raisonnement une opération de l'esprit par laquelle on conclut une vérité de deux autres déjà connues et admises de part et d'autre. Si, pour prendre un exemple, je veux prouver que la justice est aimable, il m'est impossible de le faire à moins que vous ne m'accordiez préalablement ces deux autres vérités : premièrement que la vertu est aimable, et secondement que la justice est une vertu; alors il ne vous sera plus possible de me refuser cette conclusion : donc la justice est aimable. Mais si telle est la nature du raisonnement que pour prouver une chose il faille toujours en reconnaître auparavant deux autres comme vraies et incontestables, il est évident que le premier que les hommes établirent ne l'a pu être qu'à l'aide de certaines vérités déjà connues, sans le secours du raisonnement, sans quoi il ne serait plus le premier raisonnement; or, ce sont ces vérités encore une fois que l'on appelle vérités premières, c'est-à-dire antérieures à tout raisonnement, qui n'ont d'autre droit légitime à la créance des hommes que leur propre évidence, et sans le secours desquelles, en définitive, on ne pourrait rien prouver absolument.

J'appelle maintenant vérités de conséquence ou de démonstration toutes celles qui, une fois les premiers principes, les axiomes posés, nous peuvent être acquises par le jeu régulier et légitime de nos facultés intellectuelles. Ces vérités, on le conçoit, sont incomparablement plus nombreuses que les premières dont elles descendent, d'une manière plus ou moins immédiate, par une sorte de génération successive. Elles sont même tellement plus nombreuses qu'elles constituent presqu'à elles seules la totalité des connaissances certaines qu'il a été donné à l'homme de posséder sur la terre.

. . . .
. . . .
. . . .
. . . .
. . . .
. . . .
. . . .

Donc il y a, je le répète, car on ne saurait trop insister sur ce premier point fondamental, il y a des vérités premières, c'est-à-dire des vérités tellement claires et tellement faciles qu'elles frappent soudainement et victorieusement, même avant la réflexion, tout homme en possession de la plénitude de ses facultés intellectuelles, quelles que soient, du reste, la force ou la médiocrité de son talent; vérités à propos desquelles on n'argumente ni ne raisonne d'ordinaire parce qu'on a coutume, quand on est de bonne foi, de les reconnaître de prime-abord, et aussi parce qu'on ne le pourrait pas quand même on le voudrait pour les raisons que nous avons données tout à l'heure une fois pour toutes.

Les autres vérités que nous avons admises ensuite, c'est-à-dire les vérités de conséquence ou de démonstration, ont cela de commun, sans doute, et leur nom l'indique assez, qu'elles peuvent toutes au besoin être établies d'une manière solide et péremptoire, par un argument en forme, mais elles diffèrent néanmoins essentiellement entre elles selon qu'elles se déduisent d'une manière plus ou moins immédiate des premiers principes, et peuvent être divisés sous ce rapport en deux classes bien distinctes et bien naturelles, comme je vais vous le montrer en entrant dans quelques détails.

Vous avez pu penser jusqu'ici, peut-être, d'après le peu que je vous ai dit encore, qu'il n'y a que les vérités premières qui aient le privilége d'être claires, de se laisser pénétrer facilement, de saisir et d'entraîner irrésistiblement la conviction humaine, il n'en est point tout à fait ainsi heureusement. L'existence intellectuelle de l'homme serait par trop pénible, en vérité, s'il lui fallait à chaque instant raisonner pour savoir s'il doit admettre ou rejeter telle ou telle proposition qui n'est pas un axiome par elle-même. L'expérience universelle nous apprend donc premièrement : que toute vérité de raisonnement qui peut se déduire immédiatement d'un premier principe se conçoit d'une manière aussi vive, à peu près, et aussi nette que le premier principe lui-même. Ainsi, pour prendre un exemple entre mille, quand je dis que nous ne devons pas dérober le bien d'autrui, tout le monde en demeure d'accord, et cependant ce n'est point là un premier principe que je mets en avant. Le premier principe d'où découle cette vérité c'est que nous ne devons pas faire à autrui ce que nous ne voulons pas qui nous soit fait à nous-mêmes. Mais ici le ruisseau est encore si voisin de sa source, la conséquence, en d'autres termes, se tient si près de son principe, qu'il n'y a point d'intelligence humaine, si peu active et si peu développée qu'elle paraisse, qui ne saisisse au vol, pour ainsi parler, et n'enveloppe, dans une seule et même vue de l'esprit, les deux vérités à la fois.

Mais ce n'est pas tout. La même expérience universelle nous apprend encore que cette évidence et cette clarté, qui les met au-dessus de la discussion et qu'il faut accorder aux conséquences immédiates d'un premier principe comme à ce premier principe lui-même, appartiennent également, non plus toujours, il est vrai, au même degré, c'est-à-dire d'une manière à frapper aussi soudainement et aussi vivement notre intelligence (car la lumière de l'évidence, on le conçoit, doit s'affaiblir et décroître à mesure et à proportion que l'on s'éloigne des premiers principes) appartiennent également, dis-je, à toutes les vérités de raisonnement qui, quoique plus éloignées de leur source que les conséquences immédiates, n'en sont pas néanmoins à une distance considérable. Ainsi, pour continuer le même exemple dont je me suis servi tout à l'heure, quand je dis que l'usure est une chose défendue par la morale naturelle, on en convient encore aussi promptement que l'on est convenu de ce que je disais à propos du vol, et pour la même raison, pour la raison que cette proposition est aussi de celles qui, bien qu'elles puissent être établies par le raisonnement, se reconnaissent à première vue, et n'ont pas besoin non plus de démonstration. Voilà donc encore une vérité qui a le privilége d'être claire, de frapper vivement l'esprit et d'entraîner la conviction ; à laquelle on acquiescera sans raisonner dans le commerce de la vie, si on est de bonne foi, et qui non-seulement n'est pas non plus un premier principe, mais qui n'en est même pas une conséquence immédiate, comme dans le cas précédent. Aussi, le raisonnement qu'il faudrait faire pour l'établir est-il déjà plus compliqué. Dans le premier exemple cité cette opération de l'esprit était réduite à sa plus simple expression. Il suffisait de dire : Nous ne devons pas faire à autrui ce que nous ne voulons pas qui nous soit fait à nous-mêmes; or, nous ne voulons pas que l'on nous prenne ce qui nous appartient, donc nous ne devons pas non plus nous approprier ce qui appartient aux autres. Mais ici l'opération est plus difficile, car elle est double. Il faut commencer en effet par établir que l'usure elle-même n'est autre chose qu'un vol et ajouter ensuite que le vol étant défendu, pour la raison que nous venons de dire, qui est que nous ne devons pas faire à autrui ce que nous ne voulons pas qui nous soit fait à nous-mêmes, l'usure, par conséquent aussi, est défendue. Ainsi, cette vérité morale : l'usure est un acte défendu par la loi naturelle, ne serait que la deuxième proposition dans cette espèce de géométrie qui nous occupe en ce moment. Mais supposez une troisième proposition qui découlât de la seconde comme la seconde elle-même découle de la première, comme celle-ci découle à son tour, immédiatement, du premier principe, et vous lui appliquerez encore, si elle est évidente aussi par elle-même, tout ce qui vient d'être dit. Il ne serait pas difficile, en effet, s'il n'était trop long, pour l'objet que je me propose, de montrer qu'une foule de vérités morales, beaucoup plus éloignées des premiers principes que ne le sont les exemples que je viens de citer, sont acceptées tous les jours, dans la discussion, sans le secours d'aucun raisonnement, par des hommes dont l'esprit même n'est qu'ordinaire pourvu que leur entendement soit sain ; mais, je le répète, il serait trop long et inutile, à mon dessein, de pousser plus avant de ce côté.

Cette expérience universelle nous apprend enfin que par delà une certaine limite, qu'à un degré donné d'éloignement des premiers principes, les vérités de raisonnement perdent le privilége d'être claires et évidentes par elles-mêmes et ne peuvent plus être saisies et reconnues à première vue par la grande généralité des hommes : je dis : par la grande généralité des hommes, car à cette distance quelques-uns seulement, à cause de leur plus grande portée d'esprit, saisiront encore facilement la vérité de telle ou telle proposition mise en avant, mais la masse universelle ne la verra plus que d'une manière confuse et indécise, ou même n'apercevra plus rien du tout.

Voilà donc, ainsi que je le disais plus haut, toutes les vérités de raisonnement divisées réellement en deux classes bien distinctes et bien naturelles. Je dis bien naturelles, car cette division repose, comme on le voit, sur l'inégalité intellectuelle que la nature a mise entre les hommes. Je vous propose maintenant d'appeler conséquences prochaines, à cause du peu d'éloignement où elles sont, en effet, des principes d'où elles découlent, toutes les vérités de cette espèce qui appartiennent à la première de ces deux classes, c'est-à-dire toutes celles qui sont faciles à reconnaître à première vue et sans le secours du raisonnement, sinon encore pour tout le monde sans exception, du moins, pour la grande généralité des hommes, tandis que nous donnerons le nom de conséquences éloignées à toutes les autres vérités de raisonnement qui rentrent dans l'autre classe, c'est-à-dire à toutes celles qui ne sont plus de la portée et du domaine universels, qu'il n'appartient plus, par conséquent, qu'à des esprits mieux faits, plus réfléchis et plus profonds que le commun des esprits, qu'à des intelligences d'élite, enfin, de reconnaître et de saisir.

. . . .
. . . .
. . . .
. . . .
. . . .
. . . .

Ainsi vous avez entendu : conséquences prochaines, conséquences éloignées, voilà des termes consacrés qui reparaîtront souvent dans nos entretiens ; il est donc bien important, il est même indispensable à l'intelligence de tout le reste que vous ayez toujours présent à l'esprit le sens que je viens de leur attacher. J'aurai soin, du reste, toutes les fois que l'occasion s'en présentera, de définir avec précision tous les mots peu connus dont je me servirai dans la discussion ; car si nous ne convenons pas bien de nos termes, si les mêmes mots ne signifient pas les mêmes choses, pour vous que pour moi, il peut se faire que je vous parle toujours sans que vous m'entendiez jamais ; je donnerai assez souvent aussi des significations plus nettes et mieux déterminées à beaucoup d'expressions dont le sens est incertain ou contesté ; je leur en donnerai même quelquefois de nouvelles, car les définitions sont libres, et vous ne pouvez me contester le droit d'appeler, de tel ou tel nom qu'il me plaira, telle ou telle chose, pourvu que je vous en prévienne à temps, et qu'il n'y ait pas de confusion possible ; mais je peux le dire pour ma justification, ce sera bien moins par goût que par nécessité que je me permettrai ces sortes de licences ; car à bien des égards, comme vous le verrez, la langue de nos entretiens n'est pas faite, et nous serons souvent obligés de nous la forger nous-mêmes de toutes pièces au fur et à mesure que nous avancerons.

Cela dit, et avant de passer outre je vous propose encore, puisque nous devons donner à tout un nom précis, d'appeler intuition, phénomène, puissance, force, lumière, vue, vision, intuitifs, tous ces termes seront synonymes pour nous, la faculté que nous avons reçue tous tant que nous sommes, quoiqu'à des degrés qui varient énormément d'homme à homme, d'apercevoir d'un seul trait, d'un même regard intérieur, et avec une promptitude rapide comme tout ce qui tient à la pensée, les conséquences dans leurs principes et les principes dans leurs conséquences, sans le secours de l'induction et de la déduction proprement dites, sans le secours, en d'autres termes, du raisonnement, faculté admirable qui fait notre plus belle et plus étonnante prérogative sur la terre, si seulement, il faut le dire, elle nous avait été donnée dans de moins étroites limites! qui nous distingue si honorablement néanmoins, et nous élève encore si fort au-dessus de tout ce qui est, de tout ce qui respire dans la nature, et qui établit enfin une ressemblance réelle entre le Créateur et nous, si toutefois ce qu'il y a de plus petit au monde en intelligence raisonnable peut être comparé à ce qu'il y a de plus grand.

LE DOCTEUR.

Il me semble que ce faisceau, que cette somme de vérités morales qui sont à la portée, selon vous, et constituent l'héritage et le domaine intellectuels de la grande généralité des hommes, et que vous avez appelées conséquences prochaines, représente assez bien ce que, dans le monde, on a coutume de désigner sous le nom de sens commun.

LE SOLITAIRE.

Vous avez raison, et j'allais moi-même, si vous ne m'aviez prévenu, vous en faire faire l'observation. L'expression dont vous parlez, que l'usage a répandue et consacrée, est admirable, en vérité, de précision et de justesse; aussi ne lui donnerons-nous, toutes les fois que nous nous en servirons, ce qui aura lieu fréquemment, d'autre sens que celui qui lui est attribué universellement; un homme qui possède le sens commun sera donc pour nous, comme pour tout le monde, un homme qui, en fait de vérités morales, conçoit, saisit intuitivement et sent ce que le commun des hommes sent, saisit et conçoit sans peine et sans effort intellectuel.

Sens commun, toutefois, ne voudra pas dire dans notre langage, non plus que dans le langage ordinaire, sens universel, pour la raison que le commun des hommes ne signifie pas l'universalité des hommes. Ce n'est pas toujours, en effet, une exagération affectée ni une formule oratoire que de dire de telle ou telle personne qu'elle n'a pas le sens commun, car il y a réellement des hommes qui, sans être encore à beaucoup près des idiots, n'ont pas néanmoins assez de force et de capacité intellectuelle; chez qui, pour parler notre langage, le champ de la vision intuitive n'est pas même assez étendu pour contenir le peu de vérités morales qui constituent le domaine du sens commun, et pour lesquels par suite beaucoup de conséquences qui sont encore prochaines, pour la plupart des hommes, sont déjà des conséquences trop éloignées; et ne pensez pas, comme je vous le montrerai plus tard en vous en donnant la raison, que ce soit surtout parmi les hommes privés d'éducation et de culture intellectuelle, parmi les habitants grossiers et ignorants de nos campagnes, mais bien au contraire dans la classe des hommes instruits, à qui ni l'éducation, ni l'érudition, ni la science, ne manquent, et qui souvent passent pour posséder des talents et des facultés que bien des gens trouvent remarquables, que vous rencontrerez les exemples les plus nombreux et les plus frappants de cette misère intellectuelle dont je veux parler en ce moment ; mais, je le répète, ceci recevra son éclaircissement en temps et lieu.

Il est une autre expression fort belle encore et universellement employée aussi, mais qui, je le regrette, n'est pas dans le langage ordinaire aussi précise et aussi invariable dans son acception que la précédente : c'est celle de *bon sens*. Vous entendrez souvent, en effet, des personnes employer cette expression de manière à vous donner lieu de croire qu'elles entendent désigner par là un état de l'intelligence plus élevé et plus remarquable que celui que les seules lumières du sens commun permettent de supposer. Ainsi, pour prendre encore un exemple, quand on dit à propos de tel ou tel livre : le bon sens qui règne partout, dans cet ouvrage, le distingue de tous ceux qui ont paru depuis longtemps sur cette matière et le fera parvenir à la postérité ; ou bien encore à propos de telle ou telle personne : le bon sens qu'elle a fait paraître dans ses diverses réponses est vraiment admirable et fait concevoir une haute idée du mérite et de la capacité de son esprit ; on entend exprimer assurément que les lumières que l'auteur de ce livre ou que la personne dont on veut parler ont reçues de la nature sont supérieures à celles qui distinguent la foule, en général, aux lumières par conséquent de l'homme qui ne possède que le sens commun. Mais quand on dit d'un autre côté que tel ou tel individu, qui n'est pas un sot, n'a rien pourtant de remarquable, et ne passera jamais, auprès de ceux qui s'y connaissent, que pour un homme de bon sens ; assurément encore on veut exprimer cette fois que l'individu dont il est question n'est tout au plus qu'un homme ordinaire ; or, un homme ordinaire, nous avons établi ces choses, ne peut s'élever, en fait de vérités morales, au-dessus des conséquences prochaines, et par conséquent ne possède que le sens commun, ainsi donc dans ce dernier cas l'expression qui nous occupe est prise comme synonyme de sens commun, tandis que dans le premier elle sert à désigner quelque chose de plus relevé et de plus remarquable, un état plus ou moins supérieur enfin de l'intelligence ; or, comme je veux éviter la confusion qui règne à ce sujet dans le langage ordinaire, je vous préviens que je n'adopte que la première de ces deux acceptions, qui est de beaucoup préférable, selon moi, et que le mot : bon sens dans ma bouche par conséquent ne sera jamais synonyme de celui de sens commun.

. . . .
. . . .
. . . .
. . . .
. . . .
. . . .
. . . .

Mais je me hâte de revenir à l'explication de ce qu'il faut entendre par ces deux mots : *esprit* et *jugement*, que je dois vous donner... j'aborde en premier lieu le *jugement*.

Ce phénomène intellectuel si remarquable, auquel nous avons donné le nom d'intuition, de puissance, de lumière, de force intuitive, qui existe, avons-nous dit, quoique non pas au même degré, dans tous les hommes sans exception, et qui consiste à reconnaître et à saisir à première vue, à apercevoir des yeux de l'esprit les conséquences des premiers principes, c'est-à-dire les vérités de raisonnement avant même tout raisonnement, ce phénomène intellectuel, dis-je, aussitôt qu'il s'élève en nous au-dessus des conséquences prochaines et nous permet d'atteindre à celles que nous appelons éloignées, quelque soit le degré de cet éloignement, voilà enfin ce que j'appelle jugement.

. . . .
. . . .
. . . .
. . . .
. . . .
. . . .
. . . .
. . . .

Ainsi un homme judicieux pour nous est un homme qui possède au fond de son intelligence, outre les vérités morales prochaines qui lui sont communes avec la grande généralité de ses semblables, un nombre plus ou moins considérable de vérités éloignées de leurs principes, c'est la condition indispensable; cet homme par cela seul n'appartient plus déjà à la classe des esprits ordinaires, il sera plus éclairé, plus pénétrant et plus profond que la grande généralité des hommes, qui n'ont pour les guider, c'est notre hypothèse, que les seules lumières du sens commun.

Je dis que le nombre de vérités morales éloignées qui doivent se rencontrer dans tout homme dont l'esprit est judicieux, qui le constituent même esprit judicieux, peut être plus ou moins considérable, parce qu'en effet on peut encore avoir du jugement, cela se conçoit sans peine, à une infinité de degrés.

Vous remarquerez que ce que je dis du jugement ne diffère guère de ce que je disais un peu plus haut à propos du bon sens. Ces deux phénomènes intellectuels ont en effet beaucoup de rapports et d'affinités entre eux, ils supposent également dans les esprits où ils se produisent la faculté d'atteindre aux conséquences éloignées, et révèlent un état presqu'identique de l'intelligence. Sentir bien, sentir vrai, sentir juste ou juger de la sorte, n'est-ce pas à peu près la même chose ? Toute la différence serait, si l'on veut, que l'esprit semble plus actif quand il affirme une vérité qui lui paraît incontestable que quand il ne fait que la sentir. Nous emploierons donc tour à tour, et indifféremment, ces deux expressions consacrées, de sorte que ces mots : un homme judicieux ou ceux-ci : un homme remarquable par son bon, par son grand sens, seront tout à fait synonymes pour nous.

LE MARQUIS DE ***.

Je n'aperçois, pour ma part, dans ce que vous avez dit jusqu'à présent, qu'une légère difficulté que je vous prierai de lever avant de passer outre. Pourquoi dans le mot : *bon sens*, dont j'admets avec vous et au même sens que vous la chose, pourquoi cette qualification de *bon ?* Les vérités morales, dont l'ensemble constitue le domaine du sens commun, ne sont-elles pas vraies à autant de titres que celles qui constituent celui du bon sens, et toute vérité n'est-elle pas bonne ? J'entends bien qu'il a fallu donner des noms différents à des choses qui le sont autant que le sens commun et le bon sens, mais ne le pouvait-on pas faire sans appliquer à l'une de ces deux choses une épithète qui peut tout aussi bien convenir à l'autre, au hasard même de confondre ce que l'on voulait distinguer ? Voilà l'éclaircissement que je vous prie de nous donner avant de passer outre, et qui m'a paru mériter la peine de vous être demandé. Dites-nous-en un mot si le sens commun vous paraît un guide moins sûr que le bon sens, et si le genre humain, presque tout entier, qui n'a pas d'autre lumière, a tort de s'y abandonner en toute assurance.

LE SOLITAIRE.

La question que vous me faites est fort judicieuse assurément, et je suis bien aise que la pensée vous soit venue de me la proposer à ce moment de nos entretiens, car je crois pouvoir la résoudre à votre pleine et entière satisfaction.

Sans doute les vérités de sens commun sont vraies comme vous le dites à autant de titres et pour les mêmes raisons absolument que les vérités de bon sens; mais je n'en suis pas moins persuadé que l'usage universel, ce maître souverain et absolu de l'expression qui peut errer quelquefois, mais qui n'en fait et n'en défait pas moins les langues, qui détermine à son gré leur tour, leur caractère, leur génie particulier, et qui a décidé d'une manière si souveraine en cette rencontre, que l'usage universel, dis-je, a eu raison de consacrer le terme dont vous parlez, car je vais vous montrer sur quel fondement solide repose cette qualification, qui vous étonne et qui a néanmoins une raison d'être, une signification, et une portée philosophiques vraiment admirables.

Je vous ai dit plus haut que les vérités morales qui existent au fond de l'intelligence de l'homme qui ne possède que le sens commun ne sont pas égales en nombre et en importance à celles qui sont le partage de l'homme éclairé de cette lumière supérieure que j'ai désignée sous le nom de bon sens, pour la raison que je vous ai donnée aussi que la vue intuitive est de beaucoup plus faible et plus courte chez le premier de ces deux hommes que chez le second; mais ces vérités de sens commun, comme nous venons de le reconnaître, étant aussi solides, c'est-à-dire aussi réelles et incontestables que toutes les autres vérités plus difficiles et plus profondes, puisque sans cela elles ne seraient plus des vérités, il en résulte évidemment que toutes les fois qu'il ne s'agira d'examiner et de résoudre que des questions dont la solution n'exige la connaissance que d'un nombre de vérités qui n'est pas considérable, qui n'est pas plus grand, par exemple, que celui que le sens commun permet de supposer, le sens commun sera une vive lumière, le sens commun sera un guide sûr, le sens commun enfin sera un excellent et un *bon* sens, puisque, pour le répéter encore une fois, les vérités qui sont de son domaine et qui doivent être les instruments et le moyen de cette solution ne sont ni moins solides, ni moins réelles et incontestables, c'est notre hypothèse, que toutes les autres vérités absolument.

Mais la difficulté et le malheur proviennent de ce que le nombre de ces questions morales, que l'on peut résoudre à l'aide et par le moyen des seules lumières du sens commun, est extrêmement restreint; il se borne à peu près et se réduit à un certain ordre de questions élémentaires et simples qui s'élèvent au fur et à mesure du besoin courant des affaires et des petites nécessités sociales, et dont la solution journalière et incessante remplit et compose tout le train et le mouvement de la vie ordinaire et commune. Hors de là le sens commun, s'il veut agir encore, ne peut plus rien absolument; il ne pénètre, n'aperçoit, ne démêle plus rien; sa force et sa lumière, en quelque sorte éclipsées, n'aboutissent plus à établir dans les esprits que des opinions flottantes et indécises, ou selon la différence des caractères que des principes décidément faux et erronés qui les emportent violemment loin des sentiers connus et pratiquables, et hors des régions salutaires et saines où la vérité se tient.

Je dis que la difficulté et le malheur sont là, parce qu'en

effet en dehors de ces questions élémentaires et simples dont il a été donné au sens commun de trouver la solution reste encore tout l'homme, si on peut parler ainsi, c'est-à-dire que ce n'est qu'à partir de là seulement que commencent à s'élever les questions vraiment considérables et importantes pour l'homme, celles dont la solution a le plus haut et le plus suprême intérêt pour lui.

Ce serait un bien petit mal sans doute qu'il y eût dans la nature intellectuelle un nombre plus ou moins considérable de questions assez épineuses et difficiles pour demeurer toujours étrangères et inaccessibles à la grande généralité des hommes, à tous ceux auxquels nous n'avons accordé que les seules lumières du sens commun, et n'être tout à fait abordables et solubles que pour un petit nombre d'esprits seulement, si en même temps ces questions n'étaient pas des questions capitales et décisives par les résultats importants et actuellement pratiques que leur solution porte dans ses flancs; si de cette solution bien entendue et bien comprise ne dépendaient pas les premiers et les plus chers intérêts de l'homme : son bonheur, son repos, ses vertus, ses lumières; si, en un mot, ces questions étaient des questions beaucoup plus étonnantes et curieuses de leur nature que véritablement utiles et nécessaires à connaître, et n'avaient pour principal ou pour unique effet que de contribuer à l'ornement et à la satisfaction particulière de ce petit nombre d'hommes privilégiés que Dieu a faits capables de les entendre, mais il n'en est pas ainsi malheureusement.

Toutes ces questions morales, en effet, qui ont tant

d'importance, et dont la solution a pour effet constant de donner à ceux qui en sont capables une idée exacte et saine de la nature de l'homme, de nous faire connaître ses instincts originels, son génie, ses penchants, ses lumières et les justes limites de ces lumières, le degré de force ou de faiblesse morale auquel il peut s'élever ou descendre, les nécessités de toute espèce qui lui incombent durant cette vie, ce qui peut le rendre heureux ou malheureux sur la terre, ce qu'il fera généralement dans telle ou telle circonstance donnée, toutes ces questions enfin qui rentrent dans le cadre de cette science que l'on nomme philosophie morale, science éminemment féconde et salutaire, parce qu'elle est essentiellement pratique et vraie, dont l'acquisition ne demande point des études approfondies et transcendantes, qui peut même se rencontrer à un très-haut degré dans un homme qui ne possède que peu ou point de connaissances positives et d'acquit proprement dit, pourvu qu'il ait l'esprit bien fait, exempt de préjugés incurables, et naturellement porté à la méditation, toutes ces questions, dis-je, ne relèvent pas du sens commun.

Toutes les questions encore que l'on agite sur le terrain difficile de cette autre science que l'on nomme politique, la plus vaste à mon avis et la plus intéressante de toutes, qui exige une si sûre et si parfaite connaissance des hommes, et qui n'est qu'une application des principes découverts et mis en lumière par la philosophie morale; toutes ces questions aussi, et vous en concevez bien la raison qui découle de la précédente, ne relèvent pas non plus du sens commun.

Enfin, et pour expliquer ma pensée tout entière en

moins de paroles, je dirai que toutes les questions morales qui contiennent et d'où peuvent jaillir les vérités que j'appelle nécessaires et indispensables, c'est-à-dire ces vérités sans la connaissance desquelles chacun de nous ne peut vivre bien ordonné ni par conséquent paisible et heureux sur la terre, ni même les sociétés humaines durer (car j'ai avancé plus haut, vous vous le rappelez, et je le prouverai abondamment lorsque je reviendrai plus tard sur ce sujet, j'ai avancé que les sociétés humaines vivent autant que de pain d'un certain nombre de vérités morales qui ne peut diminuer notablement sans qu'elles périssent), que toutes ces questions encore ne relèvent pas non plus du sens commun.

Mais s'il en est ainsi véritablement, si toutes ces questions aux conséquences fécondes et pratiques ne peuvent se résoudre comme je viens de l'affirmer simplement, mais comme je le prouverai plus tard de manière à emporter toute conviction sincère et éclairée, ne peuvent se résoudre à l'aide et par le moyen des seules lumières du sens commun, il était donc vrai de dire qu'en dehors de ce petit nombre de questions faciles et simples, dont il a été donné au sens commun de pouvoir trouver la solution, restait encore tout l'homme.

Cela posé, qu'est-il arrivé maintenant pour en revenir plus directement à l'éclaircissement que vous me demandez?

Il est arrivé une chose que l'on pouvait bien prévoir, assurément, vu la faiblesse originelle et incurable autant que présomptueuse et téméraire de l'intelligence humaine en général, c'est que les hommes dans tous les temps ont entrepris de résoudre avec les seules lumières du sens commun une foule considérable et même toutes les questions morales qui sont supérieures à ce sens et qui n'en peuvent point relever, par conséquent.

De là est résulté nécessairement que le sens commun, que ce sens qui, en se retranchant avec soin et n'opérant jamais que dans les limites étroites qui lui sont légitimes et naturelles, était, comme nous avons dit plus haut, une vive lumière, était un guide sûr, était enfin un excellent et un *bon* sens, et qui, dans ce cas, n'aurait jamais été désigné non plus par ceux qui auraient voulu le distinguer d'une manière tout à fait nette et tranchée du bon sens proprement dit que sous le nom qui n'était pas encore méprisable de sens moindre, de sens inférieur et secondaire, à cause du nombre moins considérable, en effet, de vérités qui sont de sa compétence ; que le sens commun, dis-je, en se hasardant de franchir ainsi les justes bornes de son domaine, a perdu notablement de son importance et de sa signification primitives, a diminué sensiblement dans l'estime et dans l'idée universelles, et n'a plus été considéré et désigné avec raison sur ce terrain nouveau et usurpé que comme un sens trompeur et erroné, car c'est là évidemment ce que veut signifier indirectement cette qualification de *bon* ajoutée à l'autre sens, tandis que le bon sens, au contraire, qui n'est pas d'une autre nature, après tout, quoique bien plus excellent en son espèce que le précédent, et qui, à son tour, n'aurait jamais pu être désigné sous d'autre nom si le sens commun ne fut pas sorti de ses limites que sous celui assez glorieux, déjà de grand sens, de sens supérieur et complet, a reçu l'épithète plus relevée encore et plus remarquable de *bon* par opposition aux conséquences funestes et désastreuses que le genre humain a toujours senti instinctivement, que devait produire pour le bonheur et le repos de l'homme et des sociétés civiles sur la terre l'application abusive et malheureuse des lumières du sens commun à la solution de questions morales qui ne lui sont pas accessibles.

Voilà quelle est, selon moi, dans l'expression qui nous occupe en ce moment, la source originelle, la raison d'être, la raison vraiment philosophique et profonde de cette qualification de *bon*, qui a paru vous étonner d'abord, et dont vous m'avez demandé l'explication.

Ce qu'il y a donc, en d'autres termes et pour me résumer avant de passer outre, ce qu'il y a de précieux et d'inestimable, selon moi, dans le mot : bon sens, ce qui doit nous le faire accueillir avec faveur, ce qui fait que je ne me lasse point pour ma part de rendre grâces à l'usage universel de qui nous le tenons de l'avoir introduit dans notre langue, c'est la propriété admirable qu'il a, par sa première moitié, de rappeler sans cesse, quoiqu'implicitement, à notre esprit, de rappeler à première vue et avec une promptitude rapide comme tout ce qui tient à la pensée, que les solutions qui peuvent être données par le sens commun à toutes les questions vraiment considérables et importantes pour l'homme sont essentiellement MAUVAISES et ERRONÉES.

LE MARQUIS DE ***.

Vous avez émis deux assertions que j'aurais grande envie de relever, car elles me paraissent inconciliables. Vous avez dit d'une part que les sociétés humaines vivent d'un certain nombre de vérités morales qui ne peut diminuer notablement sans qu'elles périssent; et d'une autre part, que le sens commun, qui serait selon vous l'unique source de lumière et de vérité pour le genre humain presque tout entier et partant pour ces mêmes sociétés dont il se compose, ne représente et ne fournit pas à lui seul cette somme de vérités indispensables. Les conditions d'existence et de durée que vous déclarez vous-même nécessaires ne seraient donc pas, si je ne me trompe, et même ne pourraient jamais être remplies dans votre système; mais alors comment accordez-vous les deux assertions que vous avez émises avec cette troisième qui détruit au moins l'une ou l'autre de ces deux assertions, et qui n'est qu'un fait évident et palpable à constater : que les sociétés où nous vivons, par exemple, subsistent depuis un temps que l'on peut appeler considérable, ont duré même beaucoup plus de mille ans déjà, et ne sont pas encore, quoique l'on ait pu dire, sur le point de se dissoudre. C'est là, je vous avoue, un phénomène social qui me paraît inconcevable à votre point de vue, et que je vous prierai, par conséquent, d'expliquer encore.

LE SOLITAIRE.

Je vous expliquerai plus tard ce phénomène social vraiment inconcevable pour qui ne possède pas la clef de notre système, et le ferai, soyez-en persuadé, avec tout le soin et toute l'attention qu'on y peut mettre, et dont la chose aussi est digne. Mais je ne le veux pas entreprendre à ce moment encore si peu avancé de nos entretiens, pour la raison qu'il existe une infinité d'autres principes qu'il faut que je vous expose auparavant et sans la connaissance desquels vous n'entendriez que très-difficilement ce que je me propose de dire sur ce sujet. Il ne vous serait pas possible sans doute de comprendre la trentième proposition de géométrie, par exemple, si quelque personne essayait de vous la démontrer sans vous avoir démontré préalablement les vingt-neuf autres dont elle est précédée. Il en est de même absolument pour les vérités de l'ordre qui nous occupe; et une méthode logique et serrée, une méthode rationnelle et scientifique ne nous est pas moins utile et nécessaire à suivre pour leur démonstration et leur établissement solides que pour ceux de toutes les autres vérités des sciences exactes proprement dites.

Il m'est agréable, au reste, que vous ayez pris acte de déclaration sur-le-champ de ces deux assertions si absolues et si tranchées que j'ai réellement émises, et que vous m'ayez mis à même aussi de les renouveler d'une manière plus nette et plus positive encore s'il est possible, car je me propose de les soutenir vigoureusement dans la suite par les armes de la discussion. Je vous dirai même que j'ai hâte encore plus que vous, peut-être, d'arriver à ce moment décisif, tant la conviction qui remplit mon âme à l'endroit de ces deux points fondamentaux est pour ainsi dire ardente et implacable. Attendez-vous donc, je vous en préviens si vous ne l'avez deviné déjà, qu'une grande partie de l'intérêt et de la substance de ces entretiens consistera à démontrer d'abord qu'il existe réellement un certain nombre de vérités morales indispensables au bonheur de l'homme et au maintien des sociétés civiles sur la terre, et que le sens commun ne fournit pas ce nombre de vérités nécessaires ; et à chercher ensuite comment il se peut faire que nos sociétés modernes ont été jusqu'ici et sont encore en possession de ce complément de lumière et de vérités que l'homme, à le prendre en général, ne saurait trouver dans le fond même de sa nature.

LE MARQUIS DE ***.

Quoique vous ne nous ayez développé encore que quelques-uns de vos principes nous en avons assez entendu, ce me semble, pour qu'il nous soit permis de vous attribuer ce sentiment : que l'homme, à le prendre en général et dans l'immense majorité des cas, et à le supposer réduit à ses seules forces, à ses seules lumières naturelles, n'est pas véritablement éclairé. Car en vérité qu'est-ce qu'une lumière qui ne peut point nous permettre encore d'apercevoir ce qu'il nous convient de penser, de désirer, de faire et d'aimer en toute chose, et de vivre par conséquent bien ordonnés, paisibles et heureux sur la terre? Qu'est-ce qu'une lumière dont la clarté est trop indécise et trop faible pour diriger constamment l'humanité dans la voie obscure et douloureuse où elle chemine à travers les siècles, et lui permettre d'éviter à jamais ces catastrophes, ces dissolutions et ces ruines irréparables où ont abouti déjà tant de sociétés disparues maintenant de la terre, qui s'étaient montrées aussi pleines de force et de vigueur en leur maturité, et dont les débris répandus çà et là sur une moitié de la surface du globe sont encore sous nos yeux, et, pour ainsi parler, dans nos mains, comme un témoignage vivant de la faiblesse et de la caducité humaines? Il faut donc reconnaître, toujours selon vous, et conséquemment à vos principes, que le degré de lumière qui a été départi à l'homme par le dispensateur des choses est un degré misérable.

LE SOLITAIRE.

Vous l'avez dit, et je reconnais qu'en interprétant ainsi le fond de ma pensée vous ne m'imputez pas d'autres sentiments que ceux que je professe réellement. Réduit en effet à ses seules lumières naturelles, l'homme se trouverait abandonné selon moi dans la main de son inexpérience et de son aveuglement, comme dirait l'Écriture, au milieu des dangers, des épreuves, des misères, au milieu des difficultés, des obscurités, et de toutes les nécessités sociales, sans qu'il lui fût jamais possible de s'y reconnaître ni de s'en démêler d'aucune sorte. Seulement vous avez bien fait d'ajouter : en général, dans la grande majorité des cas, puisque j'ai reconnu, moi-même, qu'il existe dans la société un certain nombre de personnes dont la vue intuitive s'étend au delà des conséquences prochaines, et qui sont véritablement judicieuses et éclairées par conséquent; seulement encore je vous rappelle ce que je vous ai dit déjà et que vous ne devez pas perdre un seul instant de vue : c'est que si l'on peut partager le genre humain, sous le rapport des lumières, en deux classes bien distinctes et bien tranchées : dont l'une, qui n'est pas très-nombreuse, comprend tous les hommes judicieux et sensés, et dont l'autre, qui l'est incomparablement plus, renferme tous ceux qui n'ont reçu de la nature que le sens commun en partage, ces deux classes, toutefois, ne sont pas composées de manière que tous les hommes ignorants et grossiers qui sont répandus sur la terre appartiennent nécessairement à l'une, à la plus nombreuse, par exemple, tandis que tous les hommes instruits et cultivés appartiendraient au contraire à l'autre ; car je tiens pour très-certain et très-assuré que la science et l'instruction n'ont rien ou que très-peu de chose à démêler en cette importante affaire, et qu'une certaine proportion d'hommes judicieux et éclairés, laquelle varie notablement, il est vrai, pour des raisons que vous comprendrez bien plus tard, se retrouve partout dans la société, malgré toutes les différences de condition, de sexe, d'âge, de caractère, d'ignorance ou d'instruction, que la nature ou les institutions civiles ont mises entre les hommes.

LE MARQUIS DE ***.

Il faut donc estimer, par conséquent, dans votre système, pour me hasarder encore une fois d'interpréter votre pensée, que si on entreprenait, par impossible, de supputer une à une les opinions particulières de tous les hommes sans exception qui sont sous le soleil et qui jouissent de la plénitude de leurs facultés intellectuelles touchant les questions les plus intéressantes et les plus graves de la politique et de la philosophie morale, question pour l'intelligence desquelles vous avez dit cependant qu'il n'était pas besoin d'études approfondies et transcendantes, mais seulement d'un esprit bien fait, exempt de préjugés incurables, et naturellement porté à la réflexion, et que l'on prît ensuite la résultante de toutes ces opinions particulières, il faut estimer, dis-je, que cette résultante serait toujours et inévitablement l'erreur.

LE SOLITAIRE.

Absolument, et je me fais fort de vous le démontrer par A + B, comme on dit en géométrie.

LE DOCTEUR.

Voilà une opinion qu'il nous sera permis de trouver tout au moins singulière et inattendue dans la bouche d'un homme qui, en politique, ne rejette pas absolument le système du suffrage universel. Il me paraît fort difficile après cela, permettez-moi de le dire, que vous ne tombiez pas quelque part, en contradiction manifeste avec vous-même, dans cette longue succession de développements que vous allez donner à votre pensée.

LE SOLITAIRE.

Vous relèverez les contradictions au fur et à mesure qu'elles paraîtront ; mais en attendant votre devoir est de suspendre votre jugement, car j'ai le droit, puisque nous en sommes convenus dès le principe, et je le revendique encore une fois, de n'être jugé que sur pièces, c'est-à-dire qu'après avoir été mis à même d'établir mes preuves. Je n'ignorais pas, croyez-le bien, où pouvait paraître aller ce que je disais, et j'avais prévu aussi en le disant où votre esprit se porterait immédiatement. Mais ayez confiance, vous aurez lieu d'être satisfait de mes futures explications. Au reste, je vous avouerai qu'il m'importe assez peu pour le moment, et que je ne m'occupe guère de savoir si vous partagez ou non les sentiments que je n'ai fait qu'exprimer, sans les soutenir d'aucune preuve, sur ces points fondamentaux et essentiels. Si même j'en ai touché quelque chose en passant, si je vous ai dit ce que je pense à leur endroit, et dans quelle direction, par conséquent, vous pouvez prévoir déjà que je m'apprête à marcher, c'est malgré moi, en quelque sorte, que je l'ai fait, et seulement pour satisfaire à chacune des questions que vous m'avez adressées. Je vous renvoie donc, pour la conviction définitive et complète où je veux amener votre intelligence, au moment où je poserai la grande démonstration que je prépare, et où je serai moi-même le premier à demander partout des objections, à exciter bien plus qu'à contenir votre antagonisme, à vous engager enfin à recueillir toutes vos forces pour tenter de me disputer résolument le terrain et la victoire en même temps ; car ce que je demande, ce n'est pas de vaincre, mais de voir et de connaître ce qui est juste et vrai en toute chose morale et utile. Quant à présent, c'est-à-dire pendant ces quelques entretiens préliminaires, je n'ai qu'un seul et unique objet en vue, hors duquel tout m'est à peu près indifférent : c'est d'établir une définition très-large et très-étendue, afin qu'elle soit plus claire et plus intelligible, de ces deux mots : esprit et jugement, qui sont les deux grandes bases de tout notre système d'idées, en prenant la liberté toutefois, dont vous voyez que j'use largement, de m'arrêter, chemin faisant, à beaucoup de détails particuliers, et aussi de me laisser aller à tous les hors-d'œuvre ou digressions que les demandes que vous m'adressez amènent de temps à autre, pourvu que ces digressions soient intéressantes et instructives de leur nature, et se rattachent étroitement, en outre, à l'objet de cette définition.

Ainsi le jugement, selon le système d'idées que je vous expose ici, n'est autre chose que la force intuitive, et vous savez maintenant ce que ce mot veut dire pour nous, que nous possédons tous tant que nous sommes, quoiqu'à des degrés divers, quand cette force s'élève pour ainsi parler à une certaine puissance et atteint un degré supérieur à celui qu'elle peut atteindre chez la grande généralité des hommes, car sans cette condition, nous l'avons dit, la force intuitive ne représente que cet ensemble, que cette somme, tout au plus, de vérités morales que nous avons désignée sous le nom de sens commun.

Voilà donc renfermée sous une formule aussi concise et simple, aussi intelligible qu'il me serait possible de le faire, la définition que je devais vous donner de celle des deux grandes facultés de notre entendement qui a reçu le nom de jugement, définition qu'il va falloir que vous ne perdiez plus un seul instant de vue pour l'intelligence de tout ce qui suivra.

Constatons maintenant, avant de passer outre, constatons une chose qui vous paraîtra sans doute, après ce que j'ai dit déjà, d'une incontestable évidence : c'est que toutes les conséquences d'un principe, depuis la simple conséquence immédiate que tout le monde saisit avec facilité, même les personnes chez lesquelles le champ de la vision intuitive est tellement peu étendu qu'il ne peut pas encore contenir toute entière la faible somme de vérités morales que la présence du sens commun permet de supposer, jusqu'à la conséquence plus éloignée déjà que peut saisir l'intelligence de ceux qui possèdent ce dernier sens, jusqu'à la conséquence plus éloignée encore qui n'est plus accessible qu'aux personnes qui peuvent atteindre jusqu'à la hauteur du bon sens ou du jugement et même qu'à celles qui s'élèvent aussi haut, sous ce dernier rapport, qu'il peut être donné à une intelligence humaine de s'élever, car il a été reconnu plus haut qu'on peut encore avoir du jugement à une infinité de degré, c'est que toutes ces conséquences, disons-nous, constituent une longue chaîne de propositions susceptibles, comme le sont les propositions de géométrie, d'être assises et appuyées logiquement les unes sur les autres, lesquelles propositions correspondent à chaque degré de force intuitive que chacun de nous à reçu de la nature en partage.

Constatons encore que ce sont des différences de portée, de supériorité intellectuelle, de profondeur d'esprit, des différences de lumière, en un mot, qu'entraînent ces différents degrés de force intuitive dont il est ici question. Dans tous les temps, en effet, on est convenu de considérer comme plus ou moins éclairé tel ou tel homme, selon qu'il peut contenir dans son intelligence, qu'il peut embrasser intuitivement un nombre plus ou moins grand de vérités morales; or, ce nombre de vérités, nous l'avons dit, est constamment en rapport dans chaque individu avec le degré de force intuitive qui lui est propre.

Maintenant que je vous ai dit ce qu'il faut entendre par le mot : jugement, dans notre système, nous allons passer à la définition de cet autre principe fondamental, de cette autre grande faculté, de cette seconde force dont il a été question plus haut et que nous avons désignée sous le nom d'esprit.

Afin de rendre plus facile et plus simple l'intelligence de ce que nous avons à dire sur la nature de celle des deux grandes facultés de notre entendement à laquelle nous avons donné ce nom, si communément employé dans le langage ordinaire, et dont nous n'avons point parlé encore ou à peu près, nous commencerons par faire une supposition toute gratuite.

Nous supposerons pour quelques instants qu'il n'y a plus aucune différence entre nous tous tant que nous sommes, sous le rapport qui nous a occupé jusqu'ici, qu'il n'y a plus en chacun de nous, par conséquent, qu'un même degré de lumière, de puissance, de force intuitive, que ce degré soit celui que le bon sens ou le sens commun, ou même le sens qui est encore inférieur à ce dernier, permettent de supposer, il n'importe.

Il est certain, s'il est vrai de dire que tous les hommes seraient parfaitement égaux sous le rapport des lumières dans l'hypothèse dont nous parlons, puisqu'ils posséderaient tous le même nombre de vérités morales ayant le même degré de force intuitive, il est certain, dis-je, qu'il pourrait encore se trouver entre eux des inégalités et des différences notables, intellectuellement parlant.

Ne pouvez-vous pas imaginer, en effet, que les opérations intellectuelles, tout en n'étant point de leur nature supérieures et plus excellentes au fond, c'est notre hypothèse, dans un homme qu'elles ne le seraient dans un autre, pourraient s'exécuter cependant avec plus de facilité, plus d'ouverture, de promptitude, avec plus de vivacité, de force, d'abondance, etc., chez les uns que chez les autres.

Il n'y a rien là, sans doute, qu'il répugne à la plus saine raison de supposer et d'admettre.

Hé bien! cette facilité plus grande, cette ouverture, cette vivacité, cette promptitude, cette fécondité, cette force, cette abondance, plus considérables, que les uns pourraient apporter incontestablement plutôt que les autres, plutôt, par exemple, que la grande généralité des hommes dans l'accomplissement de leurs opérations intellectuelles, sans que ces opérations cessassent d'être toutes du même ordre ; voilà ce que j'appelle *esprit*.

Je vous propose, avant de passer outre, d'appeler force opérative, pour en faire le pendant à notre force intuitive, cette faculté que nous possédons tous tant que nous sommes, et dont l'élévation à un certain degré porte le nom d'esprit, d'accomplir plus ou moins bien, plus ou moins facilement, les opérations de notre entendement. Ce mot n'est pas bien merveilleux, sans doute, il ne me satisfait pas plus que vous, peut-être, mais d'un côté la langue n'a point de terme plus convenable, elle n'en a même point du tout pour exprimer l'idée que je lui veux attacher ; et il serait avantageux d'un autre côté que nous eussions une formule particulière qui représentât à elle seule la faculté dont il est ici question, et qui nous dispensât de temps en temps de la définir de nouveau, comme nous venons de le faire, ce qui finirait par vous paraître fastidieux. Ce mot étant donc le moins mauvais que notre imagination puisse trouver, il fera partie de notre vocabulaire ; ne perdez point de vue le sens que je viens de lui attacher.

Il n'y aurait point sur la terre, dans l'hypothèse dont nous parlons toujours, des hommes plus ou moins supérieurs, plus ou moins éclairés, judicieux et profonds, des hommes, en un mot, voyant plus ou moins haut et loin, et apercevant ce que d'autres hommes ne peuvent point apercevoir, puisque la vue intuitive aurait la même portée en chacun de nous ; il n'y aurait que des hommes plus ou moins spirituels au sens que nous venons de l'entendre.

Mais cette différence, sous le rapport de l'esprit, qui pourrait exister encore, disons-nous, entre les hommes, dans l'hypothèse de l'égalité de force intuitive, autrement dit de lumière, différence qui serait indépendante par conséquent de celle-ci, et n'aurait rien à démêler avec elle, aucune raison ne nous défend et même l'observation et l'expérience de tous les jours nous font une obligation de l'admettre comme pouvant exister aussi dans le cas contraire, c'est-à-dire dans le cas de l'inégalité de cette même force qui est le cas ordinaire et normal où les hommes se trouvent dans la société ; c'est-à-dire, en d'autres termes, qu'il faut reconnaître que les hommes peuvent différer entre eux, sous le point de vue du jugement aussi bien que sous celui de l'esprit, sans qu'il y ait entre ces deux espèces de différences aucun lien d'origine, aucun rapport nécessaire et obligé de cause à effet, c'est-à-dire encore que les moindres, que les plus infimes degrés de force intuitive peuvent se marier, s'unir dans une seule et même personne avec les degrés les plus remarquables et les plus élevés de force opérative *et vice-versâ*, comme nous le ferons voir plus loin lorsque nous examinerons de quel manière ces deux facultés radicales de notre entendement se combinent entre elles, car elles se combinent dans des proportions qui varient considérablement pour produire les différentes espèces de qualités ou manière d'être intellectuelles que l'observation et l'expérience ont constatées et reconnues dans tous les temps chez les hommes.

Ce que je dis là n'est pas une vérité tellement obscure et ignorée des hommes, qu'il n'y ait une foule d'expressions dans le langage ordinaire et des formules toutes faites pour la rendre, quoiqu'il soit certain cependant que la plupart des personnes qui employent ces expressions et ces formules n'ont pas une idée bien exacte et bien nette de la valeur qu'elles entendent et qu'elles doivent leur attribuer. C'est pour exprimer et reconnaître cette vérité que nous disons tous les jours, par exemple, en parlant de telle ou telle personne, qu'elle a beaucoup d'esprit mais peu de jugement; ou de telle ou telle autre, qu'elle a l'esprit bien fait, très-solide et sûr (et ici le mot : esprit, vous le concevez, est employé comme synonyme du mot : intelligence, entendement, pour représenter l'ensemble de nos facultés intellectuelles, et se retrouvera souvent avec cette signification dans notre bouche, ne le perdez point de vue), mais qu'il y a en elle en même temps quelque chose de froid, de lent et d'incomplet, mais que la vivacité, la fécondité, l'imagination, la grâce, lui font défaut, ce qui veut dire en résumé que cette personne a beaucoup de jugement mais peu d'esprit; ou bien encore que nous disons, en généralisant notre pensée : qu'on peut avoir beaucoup d'esprit et n'être qu'un sot, ce qui est parfaitement vrai aussi, la sottise n'étant pas, comme vous le verrez bientôt, le contraire de l'esprit, mais le contraire du jugement.

Vous remarquerez que de même que nous ne donnons pas encore le nom de jugement à ce degré de lumière ou de force intuitive qui ne représente que la somme de vérités morales qu'il a été donné à la grande généralité des hommes de posséder, de même aussi ne donnons-nous le nom d'esprit, comme vous avez vu, à la force opérative que quand elle s'élève au-dessus des proportions ordinaires, et atteint un degré supérieur à celui qu'elle peut atteindre chez la grande généralité des hommes.

Mais tandis que pour exprimer l'état intellectuel de l'homme qui ne possède, en fait de vérités morales, que ce qu'il a été donné au commun des hommes de posséder, nous avons une expression admirable, comme je vous le faisais observer plus haut, de précision et de justesse, qui est celle de sens commun, nous n'avons rien, au contraire, la langue se tait, les livres n'ont plus de terme dont nous puissions nous servir quand il s'agit d'exprimer l'état intellectuel qui correspond au précédent sous le rapport de l'esprit; car le mot : esprit commun, qui aurait quelqu'analogie avec celui de : sens commun, l'usage ne l'a point consacré du moins pour l'emploi dont il est ici question, il ne rendrait donc pas l'idée que je veux dire d'une manière convenable et ne saurait être introduit par conséquent dans le vocabulaire de nos entretiens; de sorte que pour exprimer l'état intellectuel de l'homme qui, dans la production et l'exercice de ses opérations intellectuelles, n'apporte que le degré de facilité, de vivacité, d'ouverture, de fécondité, de force, etc., que tout le monde peut mettre dans les siennes, qui n'a, en un mot, que le degré de force opérative commun à la grande généralité des hommes, nous serons obligés de recourir tantôt à une périphrase, tantôt à une autre, selon les circonstances. Nous nous servirons aussi quelquefois du mot : esprit tout court, aussi souvent, par exemple, qu'il se trouvera quelque part, dans ce qui précède ou ce qui suit ce mot, quelque chose qui soit de nature à rendre impossible toute confusion et toute erreur sur le sens de ce que nous voudrons dire.

Un autre trait de ressemblance entre les deux facultés radicales de notre entendement, car l'analogie, sous le point de vue qui nous occupe en ce moment, est parfaite entre elles ; c'est que de même que nous avons dû admettre un degré de force intuitive inférieur encore à celui que le sens commun permet de supposer, de même il faut, pour être exact et vrai, que nous admettions aussi qu'il existe un certain nombre de personnes dans le monde qui, sous le rapport de la facilité, de la vivacité, de la force, de l'abondance, qu'elles peuvent apporter dans l'accomplissement de leurs opérations intellectuelles, ne peuvent même s'élever jusqu'au niveau ordinaire, jusqu'à la hauteur que le commun des hommes peut atteindre.

De sorte que sous le rapport des deux facultés fondamentales de l'esprit humain il existe un degré inférieur, un degré égal et un degré supérieur, pour lequel nous avons réservé le nom particulier d'esprit et de jugement à celui que la plupart des hommes peuvent atteindre.

Ce sont ces trois degrés que peuvent affecter incontestablement les deux forces radicales de notre entendement qui, en se mêlant indistinctement et au hasard, comme il semblerait pour ainsi dire, vont nous donner les différentes combinaisons ou états intellectuels qui ont été observés et reconnus, comme nous le disons plus haut, dans tous les temps chez les hommes.

Ainsi l'esprit et le jugement, pour nous résumer et poser quelques principes comme conséquences de ce qui a été précédemment admis, l'esprit et le jugement sont, dans la nature intellectuelle, deux choses réellement distinctes et séparées, aussi réellement séparées et distinctes que le peuvent être dans la nature physique deux objets quelconques l'un de l'autre, puisque, selon l'hypothèse on ne peut plus admissible que nous faisions tout à l'heure, deux hommes pourraient être absolument égaux sous le rapport de l'une de ces deux facultés et se trouver à une distance très-considérable sous celui de l'autre, puisque l'on voit même tous les jours, ce qui est encore plus concluant, des personnes différer beaucoup sous le rapport du jugement, par exemple, et ne différer pas moins sous celui de l'esprit, mais en sens inverse, c'est-à-dire de manière que l'avantage appartienne tour à tour aux unes et aux autres.

Le jugement est un certain degré de force intuitive, abstraction faite du degré de force opérative, autrement dit de vivacité, de facilité, de fécondité, etc., que nous pouvons apporter dans l'accomplissement des opérations intellectuelles que nous produisons sous l'empire de ce même degré de force intuitive.

L'esprit est un certain degré de force opérative, autrement dit de vivacité, de facilité, de promptitude, d'abondance, etc., que nous pouvons apporter dans l'accomplissement de nos opérations intellectuelles, abstraction faite du degré de force intuitive, sous l'influence duquel se produisent ces opérations, et qui en constitue la nature, la valeur, le prix.

Le jugement est toujours une lumière et une lumière

supérieure, car nous avons reconnu plus haut que ce sont des degrés de lumière, de profondeur, de portée intellectuelle, qu'entraînent les différents degrés de force intuitive auxquels chacun de nous peut atteindre ; or, le jugement, nous l'avons dit encore, suppose toujours un degré de force intuitive supérieur.

L'esprit n'est jamais une lumière, car quelque considérable et grande que puisse être, sous ce rapport, la différence entre deux hommes qui possèdent le même degré de puissance intuitive, l'un n'en saura pas plus, c'est-à-dire ne possédera pas une plus grande somme de vérités morales, après tout, que l'autre ; ne sera au fond, par conséquent, ni plus clairvoyant, ni mieux avisé dans l'occasion, n'aura pas, en un mot, plus de ce qui fait la vraie et solide capacité que l'autre. Tandis que si vous étendez seulement d'un seul degré la force intuitive de celui de ces deux hommes que je suppose le moins bien partagé sous le rapport de l'esprit, vous l'élevez aussitôt de beaucoup au-dessus de l'autre qui, malgré toute son imagination, tout son talent et son esprit, se trouvera être, à l'instant même, un homme comparativement peu éclairé, peu judicieux, peu profond, un homme enfin évidemment inférieur au premier ; car l'avantage de la lumière que ce degré d'élévation de la force intuitive a pour effet d'entraîner aussitôt est le plus considérable sans comparaison et le plus grand de tous ceux que peuvent se disputer deux hommes.

Enfin l'esprit, cela doit vous paraître maintenant bien facile à saisir et bien juste, l'esprit, dans la production du grand phénomène des opérations de notre intelligence, c'est ce qui représente l'un de ces deux éternels rapports qui sont partout dans la nature, et que l'on nomme *quantité;* le jugement c'est ce qui représente l'autre de ces deux rapports, celui que l'on appelle *qualité.*

Maintenant que nous sommes en possession des deux forces radicales et génératrices de notre entendement : de la force intuitive et de la force opérative dont nous avons dit que l'élévation, que l'épanouissement, si on peut parler ainsi, à un certain degré constitue le jugement et l'esprit, examinons dans quelle proportion ces deux forces se marient, se combinent entre elles pour produire les différentes espèces de qualités ou manières d'être intellectuelles, que l'observation et l'expérience universelles, comme nous avons dit déjà et répété, ont constatées et reconnues, dans tous les temps, chez les hommes.

Je ne prétends pas soutenir, sans doute, que l'on ne puisse trouver, absolument parlant, d'autres espèces de combinaisons intellectuelles que celles que j'indique ici ; mais il est certain, vous le reconnaîtrez sans peine, et c'est ce qui suffit pour l'objet que je me propose, il est certain que toutes celles que je vais énumérer ont un fondement réel et incontestable.

Nous avons avancé qu'il y a dans l'entendement humain, comme faisant la part, le lot, l'apanage de la grande généralité des hommes, un certain degré de force intuitive correspondant à une certaine somme de vérités morales, lequel degré nous avons désigné sous le nom de sens commun ; qu'il y a en outre, relativement aux opérations auxquelles ce même entendement peut se livrer, un certain degré de facilité, de vivacité, de promptitude, de fécondité, d'abondance, un certain degré, en un mot, de force opérative commun aussi à la plupart des hommes.

C'est là, sans doute, une assertion qui porte en elle-même son évidence. Eh bien ! ces degrés généraux et communs, ces degrés moyens d'élévation de nos deux forces intuitive et opérative, quand ils se rencontrent dans une seule et même personne, telle est la combinaison intellectuelle que nous poserons comme point de départ, puisqu'il faut bien que nous partions de quelqu'endroit, comme terme de comparaison, et qui représentera la ligne intermédiaire et centrale correspondant au zéro thermométrique sur notre échelle de mesure et de graduation intellectuelle.

Les personnes qui, dans la société, se trouvent à la hauteur de ce degré moyen de capacité dont nous parlons sont des personnes chez lesquelles on ne peut pas encore trouver, il est vrai, d'après ce que nous avons établi, les conditions ni du jugement, ni de l'esprit, mais qui ne donnent aucune marque, non plus, ni de stupidité, ni de sottise, et dont on ne peut dire, par conséquent, intellectuellement parlant, ni bien ni mal ; des personnes que l'on caractérise en disant qu'elles sont tout à fait ordinaires, car c'est pour elles qu'a été fait expressément ce mot ; qu'elles sont comme tout le monde peut-être ; qu'elles sont enfin de celles dont on ne parle pas.

Ainsi donc point d'esprit encore ni de jugement, mais ni les défauts intellectuels non plus qui sont contraires et opposés à ces deux qualités, telle est la part, le lot, l'apanage de la classe d'individus dont nous parlons, c'est-à-dire de la presque totalité du genre humain.

Descendons maintenant, pour commencer par le moins remarquable des deux espaces que nous avons à parcourir, descendons de ce degré moyen que nous avons adopté pour point de départ, pour terme de comparaison, et qui, comme j'ai dit, autant du moins que ces choses-là peuvent être comparées, est pour nous ce que le point zéro est dans l'échelle thermométrique ; et voyons comment les deux éléments générateurs de tous les phénomènes appartenant au monde moral s'unissent dans ces régions inférieures de notre intelligence pour produire d'autres combinaisons que celle dont nous venons de parler.

Il est certain que le degré de puissance, de force intuitive ou de lumière, que la somme, par conséquent, de vérités morales étant supposée inférieure dans telle ou telle personne en particulier à ce que nous avons supposé qu'elle est chez la grande généralité des hommes, il est certain, dis-je, que l'on peut concevoir sans peine que le degré de force opérative, que le degré, si vous voulez, de facilité, de vivacité, de fécondité, d'abondance, etc., que cette personne peut apporter dans l'accomplissement de ses opérations intellectuelles, soit supérieur à celui que l'on rencontre chez ces derniers.

Il n'y a rien là, sans doute, qu'il répugne à la plus saine raison de supposer et d'admettre ; et non-seulement la raison ne nous défend pas de croire à la possibilité, mais encore l'observation et l'expérience de tous les jours nous font une obligation d'admettre l'existence de ce que je viens de dire.

Tous les jours, en effet, pour peu que vous ayez l'habitude et le goût de l'observation, vous pouvez constater qu'il existe un certain nombre de personnes, dans la société, chez lesquelles on aperçoit réellement encore plus d'inexactitude et de fausseté dans les appréciations morales, encore plus d'inconséquence, de faiblesse et d'absurdité dans le raisonnement, qu'on en aperçoit chez la grande généralité des hommes; qui remontent encore plus difficilement à la cause, à la raison de tout; qui possèdent un moins grand nombre de vérités morales, un moindre degré de force intuitive, par conséquent; qui, en un mot, sous le rapport du jugement, sont moins bien, je veux dire sont encore plus mal partagées que le commun des hommes, et chez lesquelles, cependant, les opérations intellectuelles s'effectuent avec moins de peine et de difficulté, chez lesquelles le caractère est moins indolent et moins froid, la conception plus vive et plus prompte, l'imagination plus abondante et plus riche que chez ces derniers; qui, en un mot, sous le rapport de l'esprit, sont réellement supérieures à la grande généralité des hommes.

Voilà donc la première combinaison que nous rencontrons dans les régions inférieures de l'intelligence humaine: moins de jugement que tout le monde et plus d'esprit, telle est la part, le lot, l'apanage de la classe d'individus dont nous parlons.

LE DOCTEUR.

Pourquoi rangez-vous l'état intellectuel dont vous parlez parmi les combinaisons inférieures à celle que vous avez adoptée pour point de départ ? Les personnes dont il est ici question, si elles sont inférieures sous un rapport, ne sont-elles pas supérieures, sous un autre, à la grande généralité des hommes, et ne retrouvent-elles pas ainsi l'équivalent de ce qu'elles perdent ?

LE SOLITAIRE.

Je ne pouvais sans doute, pour distinguer ces personnes de la classe que nous avons appelée ordinaire et moyenne, intellectuellement parlant, dont elles ne font partie sous aucun rapport, que les mettre au-dessus ou au-dessous de cette classe ; or, l'exactitude et le raisonnement me commandaient de les mettre au-dessous plutôt qu'au-dessus, comme vous l'allez reconnaître sans peine.

Ces personnes, en effet, sont inférieures sous le rapport du jugement et supérieures sous celui de l'esprit, c'est notre hypothèse, à la grande généralité des hommes ; or, le jugement est une chose infiniment plus excellente que l'esprit autant qu'il est meilleur et plus excellent de voir plus loin des yeux de l'esprit que de voir plus vite, car c'est à cela que se réduit, pour peu que vous y réfléchissiez, toute l'essence particulière et caractéristique de l'esprit et du jugement, donc ce que ces personnes gagnent d'un côté n'équivaut pas à ce qu'elles perdent de l'autre ; donc elles sont, à tout prendre, inférieures aux personnes de l'ordre ordinaire et commun qui n'ont rien gagné ni rien perdu; et la combinaison intellectuelle dont il s'agit était véritablement la première qu'il fallait placer au-dessous de celle que nous avons adoptée pour point de départ.

Vous concevez que le manque de jugement ou que l'excès d'esprit qui constituent l'état intellectuel dont il est question pourrait être plus ou moins considérable et varier encore singulièrement d'homme à homme sans changer la nature de la combinaison dont ils font partie; nous ne nous arrêterons pas, toutefois, à considérer ces différents degrés, ce serait temps et peine perdus; il suffit, pour l'objet que nous nous proposons de constater, purement et simplement l'existence de cet état intellectuel, dans son espèce, sans nous occuper autrement de ses variétés.

L'observation que je viens de faire s'applique également à toutes les autres espèces de combinaisons, soit supérieures, soit inférieures à celle que nous avons adoptée pour point de départ, que produit l'alliance et le concours des deux forces radicales de notre entendement et que nous avons à passer en revue. Là comme ici, et pour la même raison qu'ici, nous nous contenterons donc de constater l'existence de ces combinaisons sans nous arrêter à considérer les nuances particulières, les degrés d'intensité divers qui peuvent se rencontrer dans chacune d'elles.

Il est maintenant dans notre langue une expression que nous n'avons pas besoin de détourner de son sens ordinaire, de son acception naturelle et commune, pour qu'elle soit propre à rendre avec précision l'état intellectuel dont nous parlons; cette expression est celle que vous connaissez bien : d'esprits faux. Si vous considérez attentivement ce mot, en effet, vous reconnaîtrez qu'il s'emploie toujours dans la conversation pour désigner des personnes qui ont réellement de l'esprit, qui en ont plus que le commun des hommes n'en possède, mais qui l'ont malheureusement faux, c'est-à-dire que dans toutes leurs appréciations morales, dans leur manière de voir, de juger, de sentir, elles manquent tellement de sens, que même les personnes les plus ordinaires, sous le rapport intellectuel, en sont frappées, c'est-à-dire que l'inexactitude, l'absurdité, la déraison, dominent partout dans leurs raisonnements et impriment un caractère superficiel et vain aux moindres opérations de leur esprit.

Que si je me trompais, si je n'ai pas une idée exacte et précise du sens que l'usage attribue à ce mot, il n'en sera pas autrement que je viens de dire, toutefois, entre nous; c'est-à-dire que nous ne chercherons pas d'autre expression pour rendre l'état intellectuel dont il est ici question pour la raison d'un côté que ce mot est encore celui après tout qui nous convient le plus dans notre langue, et de l'autre, que les définitions sont libres comme je le disais plus haut, pour moi comme pour tout le monde, pourvu que je vous prévienne à temps et qu'il n'y ait point, par conséquent, d'erreur ni de confusion possible entre nous; cette expression encore une fois, et pour tout dire en un seul mot, si elle n'a pas dans le langage ordinaire la signification dont je viens de parler, l'aura dans nos entretiens conventionnellement.

Ainsi par le mot esprit faux nous ne voudrons jamais désigner autre chose que des personnes chez lesquelles l'absence du jugement est portée à un degré plus ou moins considérable au-dessous de celui où elle se trouve chez la grande généralité des hommes ; toutes les autres qualités intellectuelles, au contraire, que nous ferons découler plus tard de l'esprit, s'élevant chez ces mêmes personnes à un degré plus ou moins supérieur aussi à celui où elles se trouvent chez ces derniers.

Il est certain encore maintenant que le degré de puissance de force intuitive, que la somme de vérités morales, par conséquent, étant supposée la même dans telle ou telle personne en particulier, que ce que nous avons supposé qu'elle est chez la grande généralité des hommes, il est certain, dis-je, que l'on peut concevoir sans peine aussi que le degré de facilité, de vivacité, de fécondité, de promptitude, etc., que cette personne peut apporter dans l'accomplissement de ses opérations intellectuelles, que le degré de force opérative, en d'autres termes, soit inférieur à celui que l'on rencontre chez ces derniers.

Non-seulement la raison ne nous défend pas non plus de croire à la possibilité, mais l'observation et l'expérience de tous les jours nous font une obligation d'admettre l'existence de ce que je viens de dire.

Ne voit-on pas tous les jours, en effet, un certain nombre de personnes dans la société qui n'ont pas au fond moins d'exactitude et de justesse dans la pensée que tout le monde n'en a, qui ne remontent pas plus mal, avec le temps, à la cause, à la raison de tout, qu'on ne le fait généralement, qui ne possèdent pas un moins grand nombre de vérités morales, un moindre degré, par conséquent, de force intuitive, qui, en un mot, sous le rapport du jugement, ne sont pas plus mal partagées que le commun des hommes, et chez lesquelles, cependant, les opérations intellectuelles s'accomplissent avec plus de peine et de difficulté encore, chez lesquelles le caractère est encore plus indolent et plus froid, la conception plus tardive et plus lente, l'imagination plus stérile et plus pauvre, que chez les derniers; qui, en un mot, sous le rapport de l'esprit, sont réellement inférieures à la grande généralité des hommes.

Voilà donc la seconde combinaison que nous rencontrons dans les régions inférieures de l'intelligence humaine où nous sommes descendus : autant de jugement que tout le monde et moins d'esprit, telle est la part, le lot, l'apanage de la classe d'individus dont nous parlons.

Il est aussi dans notre langue un mot que nous n'avons pas besoin non plus de détourner de son sens ordinaire, de son acception naturelle et commune, pour le rendre propre à exprimer l'état intellectuel dont nous parlons, ce mot est celui de : stupidité ou de bêtise. Si vous examinez attentivement cette expression, en effet, vous reconnaîtrez qu'elle ne représente, au fond, qu'un certain degré d'embarras, de peine et de difficulté dans la manière dont les opérations de notre entendement s'effectuent, qu'une certaine lenteur, qu'une certaine stérilité dans la conception, dans l'exécution, qu'un certain défaut d'imagination, sans préjudice du but que nous nous proposons dans ces opérations, lequel, malgré cette difficulté et ces lenteurs, ne laisse pas que d'être poursuivi et atteint finalement ; que ce mot ne représente enfin que l'ensemble de ces défauts intellectuels qui ne font descendre l'homme, comme nous venons de dire, au-dessous de la grande généralité de ses semblables que sous l'un des deux grands rapports qui nous occupent, que sous celui de l'esprit.

Ainsi le mot : stupidité ou bêtise, pour nous, ne voudra désigner autre chose que l'absence de l'esprit portée à un degré plus ou moins considérable au-dessous du degré où elle se trouve chez la grande généralité des hommes ; toutes les autres qualités intellectuelles qui relèvent de la faculté intuitive restant, ce qui est une condition indispensable, au même point où elles sont chez ces derniers.

Il est certain, ensuite, que le degré de facilité, de vivacité, de fécondité, que telle ou telle personne peut apporter dans l'accomplissement de ses opérations intellectuelles, étant supposé le même que celui que nous avons supposé exister chez la grande généralité des hommes, il est certain, dis-je, que l'on peut concevoir sans peine que le degré de force, de puissance intuitive ou de lumière, que cette personne a reçu en partage, soit inférieur à celui que l'on rencontre chez ces derniers.

En effet, l'expérience de tous les jours fait reconnaître qu'il y a réellement un certain nombre de personnes dans la société chez lesquelles les opérations intellectuelles ne s'effectuent pas avec plus de peine et de difficulté que chez la plupart des hommes qui n'ont pas la conception plus tardive et plus lente, l'imagination plus stérile et plus pauvre, qui, en un mot, sous le rapport de l'esprit, ne sont pas plus mal partagées que tout le monde, et qui, cependant, ont plus d'inexactitude et de fausseté encore dans la pensée, plus de faiblesse, d'inconséquence et d'absurdité dans le raisonnement, qui remontent encore plus difficilement à la cause, à la raison de tout, qui, en un mot, sous le rapport du jugement, sont réellement inférieures à la grande généralité des hommes.

Voilà donc la troisième combinaison que nous rencontrons dans les régions inférieures de l'intelligence humaine: autant d'esprit que tout le monde et moins de jugement, telle est la part, le lot, l'apanage de la classe d'individus dont nous parlons.

Il est heureusement encore dans notre langue un mot que nous n'avons pas besoin non plus de détourner du sens ordinaire, de l'acception générale et commune que l'usage lui attribue pour le rendre propre à exprimer l'état intellectuel dont nous parlons; ce mot est celui de *sottise*. Cette expression, en effet, ne s'emploie d'ordinaire que pour représenter un certain manque de sens dans les appréciations que nous portons des hommes et des choses, un certain fond d'inexactitude, d'absurdité, de déraison, que l'on ne trouve même pas chez les personnes les plus ordinaires, une certaine impossibilité de remonter à la cause, à la raison de tout, une certaine diminution dans le nombre de nos vérités morales, et, par conséquent, dans la force, dans l'étendue, dans la portée de notre vue intuitive, sans préjudice aucun du degré de facilité, de vivacité, de fécondité, etc., que nous pouvons apporter dans l'accomplissement de nos opérations intellectuelles ; que pour représenter, en un mot, cet ensemble de défauts intellectuels qui ne font descendre l'homme au-dessous de la grande généralité de ses semblables que sous le rapport du jugement.

Ainsi le mot : sottise, pour nous, ne voudra désigner autre chose que l'absence du jugement portée à un degré plus ou moins considérable au-dessous de celui où elle se trouve chez la grande généralité des hommes, toutes les autres qualités intellectuelles qui relèvent de la force opérative restant, cela est une condition indispensable, au même point où elles se trouvent chez ces derniers.

Ce qui distingue les sots des esprits faux dont nous parlions tout à l'heure, c'est que ceux-ci ont plus d'esprit que les sots qui n'en possèdent que la dose qui a été dévolue à la grande généralité des hommes. Ce qu'ils ont de commun, leur vrai point de ressemblance et de contact, c'est que l'esprit est aussi faux, aussi superficiel et vain, aussi sot, en un mot, chez les uns que chez les autres.

Il est certain, enfin, que l'on peut concevoir sans peine, réunis dans une seule et même personne, les deux derniers états intellectuels dont nous venons de parler, c'est-à-dire la stupidité et la sottise.

On rencontre dans la société, en effet, un certain nombre d'individus chez lesquels les opérations intellectuelles s'effectuent avec plus de peine et de difficulté encore que chez la plupart des autres personnes qui ont encore moins d'esprit, par conséquent, que l'on en a d'ordinaire, et qui, en même temps, ont moins d'exactitude et de justesse dans la pensée, qui remontent avec plus de difficulté à la cause, à la raison de tout, qui ont, en un mot, moins de jugement aussi que la grande généralité des hommes.

Voilà donc la quatrième combinaison intellectuelle que nous rencontrons dans les régions inférieures de l'intelligence humaine : moins de jugement tout à la fois et moins d'esprit que tout le monde, telle est la part, le lot, l'apanage de la classe d'individus dont nous parlons.

Il est aussi, dans notre langue, un mot que l'usage a de tout temps consacré, et qui va nous servir merveilleusement pour exprimer l'état intellectuel dont nous parlons ; ce mot est celui d'imbécilité. Si vous examinez attentivement cette expression, en effet, vous découvrirez qu'elle ne représente au fond qu'un certain affaiblissement, qu'une certaine diminution relative, dans la force et l'étendue de toutes nos facultés intellectuelles, lesquels nous rangent, par conséquent, dans une classe d'individus inférieurs, sous tous les rapports, à la plupart des autres hommes; elle est donc tout à fait convenable et doit être adoptée, pour désigner la nouvelle combinaison intellectuelle dont il s'agit.

Ainsi le mot : imbécilité, pour nous, ne voudra désigner autre chose que l'absence du jugement et de l'esprit tout à la fois portée à un degré plus ou moins considérable au-dessous de celui où elle se trouve chez la grande généralité des hommes.

Voilà les différentes espèces de combinaisons des deux forces radicales de notre entendement, inférieures à celles que nous avons adoptée pour point de départ. Hors de ces espèces et de leurs innombrables variétés, je n'aperçois plus rien, pour ma part, de positif et de certain, si ce n'est le trouble de nos facultés intellectuelles, ce qui constitue la folie dont nous n'avons pas à nous occuper ici, ou leur extinction absolue et complète, ce qui constitue la démence, laquelle ne nous concerne pas davantage.

Passons maintenant à l'autre espace intellectuel, si on peut parler ainsi, que nous avons à parcourir au-dessus de la ligne intermédiaire et centrale qui a été posée plus haut, et examinons les différentes combinaisons plus excellentes que la combinaison moyenne que cette ligne représente, que l'on rencontre dans ces régions supérieures de l'intelligence humaine.

Il est certain que l'on voit un nombre plus ou moins considérable, dans la société, de personnes chez lesquelles les opérations intellectuelles s'effectuent avec plus de facilité, de promptitude, de fécondité, de force, d'abondance, etc., que chez la plupart des autres, et qui, cependant, n'ont pas plus d'exactitude et de justesse dans la pensée, plus de force et de logique dans le raisonnement, qui ne possèdent pas un plus grand nombre de vérités morales que tout le monde, qui, en un mot, sous le rapport du jugement, ne s'élèvent pas au-dessus du commun des hommes.

Voilà donc la première combinaison que nous rencontrons dans les régions supérieures de l'intelligence humaine : autant de jugement que tout le monde et plus d'esprit, telle est la part, le lot, l'apanage de la classe d'individus dont nous parlons.

Cette nouvelle combinaison n'est autre chose que ce que nous entendons par le mot : esprit, à proprement parler, auquel nous allons faire jouer un si grand rôle dans ces entretiens. Nous la désignerons souvent encore sous le nom de talent, que nous n'avons pas encore prononcé, et qui sera toujours synonyme pour nous du mot : esprit, et aussi sous celui d'imagination, quand toutefois nous prendrons cette expression en bonne part; car, dans tous les autres cas dont le discernement sera toujours facile à faire, les hommes d'imagination pour nous ne seront que les esprits faux.

Ainsi ces mots : imagination, esprit, talent, qui se retrouveront si souvent dans notre bouche, ne voudront désigner autre chose que la présence de l'esprit portée à un degré plus ou moins considérable au-dessus de celui où elle se trouve chez la grande généralité des hommes, toutes les autres qualités intellectuelles qui relèvent de la force intuitive demeurant, ce qui est une condition indispensable, ne le perdez jamais de vue, au même point où elles se trouvent chez ces derniers.

Il est certain encore qu'il existe un nombre plus ou moins considérable dans la société de personnes qui ont réellement plus de solidité dans l'esprit, plus de force et de logique dans le raisonnement que tout le monde n'en a, qui remontent mieux à la cause, à la raison de tout, qui, en un mot, sous le rapport du jugement, sont supérieurs à la grande généralité des hommes, et qui, cependant, n'apportent pas dans l'accomplissement de leurs opérations intellectuelles plus de facilité, de vivacité, d'ouverture, de force, d'abondance, que ces derniers, qui, par conséquent, sous le rapport de l'esprit, sont dans la classe tout à fait ordinaire et commune.

Voilà donc la seconde combinaison que nous rencontrons dans les régions supérieures de l'intelligence humaine : autant d'esprit que tout le monde et plus de jugement, telle est la part, le lot, l'apanage de la classe d'individus dont nous parlons.

Cette dernière combinaison n'est autre chose que ce que nous entendons, à proprement parler, par le mot : jugement, qui va jouer aussi dans ces entretiens un rôle si remarquable et si grand. Nous désignerons souvent les personnes qui en sont à ce point sous le nom de bons esprits, d'esprits bien faits, judicieux, éclairés, profonds.

Ainsi par ces mots : hommes éclairés, judicieux, profonds, nous entendrons toujours désigner des personnes chez lesquelles la présence du jugement est portée à un degré plus ou moins considérable au-dessus de celui où elle se trouve chez la grande généralité des hommes, toutes les autres qualités intellectuelles qui relèvent de la force opérative demeurant, ce qui est une condition indispensable, au même degré où elles se trouvent chez ces derniers.

Il est certain, enfin, qu'il existe un nombre plus ou moins considérable dans la société de personnes qui réunissent les deux dernières qualités dont je viens de parler, c'est-à-dire le jugement et l'esprit (car ces deux états intellectuels, on le conçoit sans peine, quoique leur alliance soit d'une si extrême rareté, ne s'excluent pas néanmoins réciproquement), des personnes, en d'autres termes, qui, en même temps qu'elles apportent plus de facilité, d'ouverture, de vivacité, de force, d'abondance, dans l'accomplissement de leurs opérations intellectuelles, en même temps qu'elles ont la conception plus vive et plus prompte, l'imagination plus abondante et plus riche que la plupart des autres hommes, sont capables de produire des œuvres marquées au coin d'une plus grande justesse, d'une plus grande solidité de raisonnement, des œuvres qui révèlent une plus grande profondeur d'esprit, une plus parfaite et plus sûre connaissance des hommes, des personnes, enfin, qui réunissent dans l'ordre des opérations intellectuelles les avantages dont nous avons parlé plus haut, de la quantité et ceux de la qualité.

Voilà donc la troisième et dernière combinaison que nous reconnaissons dans les régions supérieures de l'intelligence humaine : plus de jugement tout à la fois que tout le monde et plus d'esprit, telle est la part, le lot, l'apanage de la catégorie de personnes dont nous parlons.

Il est dans notre langue une expression tout à fait propre à rendre avec précision l'état intellectuel dont nous parlons; cette expression est celle de génie.

Le mot génie a été consacré dans tous les temps par l'usage, en effet, pour représenter la plus haute expression intellectuelle de l'homme ; or, ce qui constitue la plus haute expression intellectuelle de l'homme pour nous, je le répète, c'est l'élévation à ce degré supérieur où ils deviennent le jugement et l'esprit, des deux principes radicaux de notre entendement auxquels nous avons donné le nom de force intuitive et de force opérative.

Ainsi par le mot génie nous ne voudrons désigner autre chose que la présence de l'esprit et du jugement tout à la fois portée à un degré plus ou moins considérable au-dessus de celui où ces deux facultés se trouvent chez la grande généralité des hommes.

Je reconnais donc et vous reconnaîtrez, sans doute, avec moi, maintenant, huit catégories bien définies et bien tranchées d'états intellectuels, huit catégories différentes, par conséquent, de personnes qui les ont reçus de la nature en partage, lesquelles, selon nous, composent l'universalité du genre humain.

Résumons en peu de mots maintenant les différents points que nous venons d'établir.

Nous avons admis d'abord, comme point de départ, comme terme de comparaison, une catégorie moyenne comprenant toute cette masse d'individus qui ne se font remarquer sous aucun rapport, et dont on ne peut dire encore, intellectuellement parlant, ni bien ni mal. Ces personnes, qui n'ont ni esprit ni jugement, ou, si vous voulez, qui ont de l'esprit et du jugement comme tout le monde, forment la presque totalité, quelque chose comme les neuf dixièmes, peut-être, du genre humain. Nous avons admis ensuite,

Au-dessous de cette catégorie moyenne,

1° Une première catégorie comprenant toutes les personnes qui ont plus d'esprit que les précédentes, mais, en même temps, moins de jugement, et pour lesquelles nous avons réservé le nom d'esprit faux ;

2° Une seconde catégorie, comprenant toutes les personnes qui n'ont ni plus ni moins de jugement que tout le monde n'en a, mais qui ont moins d'esprit, et pour lesquelles nous avons réservé le nom de stupides ;

3° Une troisième catégorie, comprenant toutes les personnes qui n'ont ni plus ni moins d'esprit que tout le monde, mais qui ont moins de jugement, et pour lesquelles nous avons réservé le nom de sots ;

4° Une quatrième catégorie, enfin, comprenant les personnes qui ont tout à la fois et moins de jugement et moins d'esprit que tout le monde, et pour lesquelles nous avons réservé le nom d'imbéciles.

Au-dessus de cette catégorie moyenne :

1° Une première catégorie, comprenant toutes les personnes qui n'ont ni plus ni moins de jugement que tout le monde, mais qui ont plus d'esprit, et pour lesquelles nous avons réservé le nom de talent, d'imagination, d'esprit proprement dit ;

2° Une seconde catégorie, comprenant toutes les personnes qui n'ont ni plus ni moins d'esprit que tout le monde, mais qui ont plus de jugement, et pour lesquelles nous avons réservé le nom de bons esprits, esprits bien faits, judicieux, éclairés, profonds ;

3° Enfin, une troisième catégorie, comprenant toutes les personnes qui ont tout à la fois et plus de jugement et plus d'esprit que tout le monde, et pour lesquelles nous avons réservé le nom de génie.

Vous me direz, peut-être, que quelque grand que soit le nombre des paroles qui ont été déjà échangées entre nous, sur le sujet qui nous occupe, vous ne possédez encore cependant qu'une simple définition de ces deux choses auxquelles nous avons réservé le nom d'esprit et de jugement, et que la connaissance que cette simple définition vous donne de ces choses n'est pas assez complète pour vous communiquer encore cette rare et précieuse faculté dont nous vous parlions dans notre premier entretien et qui doit être, avons-nous dit, le fruit de cette connaissance bien approfondie de trouver la raison de tout, de débrouiller le chaos inextricable des opinions humaines et de résoudre la plupart et même toutes ces grandes questions qui s'élèvent de tous côtés en politique, en philosophie, en morale, et qui sont encore enveloppées pour tous les hommes du plus profond et du plus impénétrable mystère. A cela je répondrai que c'est là le défaut ordinaire et caractéristique de toutes les définitions, à quelque rameau particulier que vous vous adressiez pour le vérifier, des connaissances humaines, de ne faire connaître qu'imparfaitement la chose définie. Il nous reste donc à achever par quelques études particulières et approfondies de vous instruire et de vous édifier sur la nature et l'essence de ces deux grandes facultés de l'esprit et du jugement que leur définition ne vous fait pas connaître suffisamment. Ces études particulières consisteront à examiner avec quelque détail quels sont ces deux groupes de qualités intellectuelles et morales dont nous avons parlé dans nos précédents entretiens, car nous avons dit, vous vous le rappelez, que l'esprit et le jugement sont des facultés-mères, c'est-à-dire autour desquelles viennent se ranger en se divisant selon leur nature toutes les qualités intellectuelles et morales dont l'âme humaine est susceptible, lesquelles découlent plus ou moins directement de ces facultés comme des conséquences découlent de leurs principes, après quoi je ne doute point que vous ne commenciez d'entrevoir clairement la possibilité de résoudre les questions les plus difficiles de l'ordre moral, car les vrais et incontestables principes de solution auront été jetés et répandus çà et là au fur et à mesure que nous aurons développé ces considérations importantes.

CINQUIÈME FRAGMENT

CINQUIÈME FRAGMENT

Où l'on démontre que la république et la monarchie libérale ou constitutionnelle sont une seule et même chose portant deux noms ; que partout où l'une de ces deux formes de gouvernement est impossible, par conséquent, l'autre doit l'être également, *et vice-versâ ;* et que les personnes, qui ont regardé comme un événement heureux la chute de la dernière république et qui, maintenant, désirent le rétablissement, parmi nous, de la monarchie constitutionnelle, tombent, en inconséquence, en contradiction manifeste avec elles-mêmes.

La proposition qui précède et qu'il s'agit d'établir dans ces considérations sera regardée, de prime-abord, sans doute, comme étrange, comme insoutenable et fausse ; elle a si peu l'air de l'exactitude et de la vérité ! mais que le lecteur suspende, ici, son jugement, et il aura lieu d'être satisfait de la force et de la solidité du raisonnement que nous allons essayer de produire en sa faveur.

Mais avant de commencer nous éprouvons le besoin de déclarer que nous ne sommes animé, ici, d'aucun sentiment favorable ou défavorable, absolument ; que nous sommes sans sympathie comme sans antipathie théoriques, par conséquent, pour ou contre la monarchie ou la république. Nous ne pouvons point méconnaître, en effet, d'une part, que la monarchie est la forme de gouvernement qui a le plus souvent et le plus longtemps réussi dans la pratique ; est la forme de gouvernement la plus convenable, et la mieux appropriée, par conséquent, aux dispositions intellectuelles et morales des peuples dans la majeure partie des cas ; la forme de gouvernement, par conséquent, encore sous laquelle sont appelés nécessairement à vivre le plus grand nombre des peuples qui accomplissent leur destinée sur la terre ; et non-seulement sous laquelle sont appelés à vivre le plus grand nombre des peuples qui sont répandus sur la terre, mais encore sous laquelle sont appelés à vivre pendant la plus grande partie de leur existence les peuples même auxquels il est donné de passer par les institutions républicaines, car on n'a jamais ouï dire qu'un peuple ait commencé et achevé sa carrière, ait traversé, autrement dit, toutes les périodes, toutes les phases de son développement politique et social, depuis son origine jusqu'à son déclin, sous le gouvernement républicain. Mais nous ne pouvons pas méconnaître non plus, d'une autre part, que la république est la forme de gouvernement sous laquelle se sont développées, ont vécu, grandi, et prospéré, les plus remarquables, les plus dignes et les plus illustres nations de l'univers.

Voilà ce que nous ne pouvons point méconnaître, et ce que ne méconnaîtra pas non plus toute personne dont l'esprit est libre, est dégagé complétement de toute opinion ou idée préconçue ; d'où il suit incontestablement que la monarchie est bonne, que la république est bonne aussi, mais que ces deux choses ne sont bonnes que d'une bonté toute relative, c'est-à-dire tel pays, tel temps, telles mœurs, telles ou telles circonstances ou conditions particulières étant données, en dehors desquelles elles ne valent absolument plus rien ; d'où il suit, en un mot, que la monarchie et la république sont deux formes de gouvernement qui ont leur moment, leur jour, leur heure marqués dans l'histoire des sociétés humaines, lequel moment, lesquels jour ou heure toute la puissance des hommes ne saurait point devancer.

Pour confirmer l'exactitude et la vérité de cette assertion : que la monarchie et la république sont deux formes de gouvernement également bonnes mais non pas pour tous les peuples, indistinctement, ni à tous les moments donnés non plus de la vie d'un peuple, il me suffira de citer les deux plus grands faits historiques, sous le rapport qui nous occupe, dont les annales des peuples nous aient conservé le souvenir ; je veux parler des deux établissements de la république romaine et de la monarchie impériale qui lui succéda immédiatement.

On ne peut contester, en effet, que quand la république s'établit à Rome après l'expulsion des Tarquins, ce ne fut un événement heureux, et que cette forme de gouvernement ne favorisât singulièrement le développement de toutes ces grandes qualités de l'esprit et du cœur dont les Romains devaient donner, durant cinq cents ans, le spectacle au monde. Mais on ne peut contester non plus que quand la république disparut pour faire place, à son tour, à la monarchie impériale, ce ne fut un événement heureux, aussi, car les divisions, les discordes, les luttes intestines, les guerres civiles, en un mot, si répétées et si cruelles, qui ensanglantèrent les derniers temps de la république, se seraient éternisées infailliblement sous cette forme de gouvernement, auraient continuée de remuer, d'agiter l'Etat, et de le remplir tellement de troubles, que la société romaine se fut abîmée bientôt dans ces convulsions; tandis que sous les empereurs, au moins, l'ordre matériel, ce premier de tous les biens que les institutions civiles sont faites pour procurer aux hommes, se rétablit, et que la société, une société bien triste et bien déplorable, sans doute, mais enfin une société telle qu'il pouvait encore y en avoir, dans la situation où se trouvaient les esprits, continua de subsister.

Cependant la monarchie, nous dira-t-on, qui remplaça la république romaine, était une monarchie abominable. Cela est bien vrai, répondrons-nous ; mais à quoi cela tient-il? cela tient, d'une part, à ce que le peuple romain, lui-même, était devenu un peuple abominable, et d'une autre part à ce que les peuples ont toujours, ou finissent toujours par avoir, un gouvernement digne d'eux, et non, sans doute, à ce qu'il est de la nature et de l'essence de la monarchie d'être un gouvernement abominable.

Ainsi comme nous venons de l'établir en nous appuyant sur la citation des deux plus grands faits historiques, sous le rapport qui nous occupe, dont les annales des peuples nous aient conservé le souvenir, la monarchie est bonne, la république est bonne aussi ; ce sont-là deux formes de gouvernement qui ont leur moment, leur jour, leur heure marqués dans la durée de l'existence des sociétés humaines. Nous avons donc raison d'être sans aucune prévention favorable ou défavorable, d'être sans sympathie, par conséquent, comme nous l'avons dit, aussi bien que sans antipathie théoriques pour l'une ou l'autre de ces deux formes de gouvernement ; et il faut considérer cette disposition d'esprit, que l'on rencontre chez tous les partisans du radicalisme et du socialisme sans exception, qui les porterait à établir, s'ils étaient dans la situation de le pouvoir faire, le gouvernement républicain par toute la terre ; qui le leur ferait établir en Russie, en Turquie, en Chine, et jusqu'au milieu des forêts de l'Amérique, chez les tribus les plus sauvages, sans se préoccuper jamais de la question de savoir si c'est le moment, si c'est le jour et l'heure de la république ou de la monarchie qui est venu pour les peuples de ces contrées, et qui leur fait haïr, en outre, tous les rois par cela seul qu'ils sont rois, et qu'ils ne veulent point se dépouiller de leur autorité absolue, il faut considérer, disons-nous, cette disposition d'esprit comme souverainement absurde et inintelligente, car la république, si ce que nous venons de dire est vrai, est une forme de gouvernement aussi salutaire et avantageuse aux peuples, qui sont dans la situation de pouvoir s'en accommoder, qu'elle est funeste et désastreuse à ceux qui ne le sont pas.

Ces observations présentées, ce qui serait fort naturel assurément pour nous, ce qui semble se proposer de soi-même, pour ainsi dire, à notre esprit, ce serait d'examiner quel est des deux gouvernements républicain ou monarchique celui qui convient le plus aux aptitudes et à la situation de notre pays, et pour cela nous aurions à rechercher qu'elles sont les différentes qualités intellectuelles et morales; quel est leur degré précis de développement; quel est le tour d'esprit, le caractère propre et intime, le génie particulier; qu'elles sont les circonstances, en un mot, qui déterminent que telles ou telles nations sont faites pour se trouver bien de vivre sous des institutions monarchiques, tandis que telles ou telles autres seraient faites, à leur tour, pour se trouver bien de vivre sous des institutions républicaines; mais nous ne voulons pas aborder en ce moment cette grande question, nous réservant de la traiter, ailleurs, avec tous les développements que son importance réclame; ce que nous nous proposons ici, seulement, c'est de combattre cette opinion, ou plutôt cette erreur profonde quoiqu'elle ne le paraisse pas, que l'on rencontre chez beaucoup de personnes dans la société, et qui consiste à penser que la monarchie libérale ou constitutionnelle diffère essentiellement de la république, n'offre pas les mêmes difficultés pratiques, n'est pas aussi incompatible, enfin, avec le maintien, la conservation, le salut de la société, dans notre pays, que cette dernière forme de gouvernement.

Pour établir ce point particulier que nous avons seulement en vue, il nous suffira de produire le raisonnement qui suit dont la rigueur et l'exactitude ne nous paraissent point susceptibles de contestation.

Sous quel rapport, dirons-nous, la monarchie libérale ou constitutionnelle différerait-elle essentiellement de la république, et serait-elle plus compatible avec le maintien, la conservation, le salut de la société, dans notre pays, que cette dernière forme de gouvernement?

Serait-ce parce que sous cette monarchie le suffrage universel pourrait ne pas exister, en supposant que cela soit une condition de salut pour la société? Mais le suffrage universel peut tout aussi bien ne pas exister sous la république que sous la monarchie constitutionnelle. Le suffrage universel, en effet, n'est pas essentiel, en principe, à la république, à prendre ce mot dans son sens le plus étendu et le plus général, puisqu'il y a des républiques aristocratiques et oligarchiques de leur nature, des républiques, autrement dit, qui ne reconnaissent point ce dogme : que la souveraineté réside dans l'universalité des citoyens. Et si le suffrage universel n'est pas essentiel, absolument parlant, n'est pas essentiel en principe à la république, sa négation n'est donc point particulière à la monarchie dont il est ici question. Ainsi sous ce grand rapport, déjà, sous le rapport de la non-existence du suffrage universel, en supposant, nous le répétons encore une fois, qu'elle soit une condition de salut pour la société, la monarchie libérale ou constitutionnelle ne diffère en rien, absolument, de la république, et ne pourrait pas plus pour le maintien, la conservation, le salut de la société, dans notre pays, que cette dernière forme de gouvernement.

Serait-ce encore parce que sous cette monarchie il y a naturellement deux assemblées, deux chambres législatives? Mais une seconde assemblée législative, en supposant qu'elle soit une condition d'existence et de salut pour la société, n'est pas un avantage que la monarchie constitutionnelle puisse offrir à l'exclusion de république. Il n'est pas essentiel, en effet, à la république, de ne posséder qu'une seule assemblée délibérante, puisqu'il y a des républiques dont la constitution en admet deux, comme on le voit par l'exemple, pour ne citer que celui-là, des États-Unis d'Amérique. Et s'il n'est pas essentiel à la république de ne posséder qu'une seule assemblée délibérante, il n'est donc point particulier à la monarchie constitutionnelle d'en posséder plusieurs? Ainsi, sous ce nouveau rapport d'une seconde assemblée législative, en supposant toujours qu'elle soit une condition de salut pour la société, la monarchie dont il est ici question ne diffère en rien de la république, et ne pourrait pas plus pour le maintien, la conservation, le salut de la société, dans notre pays, que cette dernière forme de gouvernement.

Serait-ce enfin parce que sous cette monarchie n'y ayant point de président, de consul, de chef du pouvoir exécutif, enfin, à élire, les peuples seraient délivrés de la crainte et du péril de se trouver gouvernés par un homme dont les principes, les théories, les systèmes pourraient être subversifs de tout ordre social? Mais sous la monarchie libérale ou constitutionnelle le pouvoir législatif n'est point confondu avec le pouvoir exécutif, car ce qui distingue la monarchie absolue de la monarchie libérale dont il est ici question c'est que sous la première les deux pouvoirs législatif et exécutif se trouvent réunis et sont exercés par une seule et même personne, tandis qu'ils se trouvent plus ou moins complétement séparés sous la seconde.

Je dis : plus ou moins complétement, parce que dans la fiction de la monarchie constitutionnelle le roi n'est pas seulement le chef du pouvoir exécutif, mais retient encore entre ses mains une partie de la souveraineté, ou si l'on veut de la puissance législative qu'il doit exercer de concert avec les autres corps législatifs.

Or, maintenant, dans toute société où le pouvoir législatif n'est point confondu purement et simplement avec le pouvoir exécutif, la question de savoir par qui ce dernier pouvoir sera exercé, s'il le sera par un président, par exemple, ou par un roi, est une question qui n'a aucune importance réelle, sous le rapport de la conservation et du maintien de l'ordre social; la condition, le salut, le sort des peuples, sous ce rapport, dépendant tout entier, dans cette société, de la composition du corps électoral, et, par suite, de la nature des éléments qui entrent dans la composition du corps législatif.

Dans toute société, en effet, de l'espèce dont nous parlons, de deux choses l'une : ou bien l'assemblée législative qui sortira de l'urne électorale sera une assemblée conservatrice, ou bien elle sera une assemblée révolutionnaire, il ne peut point y avoir, évidemment, de milieu.

Dans le premier cas, c'est-à-dire si elle est une assemblée conservatrice, tout ira bien, sans doute, sous la monarchie constitutionnelle, puisque les deux pouvoirs législatif et exécutif y seront conservateurs, car le roi est un chef du pouvoir exécutif naturellement conservateur; mais tout n'ira pas plus mal sous la république, car les deux pouvoirs législatif et exécutif y seront également conservateurs. On ne peut contester, en effet, que de la même urne électorale, d'où sera sortie une assemblée législative conservatrice, ne doive aussi sortir un chef du pouvoir exécutif conservateur. Pour qu'il en fût autrement, il faudrait donc admettre que le corps électoral peut vouloir, en même temps, des choses tout à fait opposées et contraires; qu'il peut vouloir dans l'élection du président, par exemple, le contraire de ce qu'il a voulu dans celle de l'assemblée législative; mais une telle contradiction de sentiments et de conduite n'est pas à supposer de la part de tout un peuple, surtout si l'espace de temps laissé entre les deux élections est assez peu considérable pour que les deux pouvoirs sortis de ces deux élections puissent être regardés comme le produit d'une seule et même pensée politique.

Dans le second cas, c'est-à-dire si cette assemblée est une assemblée révolutionnaire, il semble, de prime-abord, que tout doive aller moins mal sous la monarchie dont il est ici question que sous la république, car sous cette monarchie l'un des deux grands pouvoirs constitutionnels, le pouvoir exécutif, restera toujours conservateur, car le roi, venons-nous de dire, est un chef du pouvoir exécutif naturellement conservateur, tandis que sous la république ces deux pouvoirs, pour la raison que nous venons de donner que la nature de l'un doit entraîner nécessairement celle de l'autre, seront révolutionnaires. Mais qui ne voit que cet avantage de la monarchie libérale sur la république n'est qu'un avantage apparent qui s'évanouit et disparaît tout entier devant la réalité des choses? De quel secours, en effet, le roi, c'est-à-dire un chef du pouvoir exécutif conservateur, quelle que soit d'ailleurs la part de souveraineté ou de puissance législative qui lui revienne légalement, peut-il être à la cause de l'ordre en face d'une assemblée législative révolutionnaire? Cette assemblée n'est-elle pas réellement maîtresse de la situation? Est-il rien au monde qui soit de nature et de force à lui faire obstacle, à la détourner de sa voie, à l'empêcher, en un mot, d'accomplir son œuvre? Non, sans doute, il ne faut pas une grande pénétration d'esprit pour le reconnaître, et l'histoire est là qui confirme pleinement, par l'exemple de l'infortuné Louis XVI, l'exactitude et la vérité du sentiment que nous exprimons; car ce serait se tromper que de croire que le peu de succès que ce prince a eu dans sa résistance aux excès et aux passions révolutionnaires doive être attribué au peu de force et d'énergie de son caractère, si tant est que son caractère ait manqué réellement d'énergie, ou aux circonstances tout exceptionnelles et tout extraordinaires au milieu desquelles il eut à agir; dans tout autre situation semblable, on peut le tenir pour très-certain et très-assuré, tout chef du pouvoir exécutif, président ou roi constitutionnel, placé devant une assemblée législative révolutionnaire, sera aussi impuissant, s'il n'est pas aussi malheureux, que lui.

Ainsi dans le premier cas, dans le cas où l'assemblée législative qui sortira de l'urne électorale sera une assemblée conservatrice, tout n'ira pas plus mal sous la république que sous la monarchie constitutionnelle, le président, autrement dit, ne fera pas moins de bien que le roi.

Dans le second cas, dans le cas où elle sera une assemblée révolutionnaire, tout n'ira pas mieux sous cette monarchie que sous la république, le roi, autrement dit, n'empêchera pas plus de mal que le président.

Dans l'un et l'autre cas, donc, il est indifférent pour la société dont nous parlons que le chef du pouvoir exécutif soit un président ou un roi.

Or, ces deux cas sont les seuls que l'on puisse rencontrer évidemment; donc nous avons eu raison de dire que dans toute société où le pouvoir législatif n'est point confondu purement et simplement avec le pouvoir exécutif, la question de savoir par qui ce dernier pouvoir sera exercé, s'il le sera par un président, par exemple, ou par un roi, est une question qui n'a aucune importance réelle, sous le rapport de la conservation et du maintien de l'ordre social, la condition, le salut, le sort des peuples, sous ce rapport, dépendant tout entier, dans cette société, de la composition du corps électoral, et, par suite, de la nature des éléments qui entrent dans la composition du corps législatif.

Ainsi sous ce troisième rapport, encore, sous le rapport du péril que peuvent courir les peuples de se trouver gouvernés par un homme dont les principes, les théories, les systèmes pourraient être subversifs de tout ordre social, la monarchie constitutionnelle ne diffère absolument en rien de la république, car si nous avons dit, d'un côté, que le roi, sous cette monarchie, est un chef du pouvoir exécutif naturellement conservateur, nous avons fait voir, d'un autre côté, et cela rétablit complétement l'équilibre, que le président, sous la république, ne peut jamais appartenir aux idées révolutionnaires que quand l'assemblée législative elle-même leur appartient, ce qui peut arriver aussi souvent, si l'on a bien compris et entendu, sous l'une que sous l'autre espèce de gouvernement, c'est-à-dire que quand le mal étant aussi grand, déjà, qu'il peut l'être, il est absolument indifférent que le chef du pouvoir exécutif soit un homme à principes conservateurs ou à principes révolutionnaires.

De quelque côté que l'on se tourne, comme l'on voit, sous quelque point de vue que l'on examine la chose, on n'arrive pas à découvrir que la monarchie libérale ou constitutionnelle diffère essentiellement de la république, d'où il suit que nous avons eu raison d'avancer que la république et la monarchie constitutionnelle sont une seule et même chose portant deux noms; que partout où l'une de ces deux formes de gouvernement est impossible, par conséquent, l'autre doit l'être également, *et vice-versâ;* et que les personnes qui ont regardé comme un événement heureux la chute de la dernière république et qui, maintenant, désirent le rétablissement, parmi nous, de la monarchie constitutionnelle, tombent en inconséquence, en contradiction manifeste avec elles-mêmes.

SIXIÈME FRAGMENT

SIXIÈME FRAGMENT

Où l'on examine en quoi consiste la nature, l'essence de la liberté ; et si l'homme peut être libre sous un gouvernement absolu.

Quand on jette les yeux attentivement, et autour de soi, dans le monde, on ne tarde pas à reconnaître qu'il se partage réellement, sous le point de vue de la notion, de l'idée que l'on s'y forme à l'endroit de ce qui constitue le vrai fondement, la nature, l'essence de toute société humaine, en deux espèces, deux catégories, deux sortes bien caractérisées et bien tranchées de personnes.

Les unes sont des personnes qui ont une assez grande habitude de la réflexion, qui ont assez d'expérience et de lumières pour n'ignorer pas que toute société humaine, à la considérer au fond et à son point d'origine (à supposer pour quelques instants que les sociétés humaines aient eu un commencement et une origine postérieure à la création de l'espèce humaine, supposition toute bénévole et toute gratuite, sans doute, puisqu'il est évident, pour peu qu'on y veuille réfléchir, qu'elles ont dû exister au même instant, et ne sont pas moins anciennes, par conséquent, que les hommes), que toute société humaine, dis-je, à la considérer au fond, à ne la voir que dans ce qui constitue sa nature intime, son essence propre, que dans ce qui fait sa raison d'être éternelle et immuable, n'est autre chose qu'une agrégation, qu'une réunion de personnes qui se sont dépouillées volontairement d'une partie de leur indépendance naturelle, c'est-à-dire de cette indépendance illimitée et absolue qui appartient à l'homme, sans contredit, dans le pur état de nature, pour conserver en compensation et en échange de ce sacrifice, avec plus de certitude et d'assurance, l'autre partie, et jouir ainsi du bienfait et des avantages de la tranquillité, de la paix, du repos, de l'ordre que l'établissement d'une autorité publique et des institutions civiles, même les plus imparfaites, procurent incontestablement aux hommes.

Les autres sont des personnes qui, soit qu'elles n'aient jamais appliqué leur esprit à la considération et à la recherche de ce qui fait le vrai fondement, la raison d'être et l'essence de toute société humaine, soit qu'elles aient manqué, dans leur examen, de lumière et d'intelligence, ne paraissent point posséder cette notion si simple et si vraie, cependant, de science politique élémentaire dont il est ici question, et qui ne devrait, ce me semble, être ignorée de personne.

Si on continue d'observer avec la même attention et la même suite ce qui se passe encore dans le monde, mais sous un autre point de vue que le précédent, sous le point de vue de la signification, de la valeur, que les hommes attribuent à la chose que le mot de liberté représente, on reconnaît aussi facilement que sous ce dernier point de vue les deux espèces de personnes dont nous parlons ne diffèrent ni moins réellement, ni moins essentiellement entre elles que sous celui dont il vient d'être question.

Les unes, en effet, les premières, ne s'écartant point de la notion très-exacte et très-saine qu'elles se sont formée sur ce qui constitue le vrai fondement, la nature, l'essence de toute société humaine, font consister la liberté dans la jouissance pleine et entière, dans la jouissance absolue et incontestée de toute cette partie de leur indépendance naturelle dont le besoin, dont les nécessités de l'ordre social ne demandent pas que nous fassions le sacrifice, et dont nous avons même dit que la conservation, que le salut était le premier objet comme le plus grand bien résultant pour l'homme de l'établissement des institutions civiles.

Les autres personnes, les secondes, ne partant point du même principe, de la même notion fondamentale et juste, ne voient dans la liberté, quelque difficulté souvent qu'elles fassent d'en convenir, quelque bonne volonté même quelquefois qu'elles aient de ne se point faire illusion sous ce rapport, ne voient, dis-je, dans la liberté, qu'un relâchement plus ou moins considérable, si ce n'est même une rupture complète de tous les liens, de toutes les entraves, ou du moins d'une grande partie des liens et des entraves dont la société demande, pour être possible, que l'homme se laisse imposer le joug.

Je n'ai pas besoin de dire ici, et d'entrer dans beaucoup de détails et d'explications pour le faire entendre, que l'idée que les premières personnes dont nous parlons se forment de la liberté, est la seule vraie, naturelle, logique, la seule que tout homme raisonnable, par conséquent, doive adopter ; car je ne fais le tort à personne de supposer qu'il puisse y avoir un seul instant de doute et d'hésitation dans son esprit sur ce sujet.

Ainsi donc la liberté, pour l'homme qui vit en société, consiste véritablement, selon nous, dans la pleine et entière jouissance, dans la disposition absolue et incontestée d'une partie de son indépendance naturelle aussi considérable que possible, c'est-à-dire de toute la partie dont la possession n'est pas incompatible avec la conservation et le maintien, pour l'ordre social, de toutes ses conditions d'existence. Nous ajouterons seulement une chose que nous ferons voir plus manifestement dans la suite : c'est que cette partie de leur indépendance naturelle dont les nations peuvent conserver, sans inconvénient et sans danger pour la société, la libre disposition, n'est pas la même, à beaucoup près, pour chacune d'elles, et peut varier considérablement, selon le degré plus ou moins élevé de développement intellectuel auquel elles ont atteint, mais surtout selon le caractère particulier, le génie, la nature de la constitution morale que la Providence divine leur a donnée en partage, sans que l'on puisse inférer cependant de cette différence que les unes parmi ces nations ne sont pas aussi sûrement ni aussi véritablement libres que les autres.

On me dira peut-être ici que j'exagère, et qu'il ne se rencontre pas réellement de personnes dans le monde assez radicalement étrangères à toute habitude de réflexion, assez dépourvues de lumière et d'intelligence, pour ignorer ce qui constitue le vrai fondement, la nature et l'essence de toute société humaine, et faire consister la liberté dans un relâchement plus ou moins considérable, ou même dans une rupture de tous les liens sociaux, c'est-à-dire de tous ces liens dont il faut, pour la conservation et le maintien de l'ordre social, que l'homme permette et souffre que l'on enchaîne, ou, pour parler plus exactement, que l'on diminue et amoindrisse son indépendance naturelle.

Mais je n'exagère pas le moins du monde. Il me suffira, pour édifier complétement le lecteur sous ce rapport, et achever de mettre en lumière ce que je viens d'avancer, de rappeler à son esprit ce qui se voit d'ordinaire à l'époque de tous les grands mouvements révolutionnaires qui éclatent de temps à autre et irrésistiblement dans le monde, et ce qui a été surtout observé constamment à l'apparition de ceux qui se sont succédé dans notre âge.

On sait que l'une des libertés dont les peuples se montrent le plus empressés et le plus jaloux, dans ces temps-là, de revendiquer la possession, comme étant un droit sacré, un droit naturel et imprescriptible, dont l'absolutisme des rois ou des gouvernements renversés les avait dépouillés injustement, c'est la liberté que l'on appelle de réunion, c'est-à-dire la liberté pour tous les citoyens, sans exception, de se rassembler en tel ou tel lieu qu'il leur plaît, sans autorisation, responsabilité ni contrôle, pour y examiner à loisir et agiter de concert toutes les questions, de quelque nature qu'elles soient, qui leur paraissent dignes de préoccuper et d'intéresser les hommes.

Mais on sait aussi, car ces choses-là se sont passées plusieurs fois sous nos yeux, que cette liberté de réunion dont l'exercice paraît si naturel et si simple et la revendication si légitime, dont on a repris possession comme d'un droit sacré, dégénère toujours, cela est sans exception parmi nous, et en fort peu de temps, de ce qui constitue le fond de sa nature, et devient le plus dangereux et le plus révoltant abus que l'on puisse imaginer.

Ces lieux de réunion ou clubs, en effet, où l'on ne paraît venir que pour le seul et unique motif de s'interroger, de se consulter, de s'entendre, les uns les autres, afin de s'instruire et de s'éclairer mutuellement sur telle ou telle question que l'on regarde comme essentielle, où l'on ne paraît venir, en un mot, que pour discuter, ne sont rien moins, en réalité, que des lieux où l'on discute, puisqu'il est impossible absolument d'y prononcer une seule parole et d'y émettre un seul sentiment, pour peu contraire et opposé qu'il paraisse aux opinions qui dominent dans l'assemblée, sans soulever à l'instant même, contre soi, l'orage de la plus soudaine et de la plus vive opposition, sans déchainer une tempête de clameurs, de représentations et de gestes dont la violence et la brutalité sont telles, que j'aie toujours vu les orateurs contraints, en pareil cas, de se retirer au plutôt et d'abandonner la parole à leurs bruyants et tumultueux adversaires.

Ces lieux de réunion ne sont donc, en réalité, que des conciliabules où toutes les opinions de même nature, les opinions, autrement dit, qui reconnaissent les mêmes points généraux de dogmes politiques pour vrais, opinions déjà ardentes et surexcitées par elles-mêmes, se réunissent sous une même inspiration et comme en un seul foyer, se fortifient, s'animent réciproquement, et enfin s'échauffent de telle sorte, loin de toute contradiction et sous les excitations de la parole, qu'elles s'élèvent bientôt au plus haut degré d'exagération, d'effervescence et de fureur; où l'on vient tenir sans cesse à des hommes inexpérimentés et ignorants, toujours prompts et toujours faciles à enflammer, parce qu'ils ne s'avisent et ne se défient de rien, des discours monstrueux qui sont une perpétuelle excitation à la haine, à la déconsidération et au mépris de certaines personnes ou de certaines catégories de personnes dans la société; discours mêlés à chaque instant des plus honteuses et des plus basses flatteries pour toutes les erreurs comme pour tous les défauts qui sont particuliers au peuple, et pleins de tentations funestes pour son orgueil et ses convoitises; où l'on cherche à persuader aux masses qui ne possèdent rien et que l'on accoutume à se considérer comme déshérités injustement des joies et des satisfactions les plus légitimes, que leur sort est entre leurs mains, que leur volonté, c'est la justice, que l'obéissance à des lois que les puissants et les riches de la terre ont faites, est de leur part une simplicité et une duperie, que la propriété est un vol, que la richesse, par conséquent, est un crime, que s'il n'y avait point de riches il n'y aurait point de pauvres; tandis que la vraie et éternelle vérité, au contraire, est que, s'il n'y avait point de riches il n'y aurait que des pauvres; et enfin, que tout est mal, que tout n'est et ne peut être qu'abus, misère, assujettissement et iniquité dans une organisation sociale vicieuse et incomplète comme celle où nous vivons, que tout y est à renverser, par conséquent, et à refaire sur de nouveaux et plus légitimes fondements, à quelque prix que ce puisse être; car encouragés et soutenus par la secrète disposition de tous les cœurs gâtés par les sophismes et les exagérations de leurs discours, certains orateurs ne craignent point de se porter jusqu'à cet excès d'audace et de folie que d'examiner et que de calculer froidement quel est le nombre de centaines ou de milliers de têtes, je n'exagère point, qu'il faudrait retrancher de la société et du monde, pour extirper le mal dans sa racine et assurer ainsi pour toujours le repos et la félicité du genre humain; ou encore on n'a point honte de venir innocenter la conduite et les sentiments, de venir justifier toutes les intentions et tous les actes, de venir, en d'autres termes, réhabiliter la mémoire de ces grands scélérats qui n'ont pas encore cessé de paraître exécrables aux yeux de tous les hommes éclairés et honnêtes, lesquels abusant de l'influence et de l'autorité que l'étonnement et la stupeur ou le découragement publics permettent d'exercer sur la multitude, à tous ceux que l'audace et la résolution du caractère n'abandonnent point aux époques de trouble et de bouleversement social, se sont joués, sous les beaux prétextes de liberté, de civilisation, de patrie, de nécessité, de salut public, de la vie de leurs semblables, comme si toutes les libertés et toutes les nécessités du monde pouvaient jamais valoir la vie d'un innocent ; où, enfin, des doctrines tellement déraisonnables, tellement absurdes et impossibles, tellement contraires et opposées à ce que l'observation et l'expérience de tous les hommes sensés et judicieux leur ont fait reconnaître dans tous les temps et considérer comme incontestable, tellement perverses, enfin, tellement dangereuses et subversives de tous les grands principes et des éternels fondements sur lesquels s'appuient les sociétés humaines sont exposées, que le premier signe de vie que les gouvernements une fois rétablis ou nouvellement institués après les agitations et les tourmentes politiques auxquelles nous faisons allusion ont cru devoir donner sans exception, quand ils ont senti la force et l'autorité renaître dans leurs mains, a toujours été de supprimer ce prétendu droit de réunion et de le reléguer au rang des pures chimères politiques, c'est-à-dire parmi tous ces droits dont la jouissance et la possession absolues et incontestées ne sont point compatibles avec la conservation et le maintien, pour l'ordre social, de toutes ses conditions d'existence, et qui, par conséquent, peuvent être déniés, si vous avez bien entendu ce qui précède, à l'homme qui vit en société, du moins chez certains peuples, car nous avons admis des différences entre les diverses nations sous ce rapport, peuvent être déniés, dis-je, sans qu'il soit porté la moindre atteinte et touché en quoi que ce soit au domaine propre et à l'essence de la liberté.

Voilà ce que l'on sait, voilà ce qui s'est observé constamment et ce qui s'observera toujours sans doute, au milieu de nous, à l'époque de tous les grands mouvements révolutionnaires, qui de temps à autre, et pour des raisons que le moment n'est pas venu pour nous d'examiner encore, se manifestent irrésistiblement dans le monde.

Or, il est certain que la suppression, dans les circonstances dont nous parlons, de ce droit de réunion, dont le danger pour l'ordre et la société, cependant, est une de ces vérités dont l'évidence est faite pour emporter toute conviction sincère et éclairée, il est certain, dis-je, que cette suppression a toujours été vue et considérée par une infinité de personnes comme une violence, comme un abus de la force, comme un attentat indigne, enfin, de la part des gouvernements, contre les libertés publiques; donc je n'ai point exagéré en avançant plus haut qu'il y a beaucoup de personnes dans la vie qui n'ont jamais pu comprendre ce qui constitue le vrai fondement, la nature et l'essence de toute société humaine, et qui font consister la liberté dans un relâchement plus ou moins considérable de tous les liens, de toutes les entraves dont la société demande, pour être possible, que l'homme se laisse imposer le joug.

Mais si la liberté, pour en revenir à ce que nous avions commencé de dire, si la liberté pour l'homme qui vit en société consiste réellement dans la pleine et entière jouissance, dans la disposition absolue et incontestée de la plus grande partie possible de son indépendance naturelle, de toute la partie, voulons-nous dire, dont la possession n'est pas incompatible avec la conservation et le maintien pour l'ordre social de toutes ses conditions d'existence, à qui appartiendra dans l'Etat, à qui sera réservé le droit de décider jusqu'où peut s'étendre cette partie? Qui sera le maître, en d'autres termes, de déterminer le degré précis, le point de séparation, la limite au delà de laquelle la liberté n'est plus qu'un dangereux abus, qu'un instrument de ruine et de destruction pour les peuples?

L'acte qui consiste à assigner, à déterminer positivement ce que le citoyen peut se permettre et ce que dans l'intérêt de tous il lui est imposé en même temps de faire, à déterminer, autrement dit, le degré, la mesure qu'il peut rester sans inconvénient et sans danger, de son indépendance naturelle à l'homme dans la vie sociale, étant essentiellement un acte de souveraineté, le droit en appartient donc nécessairement au seul souverain dans l'Etat.

Je ne m'arrêterai pas ici à rechercher d'une manière absolue à qui appartient l'exercice du pouvoir souverain et la souveraineté dans les sociétés humaines, pour la raison que cette recherche viendra plus naturellement à point lorsque nous nous occuperons de résoudre les grandes, les principales questions de l'ordre politique.

Je ferai observer seulement en passant que le souverain n'est pas le même être, selon nos idées, chez telle ou telle nation, à tous les moments donnés de son existence, de son développement politique et social, et qu'il varie singulièrement pour cette nation, selon qu'elle a atteint tel ou tel degré de développement intellectuel.

Je ferai observer encore que le souverain n'est pas le même être non plus, et varie considérablement aussi, chez différentes nations que vous supposerez également parvenues à un haut degré de développement intellectuel, selon que la constitution morale que chacune de ces nations a reçue de la Providence divine en partage, est de telle ou telle espèce; car, on se le rappelle, nous en reconnaissons de deux espèces, et nous donnerons de ces différences capitales et essentielles des raisons dont on aura lieu d'être satisfait.

L'ensemble de toutes les décisions particulières par lesquelles le souverain légitime, le souverain de droit, exprime sa volonté, c'est-à-dire assigne à propos de tous les points, de toutes les questions où il est nécessaire et indispensable de le préciser nettement, quel est le degré d'indépendance qui peut être laissé sans inconvénient et sans danger pour la société, au citoyen, c'est ce qui forme le grand côté, la principale partie de la législation d'un peuple, c'est ce qui forme, en d'autres termes, sa constitution politique.

Les lois constitutionnelles ou politiques, qui ne sont autre chose que ces mêmes décisions particulières dont nous parlons, sont donc toujours bonnes, toujours justes, toujours vénérables et saintes, puisqu'elles ne se portent jamais, aussi longtemps qu'elles sont l'expression réelle de la volonté du législateur légitime, aussi longtemps, autrement dit, qu'elles sont de vraies lois, que jusque-là de demander à l'homme qui veut jouir du bienfait et des avantages de la société civile, ce qu'il faut ou du moins ce que la seule personne compétente pour le décider, et qui est le souverain, présume qu'il faut qu'il abandonne de son indépendance naturelle pour que cette société soit possible.

Il suit de là que nous pouvons établir dès maintenant une autre définition, une définition toute aussi exacte mais de beaucoup plus concise et plus courte que celle que nous avons donnée déjà de la liberté, et dire que la liberté pour l'homme qui vit, dans l'état social, consiste dans la faculté de n'obéir, de n'être assujetti qu'à des lois.

Cette seconde définition, si on la considère attentivement, paraîtra sans doute absolument semblable et identique à la première.

N'obéir qu'à des lois, en effet, c'est, d'après ce que nous venons d'établir, n'être contraint d'abandonner de son indépendance naturelle que ce qu'il faut absolument que l'homme en abandonne pour que la société devienne possible; or n'abandonner de son indépendance naturelle que ce qu'il faut que l'homme en abandonne pour que la société devienne possible, ou conserver de cette même indépendance, comme nous le disions dans notre première définition, une partie aussi considérable que possible, c'est-à-dire toute la partie dont la possession n'est pas incompatible avec la conservation et le maintien pour l'ordre social de toutes ses conditions d'existence, ne sont-ce point là des expressions et des formules tout à fait corrélatives ?

Quand je dis que la liberté pour l'homme, dans l'état social, consiste dans la jouissance pleine et entière de la plus grande partie possible de son indépendance naturelle, ces mots : *de la plus grande partie possible*, ne doivent pas être entendus dans le sens rigoureux et extrême dont ils sont susceptibles, de telle sorte qu'il ne faille point considérer comme libre un peuple qui ne jouit pas de tout le degré de liberté possible en soi, possible absolument parlant, c'est-à-dire d'un degré aussi absolu et illimité qu'il peut l'être sans intéresser, sans compromettre l'existence de la société, et telle que l'intelligence universelle et infinie de Dieu, seulement, pourrait le déterminer. S'il en était ainsi, en effet, si tels étaient le sens et la latitude qu'il fallut leur donner, je supposerais, ce qui ne peut se soutenir, le souverain toujours infaillible dans ses jugements, et ne pouvant jamais errer, quoi qu'il fasse, dans la détermination du degré de liberté que l'homme peut posséder sans inconvénient et sans danger dans la vie sociale. Ces paroles doivent donc être entendues dans ce sens seulement, qu'il faut et en même temps qu'il suffit, pour que l'homme puisse être considéré et reconnu comme indépendant et libre, qu'il jouisse de tout le degré d'indépendance et de liberté qu'il paraît possible, humainement parlant, de lui accorder, sans intéresser, sans compromettre l'existence de la société, c'est-à-dire de tout le degré dont l'intelligence du souverain, quelque bornée, faillible et défectueuse qu'elle soit, estime que la possession n'est pas incompatible avec la conservation et le maintien de l'ordre social, car nous avons dit que le souverain est la seule personne dans l'État qui soit propre, qui soit compétente, qui ait qualité, enfin, pour déterminer ce degré.

Comme l'exercice du pouvoir souverain et la souveraineté elle-même dans toute sa plénitude appartiennent, à certain moment donné de l'existence des peuples, dans l'intérêt de tout le monde, et par conséquent de la manière la plus légitime, pour des raisons que nous exposerons ailleurs soigneusement, à un seul homme, à un seul particulier dans l'État, il en résulte que la liberté pourrait exister tout aussi sûrement, tout aussi sérieusement, dans une monarchie pure et sous un prince absolu que sous tout autre gouvernement que ce soit. Ce serait dans le cas, par exemple, où le souverain, après avoir diminué, réduit, amoindri l'indépendance naturelle de ses peuples dans la mesure qu'il aurait estimée nécessaire, après avoir porté, en d'autres termes, les lois qui lui auraient paru les plus salutaires et les meilleures, dans sa sagesse, regarderait comme un devoir sacré, comme une obligation suprême, pour lui, de s'assujettir le premier à ces lois, de les faire exécuter religieusement et respecter partout aussi longtemps qu'il ne les aurait point rapportées solennellement, et aurait l'œil en même temps, ce qui est de la plus extrême importance pour la justice et pour la liberté, à ce qu'elles n'eussent jamais aucun effet rétroactif dans ses états.

Toutes les conditions, en effet, tous les éléments nécessaires pour constituer la liberté seraient réunis dans le cas dont il s'agit, puisqu'il y aurait dans l'État de vraies lois, c'est-à-dire des lois portées par le législateur légitime ; que ces lois ne demanderaient à l'homme d'abandonner de son indépendance naturelle que ce qu'il faut qu'il en abandonne pour que la société soit possible, car le législateur est la seule personne compétente pour assigner, pour déterminer ce qui peut nous être laissé de notre liberté naturelle, sans inconvénient et sans danger dans la vie sociale ; et enfin que ces lois, c'est notre hypothèse, n'auraient jamais d'effet rétroactif, ce qui est indispensable pour la liberté, comme nous avons dit, et seraient ponctuellement et religieusement observées partout, aussi longtemps qu'elles n'auraient pas été rapportées solennellement.

Ainsi donc, nous pouvons répondre, maintenant, de la manière la plus affirmative, à cette question que nous nous proposions de résoudre : à savoir si l'homme peut être libre sous un gouvernement absolu.

Sans doute il ne l'est pas toujours, malheureusement, car l'observation et l'expérience de tous les temps nous apprennent que trop souvent, chez les peuples où il faut de toute nécessité, quelque grands et déplorables que soient les inconvénients et les abus qui peuvent en découler, que le pouvoir souverain soit exercé par une seule et même personne, il n'y a point d'injustices criantes, point de mesures vexatoires et tyranniques, point de violences brutales à quoi les particuliers ne se voient tous les jours en butte de la part de ceux qui gouvernent ; que leurs plus légitimes et leurs plus chers intérêts, que leurs droits les plus inviolables sont à chaque instant méconnus et foulés aux pieds pour les considérations les plus misérables; mais il n'en reste pas moins vrai, en principe, c'est-à-dire à ne considérer que le fond, même, que l'essence des choses que l'homme peut être libre, dans toute la force et toute l'étendue de ce mot, selon la définition que nous avons donnée plus haut de la liberté sous le gouvernement le plus absolu.

SEPTIÈME FRAGMENT

SEPTIÈME FRAGMENT

Où l'on examine quelle est la cause réelle des changements survenus dans la condition de l'homme, quelle est leur origine première, et si nous la devons chercher en nous ou hors de nous.

L'homme n'a pas toujours été tel que nous le voyons maintenant, il ne possède plus qu'une ombre vaine, qu'une image imparfaite et défigurée de lui-même. Tout, en effet, tout en lui conserve encore la marque d'une condition primitive plus heureuse, plus durable, et néanmoins disparue, tout rappelle un plan plus vaste, plus parfait, plus indestructible, et néanmoins détruit par quelque catastrophe inouïe qui aurait bouleversé son être.

Voilà ce qu'une première observation présente à notre esprit; mais pour que cette grande vérité nous apparaisse dans toute son évidence il faut que nous examinions auparavant quel est notre état présent, ce que nous sommes devenus, ce qui nous est resté enfin de tant de priviléges qui faisaient le bonheur et le partage de l'homme dans sa première condition.

Ce qui nous est resté! Peut-on l'ignorer encore? Est-il besoin de le dire? Un corps et des organes fragiles que la maladie ruine, que la mort environne, et dont toute l'existence n'est plus qu'un pénible effort, qu'une longue et douloureuse lutte contre un principe de dissolution sans cesse menaçant; des penchants dont l'élévation ravit quelquefois, il est vrai, mais dont, le plus souvent, l'abjection et l'indignité attristent et désolent; un cœur que tout agite et que rien ne remplit, toujours prêt à défaillir sous le moindre souffle des passions et dont les désirs sont aussi infinis que les résolutions sont faibles, un cœur visiblement fait pour le bonheur et incapable néanmoins de soutenir sans trouble et sans éblouissement la moindre prospérité; une raison d'autant plus sérieuse et désabusée, d'autant plus triste et défiante d'elle-même qu'elle a plus de lumière et de valeur réelle, qu'elle est plus expérimentée et plus profonde, une raison dont le chef-d'œuvre est de se combattre elle-même, et qui a besoin de tout savoir avant de savoir qu'elle ne sait rien; tout, enfin, tout marqué au coin d'une grandeur humiliée, d'une opulence disparue, d'une beauté ravie, et, pour tout dire en un seul mot, d'un irréparable malheur.

Voilà ce que nous sommes devenus; reconnaissons-nous à ce tableau. Et maintenant quelle estime et quel fonds pouvons-nous faire encore de ces faibles restes de nous-mêmes si défectueux et si vains? Que pouvons-nous bâtir sur de pareils fondements qui ne soit toujours menacé d'une ruine prochaine? Connaissons-nous donc bien nous-mêmes, connaissons bien notre faiblesse et le principe de cette faiblesse, et cette connaissance nous montrera dans son vrai jour tout ce qui se passe en nous et hors de nous; et nous ne serons plus surpris qu'il y ait tant d'événements divers, tant de catastrophes inouïes, tant de retours soudains et imprévus dans les histoires des hommes, ni qu'il se soit trouvé tant de soupirs et tant de larmes dans tous les âges comme dans toutes les conditions de l'existence, dans la cabane du pauvre aussi bien que dans le cœur et sous la paupière des rois; car nous en aurons découvert la source dans cette secrète défaillance, dans ce dépérissement insensible, mais continuel, qui affecte intérieurement toutes les choses d'ici-bas, et que rien ne saurait prévenir ni réparer dans ce caractère d'affliction inhérent à leur nature intime, et qui fait comme le fond de leur fragile substance.

Mais, nous dira-t-on, quelle est donc, enfin, la cause réelle de tant de changements survenus dans notre propre condition et dont le résultat nous a été si fatal? Quelle est leur origine première; devons-nous la chercher en nous ou hors de nous?

C'est là une grande et décisive question, une question aussi ancienne que le monde, et, pour ainsi dire, toujours nouvelle, dans laquelle tout le nœud de notre nature vient prendre ses détours et ses replis, et dont la solution doit être de la plus extrême importance pour l'homme.

Et d'abord il est sans aucun doute que, même à ne considérer que les lumières d'une saine raison, on ne saurait admettre qu'un État, plein de misère comme le nôtre, soit l'œuvre de ce grand Dieu dont nous reconnaissons ici-bas la majesté suprême, et qui, sans épuisement comme sans effort, a fait le ciel et la terre et toutes les choses visibles et invisibles. Oui, s'il en était de la sorte nous aurions le droit de conclure, en découvrant en nous tant d'imperfections et tant d'infirmités ; en voyant tant de présomption à côté de tant d'ignorance, une si grande confiance unie à une si extrême faiblesse ; en voyant tant d'espérances conçues, dont l'esprit de l'homme se travaille avec si peu de succès, et tant de maux soufferts dont les résultats lui sont si infructueux et si vains ; en voyant, dis-je, tout ce qu'il y a d'impossible, de contradictoire et d'étrange dans notre nature, nous aurions le droit de conclure que l'Être suprême, en nous formant, a manqué au moins de bonté, s'il est vrai de dire qu'il a fait acte de puissance ; or cette conclusion ne répugne-t-elle pas infiniment à l'idée que nous devons avoir des perfections divines ?

Dieu, en effet, est un être dont tous les attributs sont infinis, c'est-à-dire que rien n'est capable de le borner dans sa bonté non plus que dans sa puissance ni que dans ses lumières, c'est-à-dire qu'il doit être le conservateur tout aussi bien que le créateur de toutes choses, et que sa providence doit veiller avec une sollicitude égale sur toutes les œuvres de ses mains, c'est-à-dire, encore un coup, qu'il ne saurait vouloir de son propre mouvement ni le malheur, ni l'abaissement, ni la désolation, ni la ruine de rien.

Voilà ce que nous ne craignons pas d'affirmer au nom des plus saines lumières de la raison. Mais, nous dira-t-on peut-être encore : Comment pouvons-nous croire que Dieu ne veuille la ruine de rien, nous qui avons appris par l'histoire de tous les siècles passés, comme par la considération attentive et réfléchie de toutes les choses présentes, que rien de ce qui commence ici n'est fait pour durer; et que toutes ces productions, si étonnantes et si variées, de l'intelligence et du génie humains, qui ont le privilége d'exciter en nous tant d'admiration, et qui ont souvent coûté tant de travaux et tant d'efforts, ne sont d'ordinaire pas plutôt sorties de leur néant et n'ont pas plutôt apparu quelques instants sous le soleil qu'on les voit déjà tendre vers ce fatal déclin, qu'il ne leur est pas permis d'éviter, et se précipiter, toutes, pour ainsi dire, peu après, dans une même ruine, pour ne plus former bientôt qu'une même poussière, après avoir montré parfois une telle hâte de disparaître qu'il semble qu'il n'y ait rien de plus pressant pour elles que de finir, et que la mort leur soit plus naturelle que l'existence.

Tel est, sans doute, on ne le peut point méconnaître, tel est le sort de tout ce qui existe, et la terre ne nous présente, en effet, dans la longue succession des siècles, que le spectacle d'un vaste champ couvert des débris que la main du temps y a ramassés de toutes parts. Mais il faut reconnaître aussi que cette même ruine et que ce débris universel, qui s'effectuent à chaque instant de toutes nos œuvres, ne sont pas une suite inévitable des desseins de Dieu sur nous, qu'il veut, au contraire, la conservation et le maintien de tout, et, pour l'intelligence de cette vérité, rappelons ici quelques principes dont la connaissance éclaircira tout ce grand mystère des vicissitudes humaines.

Dieu ayant formé l'homme à son image, lui fit le don d'une grande et noble faculté, d'une faculté qui le distinguât du reste des créatures et qui consommât cette ressemblance qu'il voulait que nous eussions avec sa divine essence. C'est par cette faculté que l'homme tient dans cet univers visible le rang suprême qu'il y occupera jusqu'à la fin; c'est par cette faculté qu'il use de toutes les créatures et qu'il les domine avec tant d'empire; qu'il considère la vaste étendue des cieux et qu'il la mesure avec tant de précision; qu'il triomphe et se joue de l'espace et de la durée, bien qu'il soit enseveli et perdu comme un point dans leurs abîmes; c'est enfin par cette faculté qu'il sait poser des fondements, imaginer des desseins, concevoir et enfanter des œuvres qui paraissent capables de se soutenir elles-mêmes et de durer.

Mais ce n'est là qu'une vaine apparence qui fait toute notre illusion. Car cette faculté, qui semble nous élever si haut, n'est après tout qu'une faculté d'emprunt, dont il faut que Dieu nous continue à chaque instant le don, et ces productions qu'elle fait sortir de nos mains ne peuvent subsister que si sa providence ne cesse de les soutenir de son appui; or, ce don renouvelé sans cesse et cet indispensable appui, cet appui dont le manque est si visiblement la source de toute faiblesse et de toute caducité, il ne nous les assure qu'à la condition que toutes nos œuvres, quels que soient le principe ou la fin qui les animent, auront toujours un résultat à sa louange; qu'elles feront toujours honneur à son saint nom; qu'elles raconteront aussi sa gloire et ses merveilles, à l'exemple de ces cieux et de ce firmament qui publient la grandeur et la multitude des siennes ; et enfin qu'elles entreront pour ainsi dire, comme une harmonie de plus dans ce concert de reconnaissance et d'amour que toute la création élève vers son auteur. Alors, il les considérera ces œuvres avec complaisance et avec amour, il les appuiera, il les adoptera, il leur mettra du cœur et du nerf, et tout se développera, tout grandira, tout deviendra digne d'un tel protecteur, et les royaumes prospéreront ; et tous ces grands desseins, si souvent ruineux, de l'homme se poursuivront et atteindront enfin cette plénitude et cette fécondité de résultats que le monde en espérait. Tandis que si, au contraire, tout n'est pas établi dans nos desseins de telle sorte que la gloire de Dieu en soit toujours le résultat final, si nos œuvres le méconnaissent, le déshonorent ou le détruisent, alors il se retire du milieu d'elles et tout périt, tout périt mais aussi tout s'explique, car que l'on regarde bien au fond de tous ces grands changements que le ciel nous donne en spectacle pour nous instruire, on y verra partout que ce qui disparaît avait été depuis longtemps déjà abandonné de Dieu ; on y verra partout le caractère de cette séparation divine et de cette absence irréparable dont rien ne peut combler le vide ; il se retire donc, je le répète, et tout périt, tout se trouble et se déconcerte, d'abord, tout se dénature et se corrompt, bientôt après, tout chancelle et craque, enfin, de ce craquement sourd et fatal que toute oreille attentive peut reconnaître et saisir, mais que rien ne saurait arrêter quand Dieu n'assiste plus, et qu'il retire aux choses la main qui les soutient pour les laisser périr dans les nécessités et les aveuglements de leur destin.

L'abandon de Dieu, quand il devient une œuvre de justice, est donc la véritable source de cette fragilité qui se découvre au fond de toutes les choses humaines, et peut seul nous donner le mot de ces étonnantes vicissitudes qui accablent le cœur de l'homme, et déconcertent son jugement, pour peu qu'il vienne à perdre de vue le grand principe que nous venons de poser. Quant à nous, affermis sur ce solide fondement, nous tirerons de tout ce qui précède cette grande et salutaire vérité : que toute ruine est un châtiment, et nous nous appliquerons à nous-mêmes cette vérité, car nous aussi nous sommes une ruine, chez nous, aussi, « le comble s'est abattu sur les murailles, et les murailles sur le fondement, » pour me servir de la vive et forte expression d'un orateur chrétien.

Que si pourtant on ne voulait point recevoir ces preuves tirées de notre propre raison, je les abandonnerais sans regret, car, il faut bien le reconnaître, tout ce que produit cette même raison, quelque effort qu'elle tente pour assurer ses vues et pour enfler ses conceptions, conserve toujours quelque côté défectueux dont il est difficile de couvrir la faiblesse, mais alors que l'on écoute donc les enseignements que le Saint-Esprit nous fait dans nos divines Écritures, que l'on écoute, en peu de mots, cette histoire, cette triste et lamentable histoire, notre histoire, cette histoire digne d'être publiée à jamais sur toute la face de la terre, dans les hauteurs des cieux comme jusqu'au fond des enfers.

Dieu venait de créer le ciel et la terre et toutes les choses visibles et invisibles, il venait de créer la lumière, d'étendre la voûte du firmament et de peupler l'espace de ces milliers de mondes dont l'imagination de l'homme se perd à calculer l'étendue; il venait de créer toutes les plantes qui croissent, tous les animaux qui respirent, et de leur donner, avec la vie, le pouvoir de la reproduire jusqu'à la fin, par la semence qu'ils portent en dedans d'eux-mêmes, chacun selon son espèce; il venait enfin de répandre, en même temps que l'être, le mouvement, l'organisation et la vie, à travers le champ illimité et infini de l'espace.

Voilà ce que le Tout-Puissant venait de faire, lorsque s'arrêtant, pour ainsi dire, à cet endroit de ses opérations divines et contemplant avec satisfaction le spectacle de l'univers sortant de ses mains, avec les harmonies et les mouvements, avec la parfaite mesure et l'équilibre de toutes ses parties, il vit que tout cela était bien, et voulut néanmoins produire quelque chose de plus rare, de plus excellent et de plus merveilleux encore, je veux parler de l'homme. C'est qu'en effet, malgré tant de magnificence et tant d'immensité, tous ces grands objets de la nature physique n'auraient jamais été que des témoins muets, insensibles et sourds de la puissance du Créateur, incapables, par conséquent, de le louer, ni de l'aimer, ni de le bénir comme il faut. Il restait donc à Dieu de produire un être qui surpassât tous les autres en excellence, et qui mît, comme le terme et le couronnement à toutes ses œuvres; un être à qui tout se rapportât dans la nature, et qui rapportât tout à Dieu, son véritable auteur; un être qui se connût, qui le connût et qui le servît, car Dieu ne pouvait se proposer d'autre fin que son service et sa propre gloire, dans la création de l'univers; c'est ainsi qu'il fît l'homme à son image et à sa ressemblance.

Oui, Dieu avait fait l'homme à son image; il l'avait mis en possession d'un état heureux et libre; il lui avait réservé un empire absolu sur tout ce qui respire; il lui avait donné un corps sain et inaltérable, une âme droite et pure, un esprit plein de lumière et d'intelligence; il lui avait communiqué sa puissance et ses merveilles; dans cet état l'homme pouvait user, sans exception, de toutes les créatures, car elles reconnaissaient en lui leur maître légitime, et leurs premiers instincts les portaient à le servir; il pouvait compter que la terre, toujours inépuisable et toujours féconde, fournirait abondamment à ses besoins; la mort, la maladie, la douleur, l'ignorance, la pauvreté et toutes les misères ensemble, qui lui font maintenant un si triste apanage, devaient lui demeurer à jamais inconnues; il devait jouir enfin, sans inquiétude et sans dépérissement, d'un bonheur plein, entier, abondant, sans altération, sans partage et sans fin.

Tel devait être le sort du premier homme; et pour tant de bienfaits que lui demandait donc celui qui l'avait tiré du néant? Il lui demandait de le considérer toujours comme le souverain maître de la nature entière, ce qui était bien juste; de reposer sans cesse en lui ses espérances et ses appuis; de l'honorer toujours autant qu'il le mérite; il lui demandait enfin de sortir victorieux d'une faible épreuve à laquelle il le voulait soumettre, et qui consistait à lui demeurer fidèle en un seul point d'obéissance facile à observer.

Eh bien ! c'est au milieu de toutes ces conditions de bonheur, c'est après tant de bienfaits reçus qui devaient lui remplir le cœur de tant de reconnaissance et de tant d'amour, qu'on vit le premier homme oubliant tout à coup, et ce qu'il était, et d'où il venait, et ce qu'il devait à son Dieu, et ce qu'il se devait à lui-même, donner le premier et fatal exemple de désobéissance et d'ingratitude qui ouvrit devant lui cet abîme de misères où il fut précipité sans ressource, entraînant après lui, dans le même désastre, et la même ruine, toute la suite de ses descendants, c'est-à-dire le genre humain tout entier.

Voilà, non plus, cette fois, selon les assurances d'une faible raison dont les nombreux systèmes, se détruisant tour à tour, n'ont de durable et d'éternel que leur stérilité, et ne sont féconds qu'en ruine, mais d'après la doctrine positive de l'Ecriture, et selon les enseignements que la bonté divine y a daigné répandre, pour suppléer à la faiblesse et dissiper les incertitudes de notre esprit, voilà, dis-je, la cause réelle de tant de changements survenus dans notre propre condition, et dont le résultat, comme nous le disions plus haut, nous a été si fatal.

Mais si la désobéissance du premier homme a été la source de toutes ses misères, quel a donc été le principe de cette désobéissance ? Comment est-il tombé dans une si terrible prévarication ? Quels sentiments nouveaux ou plutôt quel aveuglement et quel vertige ont excité dans son cœur ces mouvements extraordinaires et soulevé cette première tempête qui devait être suivie bientôt après de tant d'autres orages ?

L'Ecriture nous apprend que l'orgueil s'étant emparé de son esprit, Adam se lassa bientôt de vivre sous la dépendance d'un si bon maître qui lui avait tout donné, qu'il voulut s'élever jusqu'à lui, devenir égal à lui, et se soustraire à des lois si justes, pour vivre indépendant et libre, et ne plus relever que de lui-même ; que l'on ajoute à ce premier mobile l'attrait puissant du plaisir qui le porta à vouloir goûter d'un fruit qui paraissait si merveilleusement beau à la vue ; que l'on ajoute, enfin, un désir vaste de tout connaître et de voir se réaliser toutes les promesses du tentateur, et l'on aura ces trois malheureuses concupiscences dont parle saint Jean, et qui comprennent toutes les autres en elles-mêmes, et l'on aura ce *libido dominandi*, c'est-à-dire cet orgueil de la vie, ce goût d'indépendance et de domination qui nous fait trouver insupportable jusqu'à l'apparence même de la subordination, et par lequel, néanmoins, on voudrait soumettre tout à soi ; et l'on aura ce *libido sentiendi*, c'est-à-dire ce penchant extrême au plaisir, cette recherche empressée de toutes les satisfactions des sens, laquelle nous fait poursuivre avec inquiétude et sans repos, à travers tous les obstacles, et au dépens même, s'il y a lieu, de la vérité, de la justice, et par conséquent des plus précieux intérêts de notre âme, l'accomplissement de nos désirs ; et l'on aura, enfin, ce *libido sciendi*, c'est-à-dire cet amour désordonné de la science et de toutes les vaines recherches de l'esprit qui, répandant notre âme sans aucune retenue sur tous les objets extérieurs qui l'environnent, la détournent sans cesse de sa vraie route, qui est de se connaître elle-même et de connaître son vrai bien.

Après avoir indiqué quelles ont été les sources du péché de notre premier père, examinons quelle en a été la conséquence immédiate.

Le premier effet que le péché d'Adam produisit en lui fut un certain état nouveau de son âme, une certaine altération de toutes ses facultés, un affaiblissement réel de cette lumière primitive et de cette inspiration divine qui s'étaient répandues dans tout son être au moment où il reçut le souffle émané du sein de son Créateur. Depuis ce temps-là aussi la première chose que l'homme découvre en lui-même quand il se regarde c'est une ignorance profonde, et ici je ne veux point parler de cette ignorance des vérités purement physiques et naturelles, dans laquelle se trouve inévitablement tout homme venant en ce monde, et dont on va chercher le remède sur les bancs des écoles et dans le sein des académies. L'ignorance dont il est ici question est cette ignorance des vrais biens, des vraies nécessités de l'homme, de ses vrais rapports, de sa nature, de son origine et de sa fin, c'est ce dénûment complet, cette triste et déplorable indigence des vérités morales les plus essentielles dont il possédait autrefois la plénitude entière. On sent, en effet, que dans l'état présent où l'homme se trouve, il lui faut se démêler à travers des ténèbres impénétrables, et bien que toute son existence ne soit plus qu'un pénible effort pour arriver à la lumière, il n'aperçoit néanmoins partout que la nuit, partout que des obscurités et des ombres ; il va, il vient, il s'agite, il se retourne, il est visiblement égaré, il ne sait plus ni que faire, ni que penser sur quoi que ce soit ; et cette créature si excellente, cette royale intelligence qui devait jouir sans interruption de la contemplation des vérités éternelles, ne connaissant plus ni ce que c'est que le bien, ni ce que c'est que le vrai, ni par conséquent ce qu'elle doit aimer ou haïr, s'est précipitée enfin de ruine en ruine, et, comme par une conséquence naturelle de l'aveuglement de l'esprit, dans tous les égarements du cœur. Je dis : comme par une conséquence naturelle, car les œuvres de l'homme finissent nécessairement par être le produit de ses opinions, et les doctrines mauvaises ne tardent pas à se disputer l'empire de son cœur quand une fois elles se sont partagé les rênes de son esprit.

Ainsi donc pour nous résumer la cause réelle de tant de changements survenus dans notre propre condition, c'est le péché de notre premier père ; ce péché a pris sa source dans les trois grandes concupiscences dont nous avons parlé plus haut, c'est-à-dire, dans le sentiment de l'orgueil, l'amour du plaisir et le goût des vaines curiosités ; et il a eu pour résultat, en se transmettant avec la vie à tous les descendants du premier homme, de produire en eux cette ignorance profonde où ils se trouvent de toutes les grandes vérités qui concernent leur nature, et dont la connaissance leur importe essentiellement ; ignorance qui fait la plus grande maladie de l'homme considéré dans son état présent, et qui est le principe de tous ses vices et de toutes ses misères. Telle est la doctrine de l'Eglise ; heureux ceux qui s'en tiennent à ses enseignements; qui ne font point difficulté de soumettre leur entendement au joug bienheureux et raisonnable de l'Évangile ; qui savent le captiver sous l'autorité du Saint-Esprit et de l'Eglise, et mépriser ses inutiles et dangereuses agitations ! Ils sont sans illusion, bien ordonnés, et tranquilles ; ils sont heureux et satisfaits ; ils sont surtout pleins de lumière, comparativement, dans la vie pratique ; ils sont même les seuls qui en aient véritablement, car il faut bien le reconnaître, depuis la chute de notre premier père, le genre humain n'est plus guère susceptible d'être éclairé ; les philosophes l'ont entrepris dans tous les temps, mais avec autant de vanité que de persévérance, et la stérilité de leurs efforts a rendu cette vérité évidente et palpable pour tout le monde. La raison en est, sans doute, que depuis cette malheureuse époque le vrai principe de la lumière n'est plus dans notre esprit mais dans notre cœur, dont il faut rectifier le mouvement par la réforme de ses penchants, de sorte qu'aujourd'hui il s'agit beaucoup moins, pour éclairer, de convaincre que d'attendrir et d'échauffer, afin de faire aimer souverainement ce qui est souverainement aimable, car les hommes, vraiment éclairés, sont après tout ceux qui aiment ce qu'il faut aimer, et l'amour de Dieu, encore plus que sa crainte, est le commencement de la sagesse.

FIN.

{ # TABLE DES MATIÈRES

TABLE DES MATIÈRES

Préface IX

PREMIER FRAGMENT

Où l'on démontre que les révolutions politiques ne doivent pas avoir pour conséquence prochaine ou éloignée, pour résultat définitif, la propagation et l'établissement par toute la terre ; ne doivent pas amener l'exaltation, la glorification, l'intronisation, dans le monde, de l'idée socialiste. 3

DEUXIÈME FRAGMENT

Où l'on démontre que les révolutions politiques, qui se sont succédées dans notre âge, ne doivent pas avoir pour conséquence prochaine ou éloignée, pour résultat définitif, la propagation et l'établissement parmi nous ; ne doivent pas amener l'exaltation, la glorification, l'intronisation, dans notre pays, de l'idée radicale. 37

TROISIÈME FRAGMENT

Où l'on essaye de déterminer en quoi consiste, à proprement parler, ce qui constitue la nature, l'essence des deux choses que les deux mots : Aristocratie et Démocratie, représentent. 119

QUATRIÈME FRAGMENT
EXTRAIT DU TROISIÈME ENTRETIEN

Où l'on examine en quoi consiste précisément ce qui constitue la nature, l'essence des deux choses que les deux mots : Esprit et Jugement, représentent. . 193

CINQUIÈME FRAGMENT

Où l'on démontre que la république et la monarchie libérale ou constitutionnelle sont une seule et même chose portant deux noms ; que partout où l'une de ces deux formes de gouvernement est impossible, par conséquent, l'autre doit l'être également, et *vice-versâ;* et que les personnes, qui ont regardé comme un événement heureux la chute de la dernière république et qui, maintenant, désirent le rétablissement, parmi nous, de la monarchie constitutionnelle, tombent en inconséquence, en contradiction manifeste avec elles-mêmes. 259

SIXIÈME FRAGMENT

Où l'on essaye de déterminer en quoi consiste la nature,
l'essence de la liberté, et si l'homme peut être libre
sous un gouvernement absolu. 275

SEPTIÈME FRAGMENT

Où l'on examine quelle est la cause réelle des changements survenus dans la condition de l'homme; quelle est leur origine première, et si nous la devons chercher en nous ou hors de nous. 295

FIN DE LA TABLE

LILLE. — IMP. VANACKERE.

www.ingramcontent.com/pod-product-compliance
Lightning Source LLC
Chambersburg PA
CBHW072018150426
43194CB00008B/1155